Hans Magnus Enzensberger
Aus dem Leben eines musikalischen Opfers

> Himmel und Erde müssen vergehn,
> aber die Musici bleiben bestehn.

Langsam wird es eng. Auch im Supermarkt an der Ecke quäkt es seit neuestem von der Decke: alle zwei Minuten ein Sonderangebot, dazwischen weicher, fetter Tonbrei. Die Konsistenz erinnert an Mayonnaise – auch eine Art Synästhesie. Seitdem ist ein Umweg von zehn Minuten erforderlich, wenn es im Haus an Salz oder Milch fehlt. Die Lufthansa hat sich telephonisch schon vor Monaten abgeschottet. Wer dennoch versucht, eine Reservierung oder eine Auskunft zu erlangen, wird mit quälender Penetranz von einer Computerstimme aufgefordert, verschiedene Knöpfe zu drücken. Daraufhin ergießt sich ein Potpourri in die Leitung. Die wörtliche Übersetzung, »ein Topf Verfaultes«, kommt der Sache nahe. Während der musikalische Komposthaufen minutenlang vor sich hin rottet, kassiert die GEMA. Auf der Hotel-Toilette wird *Eine kleine Nachtmusik*, sorgfältig im Hinblick auf die Wasserspülung arrangiert, als Media-Mix dargeboten. Bus-Chauffeure und Taxifahrer regeln ihre Bordlautsprecher seit eh und je mit eiserner Hand. Schmalzige Baritone orientieren die Fahrgäste über die neuesten Entwicklungen auf dem Gebiet der WC-Reiniger; dann wummert die Band weiter. Der Genuß wird nur durch die rasselnden Botschaften der Einsatz-Zentrale gestört. Die Fußgängerzone ist ohnehin *off limits*. Sie wird zuverlässig von Incas im Poncho beschallt; die Indios stammen meist aus Vöcklabruck und Umgebung. In den Vorstädten toben die Straßenfeste; der Geruch nach verbranntem Fett würzt die Spitzenleistungen der 500-Watt-Verstärker. Restaurants ohne Musik kosten das Doppelte. Wer sich zum Friseur wagt, tut gut daran, sich mit einer Packung Oropax auszurüsten. Auch Hochhäuser sind zu vermeiden; als Besucher ist man auf die Feuertreppe angewiesen, da sämtliche Lifts verseucht sind. Selbst im Schlafzimmer sind die Schallschutzfenster nachts geschlossen zu halten, da lebensfrohe Cabrio-Besitzer bis ins Morgengrauen ihre Audio-Anlagen zu testen wünschen.

Es gibt Personen, ja sogar Freunde, die mir, sooft ich mir die Ohren zuhalte, entgegenhalten, meine kulturkritischen Beschwerden könne ich mir schenken. Kulturkritik! Darüber kann ich nur bitter lachen. Diese Leute haben keine blasse Ahnung. Sie sind unfähig, eine bloße Abneigung von einem physiologischen Reflex zu unterscheiden. Sie bilden sich ein, das Problem gehöre ins Feuilleton. Ich möchte ihnen einen Blick ins medizinische Lexikon empfehlen. Zwar fehlt dort das Stichwort *Kotzen*, doch unter *Emesis* oder *Vomitus* können sie sich davon überzeugen, daß der Fall nicht mit Verweisen auf die Werke von Botho Strauß zu erledigen ist.

Es handelt sich vielmehr – ich zitiere sinngemäß – um die rückläufige Entleerung des Mageninhalts als komplexes Reflexgeschehen mit Efferenzen in den Nervi vagus und glossopharyngeus, in den Nerven der Atemwege, der Bauchmuskulatur und des Zwerchfells. Das Symptom ist vieldeutig. Es kann durch Afferenzen ausgelöst werden, die von den Schleimhäuten des Rachens und des Magens, aber auch vom Geruchs- oder Geschmacksorgan oder vom Vestibularapparat ausgehen. Auch eine direkte Reizung des Brechzentrums kommt in Betracht, zum Beispiel bei Hirndruck. Oft sind aber psychische Ursachen für den Vomitus verantwortlich. Unter Umständen ist auch an die Menièresche Krankheit zu denken, die offenbar etwas mit den Ohren zu tun hat. Soviel zur medizinischen Situation.

Dem Laien ist das alles selbstverständlich wurscht. Das immer wiederkehrende Würgen, an dem ein anderer leidet, läßt ihn kalt. Selbst bei guten Bekannten muß ich auf Ratschläge und Ermahnungen wie die folgenden gefaßt sein: Stell dich nicht so an! Sei doch vernünftig! Mußt du immer so empfindlich reagieren? Schlucks runter!

Das erinnert fatal an die schwarze Pädagogik. Wieviele Kinder tragen lebenslängliche Schäden davon, weil man sie gezwungen hat, widerliche Gemüse, Kutteln und Tintenfische aufzuessen, deren sie sich dann, nach fluchtartigem Verlassen der Tafel, über die Kloschüssel gebeugt, entledigen mußten! Mit einem Wort, der Ekel ist eine elementare Regung, die durch Zuspruch nicht gebremst, sondern nur gesteigert werden kann. Gewöhnung ist ausgeschlossen. Am Widerwärtigen scheitern auch die Künste der Verhaltenstherapie.

Obwohl praktisch die gesamte Bevölkerung der Republik zu den Betroffenen zählt – man kann durchaus den Eindruck haben, daß sie geradezu von Betroffenheit trieft –, steht die Gruppe der Musikopfer einzig da. Sie wird nicht bedauert, sondern verhöhnt. Jeder Moslem, der sich weigert, Schweinefleisch zu essen, kann auf inniges Verständnis rechnen. Nichtraucher ziehen mit triumphalem Erfolg vor Gericht. Allergiker klagen

Münzen ohne Nickelgehalt ein. Pollenwarnungen erfüllen den Äther. Überall zarte Rücksicht. Diskriminierung – ein Schreckenswort. Nur der Schallallergiker sieht sich einem brutalen Kesseltreiben ausgesetzt. Die Vorkehrungen, die er treffen muß, um sich dem allgegenwärtigen Musikantenstadl aus Heavy Metal, Vivaldi, Techno, Blaskapelle und Tic Tac Toe zu entziehen, kommen einer Behinderung gleich.

Sein Fall zeigt eine interessante und möglicherweise folgenreiche Bedeutungsveränderung an. Unter einem Krüppel hat man bislang eine Person verstanden, die den Gebrauch gewisser Glieder oder Organe eingebüßt hat. Das Beschallungsopfer zeichnet sich jedoch gerade dadurch aus, daß es Ohren hat, zu hören; seine Behinderung besteht darin, daß sein Hörorgan intakt ist. Das macht es wehrlos; denn während die Augen gnädigerweise mit Lidern versehen sind; während man sich bei Gestank immerhin die Nase zuhalten kann, sind die Ohren jeder Attacke schutzlos ausgeliefert. Finger und Hand bieten gegen die preßlufthammerstarken Geräte der akustischen Umwelt dem Trommelfell keine Deckung. Umzüge sind sinnlos, da inzwischen auch dünnbesiedelte Gebiete lückenlos mit Schallaggregaten ausgerüstet sind. Es soll jedoch nicht verschwiegen werden, daß schwere industrielle Schutzhelme, wie sie auf den Vorfeldern von Flughäfen benutzt werden, vorübergehend für musikfreie Augenblicke sorgen können.

Zu den Leiden, die mit dem unmittelbaren Brechreiz verbunden sind, treten übrigens andere, subtilere Beschädigungen. Der Gehör-Stress kann nämlich zu einer Reihe von psychischen Störungen führen. Manche Lärmallergiker ziehen sich völlig von der Umwelt zurück und enden in totaler Isolation. Nicht weniger unangenehm als die depressiven Anteile sind die aggressiven Regungen, die das Leiden auslösen kann. Wer sich von fast allen öffentlich zugänglichen Räumen ausgeschlossen fühlt, reagiert oft mit Wut und Haß, Empfindungen, die nicht nur für den Allergiker anstrengend sind. Die Versuchung, mit der Kalaschnikoff auf jeden erkennbaren Lautsprecher zu schießen, droht übermächtig zu werden; nur die Einsicht, daß dies den Lärmpegel weiter erhöhen würde, hält den Besonnenen von solchen Handlungen ab.

Und spätestens an dieser Stelle wird er sich fragen müssen: Wer ist hier der Feind – die anderen oder ich? Wer sich einem übermächtigen Verfolger ausgesetzt sieht, wem jede Gegenwehr aussichtslos erscheinen muß, der macht mit jenem Mechanismus Bekanntschaft, den die Psychoanalyse Identifikation mit dem Aggressor nennt. Sollte es am Ende nicht den Brüllaffen an Verständnis fehlen, sondern ihrem Opfer? Bange Frage. Die Mehrheit der Beschallten ist ja offenbar mit ihrem Status als Freiwild einverstanden. Mehr noch, es könnte sein, daß sie ersehnt, was jenen würgt. Das würde erklären, weshalb die Mehrheit zu dem Schluß kommt, daß der Behinderte an seiner Behinderung selber schuld ist, und weshalb sie nicht den tobsüchtigen Verursacher, sondern sein Opfer für den Störenfried hält.

Eine verfahrene, eine ausweglose Situation – so könnte es scheinen. Doch wir sollten die Flinte nicht ins Korn werfen. Wie oft schon hat sich ein haltloser Kulturpessimismus blamiert! Auch für das Problem des Musikterrors hält die Wissenschaft eine Lösung bereit. Wie aus neueren Untersuchungen hervorgeht, hat die Generation der Zwölf- bis Fünfunddreißigjährigen bereits zu einem Drittel irreversible Hörschäden davongetragen – ein Überlebensvorteil, der nicht gering zu veranschlagen ist. Und bei den Fortschritten der Unterhaltungsindustrie kann das nur ein vielversprechender Anfang sein. Zugleich schreitet die Entwicklung der Hörgeräte rapide fort. Es ist nur eine Frage der Zeit, bis Hirnforschung und Elektronik es so weit gebracht haben, daß sich die Frage ganz von selbst erledigt. Dann wird ein integrierter Schaltkreis den Gehörapparat ersetzen – ein Implantat, das beliebig gesteuert werden kann. Selbst wenn die Umwelt Musik in der Dezibelstärke eines Jetmotors zu bieten hat, genügt dann ein Knopfdruck, und es herrscht absolute Stille im Gehirn. Wie bei anderen Umweltproblemen eröffnet eine solche technische Lösung auch solide wirtschaftliche Perspektiven: die Industrie kann an der Erzeugung und an der Entsorgung von Krach gleichermaßen verdienen und auf diese Weise neue Arbeitsplätze schaffen. Leider werde ich mich damit abfinden müssen, daß dieses *happy end* für mich zu spät kommt. Ich höre gut. Deshalb werde ich weiter kotzen müssen.

Eva Demski
Textilekel

Nicht, daß es nicht schon tausendfach bemerkt, beklagt und verachtet worden wäre – nur geholfen hat bisher keine Schelte, und so darf man sie wiederholen und vielleicht vertiefen. Wie wir wissen – um mit dem Anfang anzufangen –, hat Gottvater mit großem Aufwand in die Wege geleitet, daß dieses nach Seinem Bilde erschaffene Paar sich bedeckte. Ohne in irgendeine exegetische Falle gehen zu wollen, meine ich, in diesem göttlichen Befehl zu erkennen, daß Ihm plötzlich aufgefallen sein muß: Das mit dem Bilde hatte nicht recht geklappt. Sie waren an manchen Stellen nicht wirklich hübsch. Und die reich angelegte Natur bot Möglichkeiten, etwas zum Bedecken und Verstecken zu finden. Nun muß man bedenken, daß Adam und Eva mit Sicherheit gesund lebten und sich viel bewegten, es genügten also ein paar anmutige Blätter. Seither versuchen die Menschen, ihren Leib hübscher, wehrhafter, erotischer oder jünger aussehen zu lassen, zum Teil haben sie sich merkwürdiger Materialien und Formen bedient, jedes Lexikon der Mode rührt den Betrachter, weil hinter den bizarrsten Auswüchsen immer noch diese Absichten erkennbar sind. Was aber hat dazu geführt, daß die so gründlich aufgegeben worden sind?

Die sogenannte Jogginghose und ihre arschkonturierende Schwester Leggin sowie die dazugehörigen namenlosen Oberteile sind nichts anderes als ein großes Sichaufgegebenhaben. Wie gesagt, meine Klage und mein Schauder werden von manchen geteilt, auch öffentlich. Aber die da in Meersburg oder auf Föhr, in Garmisch oder Rostock herumwandern, hören es nicht, sie hören es nicht, und sehen tun sie sich ganz offenbar auch nicht. Jenes zerflossene wamperte Monster, das mit einem grünlichen Doppelsack als Beinkleid und der Aufschrift CALIFORNIA DREAM BOY auf seinem lila Bierranzen in einer Schaufensterscheibe oder im Spiegel eines Schuhgeschäfts aufscheint, kann sich als Ich ganz offenbar nicht wahrnehmen, er müßte doch sonst weinend im Rinnstein zusammensinken. Und die Frau neben ihm, deren Beine von Leopardenmuster so eng umhüllt sind, daß man deutlich die kleinen Säckchen an den Kniekehlen

TEXTILEKEL 5

und weiter oben die Kimme sehen kann, die ist sich selber offenbar genau so unsichtbar. Oder sind sie alle so resigniert, so mit sich selber zerfallen, so titanisch unglücklich über die Unzulänglichkeit des Menschen an sich, daß sie sowas anziehen?

Der Jugend sehen wir viel nach und gedenken zärtlich jener Schrecknisse, die wir den eigenen Eltern bereitet haben (weißgekalkte Lippen und Metallreifen um die Mitte). Daß die Mädels für eine schöne Zeit ihres Lebens aussehen, als hätte man sie unter einem nassen Stein gefunden und ihnen dann Zement um die Füße gegossen – macht nichts. Das gibt sich, und wenn man Kinder davon abhalten kann, sich an allzu sichtbarer Stelle ein Tattoo anbringen zu lassen (»Schätzchen, wie glaubst du, daß ein Drachen auf der Stirn aussieht, wenn du vierzig bist?« Antwort: »Das werd ich nie! Eher erschieß ich mich!«) – also wenn es einem gelingt, das zu vermeiden, dann steht einer attraktiven modischen Entwicklung abseits des Freizeitkleidungsstammes, dieser Troglodyten, nichts im Weg.

Die Jungen sind also nicht das Thema, sondern wir, in den uns auferlegten Stadien der Verwitterung, der wir mit Anmut und Würde begegnen wollen und nicht mit diesen Kapitulationsklamotten, die das sowieso schon gräßliche Wort FREIZEIT um weiteres Grauen angereichert haben. Insonderheit gehören dazu auch jene Hauben, über die ich mich an anderer Stelle schon völlig erfolglos ausgelassen habe, jene aus Amerika importierten Baseballkappen, unter denen jedes, absolut jedes Gesicht debil aussieht, ein von Natur schon doofes wird furchterregend. Man müßte auch über die bevorzugten Farben nachdenken, als erstes ist da ein in der Natur nirgends vorkommendes Violett zu nennen, ein gewisses Grün und ein Spülmittelblau. Sodann müssen überall Streifen auf der Kleidung angebracht werden, aus unerfindlichen Gründen werden die mit Sportlichkeit identifiziert. Sportler allerdings lassen sich ihr unsägliches Erscheinungsbild von der Industrie teuer bezahlen, die Freizeitkleidungsfraktion läuft kostenlos so herum, schändet alte Innenstädte und schöne Parks, schaut sich ohne Scham heilige Stätten und edle Säulen an und merkt nichts. Warum nicht? Aus Hochmut? Aus Mut? Oder aus Wut über die Schönheit, die sich nicht um sie schert? Zwanzig Jahre Pommes rotweiß haben sich an Gottes Ebenbild abgelagert, und die hüllt es nicht in zurückhaltende Mode, sondern in ärmellose T-Shirts, auf denen Katzen abgebildet sind, und wadenlange Hosen aus glänzendem Stretchstoff. Etwas, wo STRETCH draufsteht, sollte kein Mensch, der sich einen Rest von Würde und Selbstachtung bewahrt hat, tragen.

Nun werden immer wieder zwei Behauptungen aufgestellt, die bei den Kritikern dieser weltweit betriebenen Selbstverstümmelung für schlechtes Gewissen und darauf folgendes Schweigen sorgen sollen. Erstens sei das Zeug billig und zweitens bequem. Warum nun Kleidung eigentlich billig sein soll, ist mir unerfindlich. Ein gutes Wohnstück, Jacke oder Hose, hat man gern zehn, fünfzehn Jahre, man kann mal eine oder zwei Saisons aussetzen und wird feststellen, daß die Patina es hübsch macht. Das mag der Markt natürlich gar nicht, der Markt läßt lieber arme philippinische Jugendliche in heißen Schuppen den billigen Dreck zusammennähen, der dann bei schwedischen Klamottenvertreibern hunderttausendfach auf dem Boden unter den Ständern rumliegt, weil er niemandem was wert ist, oder höchstens für zweimal anziehen. Der einzige Vorteil der Billigkeit ist also, daß man jeden dritten Tag andere Abscheulichkeiten anziehen kann. Notabene: ich mache mich anheischig, für das gleiche Geld eine stille und schmeichelhafte Garderobe zusammenzusuchen, zur Not auch aus der Sozialhilfekleiderkammer. Aber sie wollen ja nicht still und wohlgekleidet sein, sondern trotzig alles herzeigen in trostloser Buntheit. Für die Bequemlichkeit gilt im Grund das gleiche, wobei die wahre Bequemlichkeit doch nicht darin bestehen kann, in einer Art ganztägigem Schlafanzug mit dem Hintern auf den Kniekehlen und einem Kördelchen über dem Gemächt herumzulaufen. Oder mit XXL-Bermudas, auf denen etwas wie die Seeschlacht bei Trafalgar abgebildet zu sein scheint. Oder mit Unterhemden, grauem Werg im Decolleté, Windjacken in lila ohne Wind, Sportpullis ohne Sport, Figurbetontem ohne Figur ... Und dann die Schuhe – aber das ist wieder eine ganz andere Geschichte.

Tilman Spengler
Chicleria

Diktatoren können nur in den seltensten Fällen mit meiner Sympathie rechnen, ganz gleich, ob in Europa oder in Asien. Ich bekenne mich zu den Prinzipien der bürgerlichen Revolution, lehne heimliche oder öffentliche Folter strikt ab, bin zudem selber existentiell abhängig von einer halbwegs freien Presse. Doch als ich vor einigen Jahren erfuhr, daß der Herrscher über den Stadtstaat von Singapur seinen Untertanen ein striktes Kaugummi-Import- und -Verkaufsverbot auferlegt hatte, war mir sofort klar: so ganz übel kann der Kerl nicht sein. Er kämpft für eine arabisch-asiatische Tradition, in welcher der Anblick der Mundpartie zu den geheiligten ästhetischen Werten zählt, in welcher – nur ein Beispiel – sich zivilisierte Frauen noch die Hand zwischen Kinn und Nase halten, wenn sie lachen, weil sie wissen: roh, garstig und obszön ist das Bild einer verzerrten, halboffenen weiblichen Mundpartie. In radikaleren Ländern wurde dafür das Tragen des Shadors angeordnet. Und sobald ihre Männer das Gefühl überkommt, ihre unteren Gesichtszüge bewegen zu müssen, geschieht das gleichfalls nach strengen Regeln, welche dem Ausbruch von Heiterkeit oder Leidenschaft eine feste Form verleihen.

Ich weiß nicht, mit welchen Strafen in Singapur der Vertrieb von klebrigem Naschwerk bewehrt ist. So wie man das Land kennt, dürfte es sich um öffentliche Auspeitschungen handeln. Gewiß, auch diese entstellen das Antlitz, und ich muß hier kaum hinzufügen, daß mir schon deshalb ein halbwegs humaner Strafvollzug lieber wäre, andererseits ...

Andererseits kommt es mir wie gestern vor, daß ich mit der neuen Bekanntschaft, nennen wir sie Lisa, das Auto zu jener kleinen, versteckten Lichtung am See steuerte, den ein wohlwollender, zumindest verständnisvoller Mond in Silber getaucht hatte. Die Handbremse des Gefährts wurde mit einem sanften Klicken angezogen, das Seitenfenster glitt mit einem behutsamen Seufzen ein paar Fingerbreit herab, erwartungsvolle Stimmung erfüllte das Innere der Limousine.

Lisa hatte an diesem Abend in einer Starnberger Goldschmiede modische Fingerringe vorgeführt. Gebilde in der Form von anorektischen

Schlangen, von fruchtbaren Schnecken, von zweifelhaften Sternfigurationen und ähnlichen Schmeichlern des leicht gehobenen Geschmeidegeschmacks. Fasziniert hatten mich dabei – wie vermutlich auch ihren Veranstalter – die makellose Schönheit der Unterarme und die entspannten, graziösen Gesten der linken Hand dieser Vorführdame.

Eben jene schlanke Hand neben mir strich nun verspielt über die seidene Kostümjacke, dann verschwanden zwei Finger in der Tasche und zogen langsam ein schmales Briefchen hervor, dessen Hülle aus Staniolpapier bestand. Wohlmanikürte Finger erbrachen das Briefchen und entnahmen ihm einen grünlich schimmernden Streifen. Lisa führte das Stück wie eine Oblate zwischen die Zähne, ihre Wangen begannen sich anzuspannen. Und dann setzte der Kauvorgang ein.

Aus der Schulmedizin wissen wir, daß an diesem Prozeß Unter- und Oberkiefer, die Kaumuskulatur, Zähne und Zunge, der Mundboden sowie der Gaumen in – wie der Fachmann sagt – »koordinierter Weise« beteiligt sind. Schneide- und Mahlaktionen erfolgen in aller Regel automatisch, mit anderen Worten: Es kaut. Dabei entwickeln die in Gang gesetzten Gelenke Kräfte, die sich beim gesunden Erwachsenen zwischen anderthalb und sechzig Kilopond bewegen. Soviel zur Mechanik.

Sobald das Spiel zwischen Zunge, Wangen und Zähnen beginnt, setzt die Speichelsekretion ein. Diese Funktion übernehmen drei große, paarig angelegte Drüsen, deren eine fortlaufend ein dünnflüssiges Sekret absondert, während ihre beiden Partner nur auf Reizung tätig werden. Bei Lisa reagierte die zuständige Drüse auf eine Aromamischung aus Waldmeister und Himbeere, was jedoch für das physiologische Gesamtgeschehen von völlig nebensächlicher Bedeutung ist, die Geschmacksknospen verarbeiten gehorsam, was ihnen vorgesetzt wird. Sie gehorchen den Regeln der Physiologie.

Damit sind wir bei der Ästhetik des Geschehens. Schweigen wir davon, daß sich dort, wo zuvor im Auto auf der Lichtung zum See jene erwartungsvolle Stimmung geherrscht hatte, jetzt der Geruch einer chemischen Synthese von Waldmeister und Himbeere ausbreitete. Blicken wir auf das Gesicht von Lisa. Konzentrieren wir uns darauf, wie sich ihre Wangenhöcker in unebenem Rhythmus auszudehnen scheinen, wie sich der Kiefer plötzlich zur Schnauzenform vorschiebt, wie die Kaubewegungen den vormals so anmutigen Gesichtswinkel ständig verzerren und verkleinern, ja, wie selbst die Grübchen, die uns noch beim Einsteigen in das Gefährt an zarte Muscheln erinnerten, sich nunmehr zu kleinen, fast bedrohlichen Schießscharten zusammendrängen.

Nein, wir denken nicht an Wiederkäuer, obwohl der seelenvolle Blick, welcher jetzt den immer noch silbern glänzenden See umfängt – völlig ungerührt von den unablässigen Haut- und Muskelbewegungen unter dem Ansatz des Rouges auf Lisas Wangen – tatsächlich ein wenig an die dumpfe Andacht einer glücklichen Kuh erinnert.

Am Seeufer quakt oder unkt die ortsansässige Kröte, aus einer dunklen Waldsilhouette löst sich ein Paar Wildenten, sie schlagen gelassen die Flügel zum Himmel.

»Toll hier«, sagt Lisa.

Natürlich sagt sie nicht »Toll hier«. Kein Mensch, dessen Kaumuskeln sich gerade mit einer Kraft, wie angemerkt, zwischen anderthalb und sechzig Kilopond einen synthetischen, nach Waldmeister und Himbeer schmeckendem Kaustreifen vorgenommen haben, kann diese kärglichen zwei Wörter der deutschen Sprache unentstellt hervorbringen. Deshalb sagt Lisa auch: »Uhhm iaa.«

Sie möchte die Erregung des unvergeßlichen Naturereignisses mit mir teilen und wendet mir ihr für Sekunden bewegungsloses Antlitz zu. Dann langt sie kurz in ihre Mundhöhle, schiebt, zupft und zieht mit scheinbar immer länger werdenden Fingern einen grüngräulich schleim-farbenen Pfropfen hervor. Dieses Objekt noch zwischen den Fingerspitzen, leckt sie schnell über ihre Lippen und fragt: »Gibt es hier vielleicht irgendwo einen Aschenbecher?«

Mit Schaudern deute ich auf die kleine Klappe unterhalb der Einstellungsvorrichtungen für Temperatur und Gebläse. Lisa knetet das Gebilde mit ihren in hohe gotische Bögen gefeilten perlmutten en Nägeln zu einem flüchtigen Ei.

»Danke«, sagt sie, »schon als Kommunionskind wußte ich nie, wohin mit den Dingern. Man kann sie natürlich unter den Sitz kleben.«

Wie ich mich plötzlich erinnerte, taten das die meisten der jungen Bräute Christi. Sie waren ja schüchtern. Oder sie ließen das Kauwerk einfach auf den Boden fallen. Und warteten, bis jemand darauf trat, am besten der Pfarrer. In der Kirche machte das ein unheimlich tolles Geräusch, zumal im Mittelgang. So ein angestrengtes Saugen, gefolgt von einem leisen Klatschen bei jedem Schritt unter der Schuhsohle. Ich sah Lisa vor mir: Sie trug damals weiße Lackschühchen, weiße Strumpfhosen, ein weißes Kleidchen, und die Kommunionskerze war natürlich auch weiß. Bevor sie den Leib des Herrn empfing, klebte sie heimlich ihr noch mundwarmes Gummi auf die Tropfenmanschette der geweihten Kerze. Das fiel nicht auf, und da sie die Kerze stocksteif gerade hielt, konnte sie das Klümpchen auch nach der Messe noch benutzen. Es trug dann vielleicht sogar einen ganz entfernten Geschmack von herb duftendem Wachs und süßlichem Weihrauch.

Ich verdrängte die Vision mit einem leichten Schaudern und lenkte Lisas Augenmerk auf den Schattenriß des Wildentenpärchens, der sich gerade vor dem Zugspitzmassiv verflüchtigte.

»Total toll hier«, wiederholte Lisa,»stimmt schon, echt korrekt«, diesmal war ihre Aussprache so klar und eindeutig, wie es ihre Gesten gewesen waren, als sie den Handschmuck vorführte,»fahren wir wieder?« Erneut langte sie in ihre Jackentasche.»Willst du auch?« fragte sie, »ich habe genug dabei.«

Auf dem Rückweg überwältigte mich ein Gefühl der absoluten Einsamkeit. Und der Ohnmacht. Die internationale Kaugummi-Industrie, erinnerte ich mich, produziert Jahr für Jahr 200 Millionen Tonnen ihres Stoffs. Der Markt gilt als bei weitem noch nicht ausgereizt.

Bleibt die Hoffnung auf Singapur.

Utz Jeggle
Runterschlucken

EKEL UND KULTUR

Es kommt hoch

In der Erinnerung kommt mir der Rosenkohl hoch, die langen Zwangs-
sitzungen vor erkaltetem Sauerkraut, die trotz allem gutwilligen Würgen
des einsam gewordenen Essers in Unterstellungen der Renitenz und in
Tränen endeten. Das Gefühl, daß der Körper stärker ist als jede Willens-
kraft, daß er einem nicht gehorcht und zugleich in einer unauslotbaren
Tiefe Bündnisgenosse des Ichs ist, hat sich in das Gedächtnis einge-
brannt. Diese qualvolle Erfahrung ist zudem mit der Annahme verbunden, daß die Suche nach der verlorenen Zeit sehr viel seltener und
jedenfalls nur in ausgewählten Kreisen mit den Madeleines der Tante
Léonie beginnt als mit den Schwaden des Geruchs nach fettigem Kraut,
dem sandigen Reibeisengeschmack widerwärtiger roher Klöße. Also
doch eine Klassenspezifik auch im körperlichsten der Affekte, dem Ekel?
Kein Neid auf ekellose Idyllen, sie sind ebenso selten wie irreal, gehört
doch zur Entfaltung des kulinarischen Universums – und das ist ein
wichtiger Schlüssel zur Eröffnung der Welt – ein dumpfes, erstes Nein
des Abscheus dazu. Dieser Balanceakt an der Kante von Innen und Außen, zwischen Hochkommen und Runterschlucken geht freilich nicht
geradlinig ab; er ist zudem nicht eindeutig und hat mehrere, wider-
sprüchliche Seiten.[1]

Erziehungsinstrument

Stephen Mennell schreibt in seiner (Norbert Elias gewidmeten) *Kultivierung des Appetits* über Abneigungen beim Essen, und er hebt für England
die Bedeutung der Kinderkost hervor. Für Kinder wurde seines Erach-
tens jedoch nicht deshalb etwas Besonderes gekocht, um die Vorlieben
des kindlichen Geschmacks zu erfüllen und zu erweitern, sondern im
Gegenteil, man wollte sie dazu zwingen, etwas zu essen, das nur aus der
Erwachsenensicht gut für die Kinder war, egal ob diese wollten oder
nicht. Im Zweifelsfall machte man den Widerwillen zum pädagogischen

Bündnisgenossen und betrachtete die Auflehnung gegen die »extra« für die Kinder zubereitete Kost als zu brechenden Trotz.[2]

Der Geschmack war wegen seiner besonders heftigen Allianz mit der Körperlichkeit bestens dazu geeignet, mit einer Brechstange geöffnet und zugänglich gemacht zu werden. Es erübrigt sich, darauf hinzuweisen, daß Brechen im Deutschen die Zweipoligkeit der Erziehungsschritte ausdrückt, der gebrochene Willen zerrinnt in der Übelkeit von Erbrochenem – das wiederum als ekelhaft empfunden wird und in besonders sadistischen Erziehungsfeldern zur Potenzierung des Grauens zu erneuter Einverleibung aufgezwungen wird. Die innere Sau, um eine Metapher von Thomas Kleinspehn aufzunehmen[3], darf nicht behaglich grunzen, von Nutella und Pommes mit Kätschapp verwöhnt, nein, das Tierische wird ausgetrieben. Der Zwang zur Selbstkontrolle ist das Ziel, aber eine Schicht, die uns wie Natur erscheint, vermutlich weil sie sozialisationsarchäologisch tiefer liegt, begehrt auf; der Ekel entspringt einem Akt der Unterwerfung und baut zugleich eine Schranke der Abwehr von vermeintlich Ungenießbarem auf. Er formiert im Scheitern Abwehr, ist gewissermaßen der heimliche Sieger.

Jede Nahrung ist ein Symbol (Simone de Beauvoir), es wird also immer noch etwas mitgegessen an sozialem Bedeutungsextrakt, und so werden die Mahlzeiten, gerade auch im kindlichen Bereich, Schaltstellen im Spiel der »Zirkulation sozialer Energie« (Sartre). Was Kind sein heißt, was elterliche Gewalt alles vermag, wie Unterwerfung funktioniert, wie Widerstand gebrochen wird und wie er sich im Brechen neu formiert, das alles demonstriert das soziale Drama des Eßzwangs. Der Ekel wird unauslöschlich tief in uns eingebracht, weil er so heftig ist und weil er ein letztes Sichaufbäumen des Körpers markiert. »Ich wurde als Kind immer wieder gezwungen, Dinge zu essen, die ich nicht mochte, weil man annahm, es sei schon an sich all das gesund für einen Menschen, was er nicht möge.« Gerald Hamilton, von dem diese Erinnerung überliefert ist, wurde später »Feinschmecker aus eigener Wahl«, was Stephen Mennell aber eher als Ausnahme deutet[4]; die normalen Schülerspeiseneßbiographien enden seiner Meinung nach in einer Anästhesie des Genießens, die je nach Zwangssystem verschieden stark ausgeprägt ist. Die Metapher ist problematisch, denn Anästhesie meint Einschläfern der Geschmackssinnesorgane, aber die durch Ekel gesteuerte soziale Energie bewirkt eine heftige negative affektive Besetzung von größeren Teilen des Geschmacksfeldes, nicht eine maßvolle Gleichgültigkeit.

Mennell belegt das selbst, indem er Ergebnisse einer Fragebogenaktion zitiert, die im Rahmen eines Schüleraustauschs zwischen Schulen in Exeter und Rennes veranstaltet wurde. Die Betreuungslehrer fragten die Eltern nach Allergien oder sonstigen Empfindlichkeiten bei Nahrungsmitteln. Obwohl die Befragungsmethode nicht ganz parallel war, ergab sich ein interessantes Bild: Von den französischen Eltern berichtete keines der 22 Paare von irgendwelchen Eßstörungen, dagegen wiesen 14 der 23 englischen Mütter auf Lebensmittel hin, die ihre Kinder nicht essen könnten. Bemerkenswert ist dabei vor allem, daß die Abneigung nicht etwa exotische, sondern ganz alltägliche Speisen betraf:»Dazu gehörten Tomaten, Salat, Mohrrüben, Kohl, Rosenkohl [eine Genugtuung für mich!], Rote Beete, ›die meisten Gemüsesorten‹, Erdbeeren, ›Obst‹, Fisch, Schweinefleisch, Lamm, ›Fleisch überhaupt‹, Butter, Nüsse.«[5] Keine bloße Anästhesie der Gaumenfreuden, viel eher eine epidemische Ausweitung des Abscheus vor dem wohlbekannten unheimlichen Geschmacksalptraum, der immer weiter um sich greift und den die mit rabiaten Mitteln und Zwängen geöffneten Verdauungswege noch mit geschlossenen Augen ahnen und kennen, riechen, vielleicht sogar hören; jedenfalls beginnt die Katastrophe nicht erst im Mund.

Kinderunglück scheint vom Eß-Ekel durchmustert zu sein. Elterliche, vor allem väterliche Gewalt regiert in den Leib hinein, dessen Innerstes verletzt antwortet. Die Speisen sind gewissermaßen das Exerzierfeld, der Ekel ist der Zuchtmeister. Franz Innerhofer beschreibt, wie in seiner Kindheit die väterliche Gewalt wirkte, mit welcher Macht sie ihn erfüllte und zum Aufruhr trieb:»Der Ekel vor seinem Erzeuger war auch der Ekel vor den Mahlzeiten, die er an der Seite seines Erzeugers einnehmen mußte. Jeden Bissen mußte er mit Gewalt herunterwürgen, und hinterher hatte er die größte Not, den kaum überwindbaren Brechreiz für die Dauer der Mahlzeit zu bezwingen.«[6]

Ein schwerwiegender Angriff auf die Identität, die mit Brechreiz reagiert. Dieser Kampf gegen die Einverleibung ist zugleich Auflehnung, ein sprachloser Ausdruck gewürgter, aber nicht erwürgter Autonomie. Der Körper wird zwar von Gewaltmaßnahmen imprägniert, aber er widersetzt sich mit körperlichen Mitteln der bedingungslosen Kapitulation. Der Ekel dient einer Grenzziehung, einer Abstoßung von scheinbar Gefährlichem, der Kennzeichnung von Unverträglichem. Vermutlich gibt es keine ekelfreie,»gesunde« Seele, es ist eher anzunehmen, daß die Seele auf ihrem Entwicklungsweg diese Grenze als schützend braucht, um hinter ihrem Rücken die Genußfähigkeit zu entwickeln. Das Wohlbehagen am berühmten»Leib- und Magenessen«, die»Leibspeise«, die meist regional und sentimental eingefärbt ist, der Träubleskuchen nach dem Rezept meiner Mutter, der saftige Kartoffelsalat, der mit reichlich Fleischbrühe abzuschmecken ist, derartig leise Genüsse, die man niemals gegen eine Einladung zum Special Dinner im Hotel Ritz eintauschen würde, brauchen vermutlich im Dunkel des Körpers heimliche ›Beziehungen zum Rosenkohl und seinen Bitternissen.

Das Fremde essen

Konrad Köstlin hat verschiedentlich darauf hingewiesen, daß Essen ein kultureller Extrakt sei, der es erlaube, daß »sich beim Essen auch Vertrautheit und Fremdheit als Geschmack und Ekel besonders unmittelbar« aktualisieren. »Das fremde Essen – das Fremde essen«, so heißt der programmatische Titel des Aufsatzes, in dem Köstlin diese Spur verfolgt.[7] Er zeigt, daß anders als früher die fremden Speisen heute im wesentlichen exotistisch genossen werden und nicht mehr als ekelhaft abzuwehren sind; im Gegenteil, die Globalisierung der Küche wirkt deftig in den Magen hinein, die Schweinshaxe am Strand von Caorle gehört allenfalls noch als Lachnummer in das Sommerprogramm eines mittelmäßigen deutschen Kabarettisten, der nach der Vorstellung schleunigst bei »seinem« Italiener Zuflucht zu Saltimbocca und einer Flasche Barolo sucht.

Kollektiver Ekel, der institutionalisiert oder zumindest in einheitlichen Geschmacksmustern festgelegt ist, bleibt jedoch noch genug. Der koreanische Doktorand, der seine Dissertation über den deutschen Schäferhund[8] mit einem Verweis auf koreanische Leckerbissen beginnt, ruft jenes unangenehme Gefühl in Erinnerung, das sich gleichfalls einstellte, als in den siebziger Jahren der Ekelfilm »Mondo Cane« die Runde machte, der verschiedene Schweinereien präsentierte, darunter auch angeblich kulinarische wie die Einverleibung von gerösteten Ameisen. Das Eklige als das Fremde ist auch das Thema der lockeren, zum Teil geschwätzigen Darstellung von Marvin Harris über das Rätsel der Nahrungstabus: *Wohlgeschmack und Widerwillen*, die auf vielen verschiedenen Feldern demonstriert, daß das eigene anderswo ebenfalls fremd ist, daß das Pferd schon in Frankreich mundet, es gebe dort noch 300 Pferdemetzger, oder daß die Milch in manchen asiatischen Kulturen als widerwärtige Drüsensekretion ausgegrenzt und abgelehnt wird – vergleichbar unserem Widerwillen, wenn wir ein »Glas schönen, kalten Kuhspeichels« serviert bekommen, wie Harris keck formuliert.[9]

Also diese globalen, zumindest nationalen Schranken stehen dafür gerade, daß auch das Essen mancherorts noch »heikel« ist und daß sich Fremdes in bestimmten, für Fremde ungenießbaren Genüssen ausweist. Der Spätzleschwab ist nicht nur eine Erfindung der Birkel-Werke, sondern eine vermutlich revitalisierte Identitätssicherung, deren Fehlen manchen Emigranten zeitlebens unglücklich macht. Was namenlose Asylbewerber durch bürokratisch verdeckten deutschen Eßpaket-Ethnozentrismus erfahren müssen, widerfuhr auch prominenten Exilierten: Elisabeth Charlotte, Herzogin von Orléans (1652-1721), bekannt unter dem Namen Liselotte von der Pfalz, an und für sich schon ein heftig beschriebenes Blatt in der Ekelkunde – sie wurde von ihrem Vater, dem Kurfürsten Karl Ludwig von der Pfalz gezwungen, »alle morgendt ein monat lang bouillon nehmen und ich kotzte ... alle morgen«. Sie blieb jedoch auch in ihrem Magen ihrer Heimat treu; nach 34 Jahren Frankreich und schon lange im Witwenstand, bekannte sie: »Man ißt gern, was man in seiner jugend zu eßen gewohnt ist ... undt habe mich noch nicht ahn das eßen hir im landt gewohnen können.«[10] Die Liste ihrer ekelbesetzten Speisen und Getränke ist lang und anschaulich, sie hat was gegen Milch, »die ihn ihrem Magen sogleich zu Käse gerinnt«, Tee schmecke ihr wie »Heu und Mist«, Kaffee habe einen »Rußgeschmack« und mache »kötzerich«.[11] Vom »braunen Kohl und Sauerkraut« hält sie mehr als von allen »Ragus«, das »ellendte eßen« in Frankreich sei sie einfach nicht gewohnt.

Mit Ekel begegnet man dem fremden Essen – was der Bauer nicht kennt ... Aber es geht in dieser Eigenheimgastrosophie nicht nur um das Essen, sondern um Fremdheit an sich – und es wäre denkbar, daß die Not in der kleinbäuerlichen Welt zu groß ist, um Ekelgefühle bei der Ernährung durchzusetzen und zu installieren. Spezifische, objektgerichtete Ekelgefühle scheinen eine paradoxe Voraussetzung jeglicher Genußfähigkeit, die von Überraschungen und unbekannten Sensationen erst ermöglicht wird. Wird dieser zweite Takt nicht geschlagen, weil die Not die Sinne organisiert, bliebe eine gewissermaßen frei flottierende, hie und da sich einnistende Ekelempfindung, die ängstlich sich an allem Fremdartigen festmacht und jede Abweichung vom Gewohnten durch Ekeläußerungen kommentiert und fundamentiert. Dieses streunende Moment, das zwischen Essen und Esser nicht zu trennen vermag, im Essen die Fremdheit erkannte, zumindest bestätigt sah, trat im Umgang mit den Flüchtlingen und Heimatvertriebenen häufig zu Tage. »Die Flüchtlingskost wurde von den Männern abgelehnt, weil sie nicht dem gewohnten Geschmack entsprach.«[12] In dem Eifeldorf, das Gertrud Herrig in den siebziger Jahren untersuchte, wurde deutlich, daß diese Ablehnung des fremden Essens die fremden Menschen meinte. Als amerikanische GIs in die Dörfer kamen, da lehnten die braven Eifelkostgänger auch deren Essen ab: »Andere, besonders Angehörige der Negerrassen, würzten so scharf, daß Einheimische die Speisen kaum genießen konnten.« Die fremden Gewürze waren die »Neger« der Küche. Daß sie nichts gegen Innovationen hatten, sofern sie »zivilisiert« erschienen, das zeigte nicht nur der Einsatz von Maggi, sondern auch die Tatsache, daß die Frauen im Dorf sich gegenseitig zur »Párrti« einluden, auf einer »solchen Párrti gab es kürzlich: Heringssalat auf Toast als Vorspeise, dann ein mit Fischkonserven gefülltes und mit Mayonnaise und Lachs verziertes Kastenbrot. Dazu Kaffee, später Wein und eine Schwarzwälder Kirschtorte.«

Kursbuch

Wer jetzt das Kursbuch abonniert ...

■ ... spart! Ein Einzelheft kostet DM 18,– im Abo DM 14,– Ein Jahresabonnement (vier Hefte) kosten also statt DM 72,– nur DM 56,– plus Porto

■ ... kann bereits erschienene Hefte zum jeweiligen Abo-Preis nachbeziehen. Und: von jeweils fünf bestellten Kursbüchern ist eins geschenkt!

Lieferbare Kursbücher:

128 Lebensfragen	114 Todesbilder
127 Männer	113 Deutsche Jugend
126 Wieder Krieg	111 In Sachen Erich Honecker
125 Die Meinungsmacher	110 Die sieben Todsünden
124 Verschwörungstheorien	109 Deutschland, Deutschland
123 Erotik	108 Heroisierungen
122 Die Zukunft der Moderne	107 Die Unterwanderung
121 Der Generationenbruch	Europas
120 Korruption	106 Alles Design
119 Verteidigung des Körpers	105 Krieg und Frieden
118 Exzentriker	104 Weiter denken
117 Das Volk, der Souverän	103 Rußland verstehen
116 Verräter	102 Mehr Europa
115 Kollaboration	101 Abriß der DDR

---

a, ich abonniere das Kursbuch ab _____ als Jahresabonnement zum Vorzugspreis von DM 56,– plus Porto.

Name _____ Adresse _____

Datum _____ Unterschrift _____

ch wünsche Bankeinzug: Kontonummer _____ BLZ _____

Bank _____

usätzlich zu meinem Abonnement bestelle ich folgende Kursbücher zum Abo-Preis:

_____

Bitte wenden

Die nächsten Themen:

Das liebe Geld *Heft 130 / Dezember 1997*

Beiträge: *Stefan Welzk,* Geld regiert die Welt – aber wie? / *Jü Huffschmid,* Euro-Spekulationen. Die Fürs, die Widers, das Trot dem / *Michael Jeismann,* Mark, Franc, Lira – Über Währung patriotismus / *Stefan Schulmeister,* Wer hat Angst vor der Bunde bank? / *Thomas R. Fischer,* Der Handel mit der Zukunft: die neu Finanzprodukte / *Peter Martin,* Der Dollar: Leitwährung oder Lei währung? / *Marc Pitzke,* Ein Tag an der Wallstreet / *Michael Zap Kapitalmärkte als paradoxe Systeme / *Hendrik Munzberg,* Das größ Glück für die kleinste Zahl / *Lutz Spenneberg,* Von Haien ur Zockern / *Regina Mönch,* Geldlos glücklich. Nachruf auf die DD] Mark / *Iris Mainka,* Das große Geschäft. Kinder und Geld, u.a.

Neue Landschaften *Heft 131 / März 1998*

Von dem, was der Schöpfergott der abendländischen Kosmogonie a dritten Tag geschaffen hat, ist nicht mehr viel übrig. Denn das Produ des sechsten Tages, Homo sapiens, ist mittlerweile selbst zum Creat geworden. Er überzog die Erde zuerst mit Kultur, dann mit Industr Und heute sieht er, daß dieses Artefakt an vielen Stellen ganz n erschaffen werden muß. Aber nach welchem Design? Wir haben sch Beispiele vor Augen: gewisse Stadtlandschaften oder die Freizeitpar im Kohlenpott. Heiklere Aufgaben stellen die durch den Tageabb buchstäblich abgetöteten Landschaften, die vom Grundwasser auf n konstruiert werden müssen – eine Herausforderung an Homo create die er noch kaum erkannt hat.

Das Kursbuch, begründet von Hans Magnus Enzensberger. Herausgegeben von Karl Markus Michel, Ingrid Karsunke und Tilman Spengler.

Adresse:

_____

_____

_____

Widerrufsgarantie:

Diese Bestellung kann ich innerhalb von zehn Tagen bei Rowohlt·Berlin, Postfach 02 12 16, 10123 Berlin widerrufen. Zur Wahrung der Frist gehört die recht- zeitige Absendung (Datum des Poststempels).

An
Rowohlt · Berlin
Postfach 02 12 16
10123 Berlin

_____

Datum / Unterschrift

Von Authentizität und Eigenständigkeit läßt sich bei diesem Menu kaum sprechen. Aber diese Párrti-Form zeigt jedenfalls, daß die Frauen zumindest nicht dogmatisch auf angestammte Speisen fixiert waren. Sie besetzten das überwundene Alte sogar mit Abscheu und Ekel. »Man spürt noch die Abneigung gegen das Sauerkraut, das bis in die Mitte der fünfziger Jahre fast täglich auf den Tisch kam. ›Es hat einem gestanden bis über die Ohren‹, sagte eine Frau.«[13] Neue Kost und traditionelle Überlieferung trennte die Fremden, Zugezogenen von den Einheimischen, auch die Geschlechter und die Generationen. Die Alten wußten mit dem neumodischen Zeugs nichts anzufangen. So wie für die jungen Frauen der Mut zu neuen Rezepten die alte Ekelstruktur vertrieb und eine neue Anti-Sauerkraut-Ordnung installierte, so weigerten sich die Alten, neue Gerichte wie Kotelett oder Schnitzel zu akzeptieren.

Generationen und Geschlechterkampf

Dazu braucht es noch nicht einmal eine stabile Ekelformation, dazu reicht es aus, daß die Frau das nicht kocht, was der Mann nicht mag. In der Eifel hieß das: »Das ist selbstverständlich, daß man kocht, wie die Männer es wünschen.« Es braucht auch mich nicht mehr zu wundern, daß mein Großvater alles gerne aß, was auf den Tisch kam, wie er immer wieder betonte. Das, was er nicht mochte, kam eben erst gar nicht auf den Tisch. Die Großmutter beschützte durch Vorauswahl der Rezepte den Großvater vor Neuerungen und dem peinlichen Eingeständnis seiner Mäkligkeit. Wir Kinder durften dabei lernen, daß die Parole »Was auf den Tisch kommt, wird gegessen« auch auf dem ersten Satzteil betont werden kann. In der Eifel wurde die gleiche Tatsache, daß der Mann der Chef über Küche und Köchin ist, dadurch bestätigt, daß in einer Familie die Frau nur dann Dampfnudeln buk, wenn der Mann auswärts war. »Für die Kinder war ein solcher Tag ein Festtag.«[14]

Wie es einer Frau gehen konnte, die sich diesem Diktat des Männergeschmacks nicht fugenlos unterwarf, das erlebte Toni Buddenbrook, als sie ihrem Permaneder Sauerampfer mit Konrinthen servieren ließ: »P. nahm mir dies Gemüse so übel (obgleich er die Korinthen mit der Gabel herauspickte), daß er den ganzen Nachmittag nicht mit mir sprach, sondern nur murrte ...«[15]

Der Männermagen diktiert, seine Korinthenabneigung wird durch eigenhändiges Picken demonstriert, es ist ein Agieren unter der Sprachebene, deshalb murrt er nur noch. Männer stochern, salzen, rühren, zerschlagen den Deckel der Suppenterrine am Boden, »weil die Suppe versalzen war«[16], alles Zeichen, daß eine Winzigkeit anders ablief, als die

Göttergatten es gewohnt sind. Bei einer Umfrage zum Speiseverhalten in Oberschwaben kam mehr als einmal die Feststellung vor, es müsse schmecken »wie bei meiner Mutter«. Solche Mütterimagines nehmen Bezug auf die nährende Mutter, von deren Brust diese Männer nie loskamen, so daß jede Konkurrenz schon von Anfang an sinn- und erfolglos ablaufen wird. Die blinde Kette der Wiederholung, daß die »Mutter« immer weiter die »Leibspeisen« kocht, würde eine absolute Stillegung jeder Innovation bedeuten. Zum Glück wird im Regelfall die Einverleibung der Mutter-Sohn-Symbiose durch Eßvorlieben und Machtworte des Vaters verhindert. Das väterliche Gebot verdirbt zwar zunächst dem Sohn den Appetit, öffnet ihm jedoch langfristig die Möglichkeit, durch Identifikation Neu-Gier zu entwickeln, so daß er auch – abgegrenzt von seiner Mutter – an neuen Speisen seiner Frau Geschmack finden kann.

Der Ekel vor allem Fremden und Vermischten setzte sich nur langsam durch. Die Vorstellung, aus einer gemeinsamen Schüssel essen zu müssen, hätte mir als Kind schwere Ekelprobleme gemacht; schon der von meinem Bruder verwandte Löffel roch nach ihm und wurde deshalb dem eigenen Gaumen unerträglich. Meine Frau bestätigte dies, bei ihren Geschwistern wurde jede gemeinsame Verwendung von Geschirr oder Besteck als »zu lillerich« abgewehrt. Überraschend in diesem Zusammenhang sind die Untersuchungsergebnisse, die Günter Wiegelmann am Beispiel der Tischsitten vorstellt. Im Rahmen der Untersuchungen für den ADV (*Atlas der deutschen Volkskunde*) wurde in Frage 237 c gefragt: »Ißt man noch gemeinsam aus einer Schüssel, die in der Mitte des Tisches steht?«[17] Die Befragung ist interessant genug, um die methodischen Bedenken gegen das Atlasprojekt hintanzustellen. Es gibt überraschende Einzelergebnisse, die erzählenswert wären, die aber hier nur angedeutet werden können. Aus Friedland wird berichtet: »Erst vor kurzer Zeit bekam eine junge Frau zur Hochzeit ½ Dutzend Porzellan-Speiseteller geschenkt. Einige Tage später kam die Mutter der jungen Frau in das Geschäft und tauschte die Teller gegen eine Schüssel ein, damit aus der gemeinsam gegessen werden kann.«[18] Man kann sich die Spannung in solchen Familien vorstellen, die Ohnmacht der Tochter und die Macht der Mutter, die sich gegen den »Zeitgeist« stellt und die individuelle, abgegrenzte Tellersicherheitszone gegen die Hausgemeinschaftssymbolik zurücktauscht. Zu diesem Machtkampf im Generationenkonflikt kommt eine soziale Komponente dazu. Aus Rodert heißt es: »die exakten, sauberen und feineren Hausfrauen benutzen Teller.«[19] Oder: »Nur auf dem Lande und da auf dem Dienstbotentisch. Herr und Frau essen neben dem Ofen am kleinen Tisch.«[20] Oder: »Sind die Angestellten sauber, dann dürfen sie meist gemeinsam essen.«[21] Die gemeinsame Schüssel in der Tischmitte wird in den meisten Regionen zum Indiz der Rückständigkeit –»viel verbreitet bei den kleineren Bauern, bei den feineren Bauern nicht«.

Hygienisierung

Der Verzicht auf die gemeinsame Eßschüssel ist also Ausdruck und Faktor eines Individualisierungsschubs, der von Wiegelmann dreifach begründet wird: Zum einen mit der Erfahrung des Ersten Weltkriegs, der für viele ländlich orientierte Menschen eine kolossale Horizonterweiterung gebracht habe. Ein weiterer Grund sei die »Wohlstandsinnovationsbereitschaft«: daß man sich an die jeweilige nächsthöhere Schicht anzugleichen suche und die feinere Tischkultur zu den »Prestigegütern« gehöre, die ein demonstratives Konsumverhalten auszudrücken erlaube. Als ersten und wichtigsten Grund nennt Wiegelmann jedoch die »allgemeine Bazillenfurcht«, das Bestreben, den gesamten Alltag hygienischer zu gestalten. Ulrich Raulff hat einmal in einer bedenkenswerten Überlegung darauf hingewiesen, daß es »so etwas wie eine Chemie des Sozialen« gibt: »man kann Gesellschaften ... danach beschreiben und beurteilen, wie sie chemisch regieren und reagieren, welche Transsubstantiationen sie fördern und welche sie unterbinden.«[22] Das sakrale Moment der Metamorphose ist gleichfalls ein Hinweis auf die tiefgreifende Wirkung der Wandlung, die Chemie arbeitet hemmungslos, sie ätzt das Alte weg, sie neutralisiert Traditionen mit Chlorwasserstoff, sie wendet sich gegen jede Art von Verfäulnis und Verwesung.

Aus diesem Grund werden Ekelgefühle produziert, die sich gegen das alte, säuische Wirtschaften[23] richten und die Platz schaffen für neue Sauberkeitsvorstellungen, die eine umfassende Hygienisierung einleiten. Der Ekel wird dabei eingesetzt, um die Distanzierung von Ausscheidungen aller Art voranzutreiben. Das ist zureichend belegt, im Gegensatz zu dem Ekel vor Speisen, der manchesmal groteske Ausmaße annimmt und damit anzeigt, daß Einverleibungsprozesse chemisch bedeutungsvoller sind als die Ausscheidungsvorgänge. In einer Sammlung schwäbischer Kochrezepte, herausgegeben vom Landeswohltätigkeitsverein Stuttgart 1896, heißt es: »Die erste Anforderung, um wohlschmeckend und fein zu kochen, ist: große Reinlichkeit ... Die zweite Anforderung ist Sparsamkeit ...« Die Sauberkeit ist die Voraussetzung des Genusses, das geht Hand in Hand mit der strikten Ablehnung ehemaliger Verhaltensweisen, die im Sinne des technischen Fortschritts und der damit verbundenen Purgierung des Körpers und des Seelenlebens als ekelhaft denunziert werden. Der Ekel gilt der älteren Kulturschicht. Nicht nur die Scham-

und Peinlichkeitsschwelle steigt, davon mitgerissen auch Hygienisierungsgebote und Barbarisierungsängste, weshalb Äußerungen wie die aus Schramberg, »Das (eine gemeinsame Schüssel) wird als barbarisch angesehen«, verständlich werden.

Flüchtlinge

Das Essen diente den verschiedenen Gruppen als Integrationsmaßnahme, die aber zugleich von der dominanten Gruppe mit affektiven Reaktionen abgewiesen und als Differenzerfahrung gewertet wurde. Ulrich Tolksdorf, der viel zu früh verstorbene Nahrungsethnologe, beschrieb in seiner treffsicheren Argumentationsart, wie diese Integration-Distinktionsfalle am Beispiel der Königsberger Fleck, eines Kaldaunengerichts auf Rinderpansen- und Dickdarm-Basis, funktionierte. Als die Neubürger die fleischlichen Zutaten beim Dorfschlachter bestellten, war der bereit, für den »Hund« eine Portion zu präparieren und »in Zukunft an den Schlachttagen einige Abfälle (zu) reservieren«. Als die Ostpreußen jedoch zu erkennen gaben, daß sie die »Abfälle« selbst zu essen gedächten, da war der Schlachter so irritiert, daß er überhaupt nichts mehr abgeben wollte, weil dann die Hundehalter zu kurz kämen. »So stießen die Flüchtlinge beim Schlachter auf Unglauben und erweckten bei ihren Nachbarn Abscheu und Ekel.«[24] Meine Schwiegermutter, die aus Schlesien stammt und nach dem Krieg in die Nähe von Stuttgart vertrieben wurde, erzählt, daß ihre erste schwäbische Vermieterin besorgt fragte: »Frau Doktor, wellet Sie die alte Kartoffel, sonschd geb i's de Säu!«

An zwei weiteren Beispielen, der unterschiedlichen Wertschätzung des Neunauges, eines in Ostpreußen hochgeschätzten Speisefischs, sowie der Pilzsammelleidenschaft der Flüchtlinge, belegt Tolksdorf seine These, daß zum einen ein gewisser Geschmackskonservatismus sich als Möglichkeit einer kulturellen Identifizierung mit der eigenen Bezugsgruppe äußert, in der man aufgewachsen und in die man sozialisiert worden ist, daß zum anderen das »Heimatsymbol« durch die Ablehnung der »volkskulturellen Fremdgruppe« verstärkt würde. Diese These scheint mir etwas überzogen zu sein, wenn man sie unter dem Aspekt des Ekelempfindens betrachtet. Ekel hat es an sich, daß er zwar überwunden werden kann, ich esse heute ganz gerne Rosenkohl mit Maronen, daß aber die Gravur der ekelhaften Situation unauslöschlich im Gedächtnis bleibt. Mein jüngerer Bruder, der in seiner Jugend vor fast jedem Fleischgenuß, speziell aber vor Innereien und Fleischkäse, einen unüberwindbar scheinenden Ekel empfand, gestand mir einmal, als ich ihm einen leckeren

Fleischkäse aufwarten wollte: »Essen könnte ich ihn inzwischen, aber die Erinnerungen an die Zeit, wo ich ihn essen mußte, würden dann so übermächtig, daß ich lieber drauf verzichte.«

Heftiger Ekel brennt sich ins Gedächtnis ein, deshalb scheint es mir eher unwahrscheinlich (oder eine Verkennung der dramatischen Situation) zu sein, daß die Ostpreußen als eigene Kultur akzeptiert werden, wenn sie das gleiche wie die Hunde fressen. Daß die Hundehalter zuerst versorgt werden, zeigt indirekt an, welche Hundesorte bevorzugt wird. Aber nicht nur der Abscheu wird offenbar, auch eine pädagogische Warnung: Wenn ihr nicht für Tiere gehalten werden wollt, dann müßt ihr anständig essen, das gleiche wie wir eben.

Märchenwelten

Es ist nicht überraschend, daß diese Hundegeschichte durch den Genuß von Innereien ausgelöst wurde, sind Innereien doch am stärksten mit Ekel – und Lust – besetzt. Im Rahmen eines Seminars über Nahrungsvolkskunde fragte ich zu Beginn auf einem kleinen Fragebogen ab: »Welche Speisen mögen Sie am wenigsten, welche am liebsten?« Bei beiden Fragen lagen Innereien vorn, gefolgt von Fisch, der ebenfalls höchst ambivalent besetzt ist. Ich erinnere an das Märchen von einem, der auszog, das Fürchten zu lernen. Der Schluß der Geschichte legt nahe, daß es um Ekel geht, denn die Königin, seines steten Ausrufs »wenn mir nur gruselte« müde geworden, läßt einen Eimer voll Gründlinge holen und nächtens »den Eimer voll kalt Wasser mit den Gründlingen über ihn herschütten, daß die kleinen Fische um ihn herum zappelten«. Man muß kein abgebrühter Psychoanalytiker sein, um diesen Erguß nicht auch sexuell verstehen zu können: jetzt gruselt's ihm, ausgerechnet in der Hochzeitsnacht, vor den glitschigen, feuchten Fischen.

Die Kinder- und Hausmärchen haben sowieso eine besondere Gabe, Ambivalenzen zu beschreiben, Verwandlungen zu betreiben, vom Aschenputtel zur Königin, vom Frosch zum verwunschenen Prinzen. Auch in dem Märchen vom Froschkönig spielt Ekel und die Metamorphose in Lust eine spezielle Rolle, die Königstochter nutzt die Hilfsbereitschaft eines Frosches aus, um ihre goldene Kugel vom Grund des Brunnens heraufholen zu lassen. Sie verspricht ihm alles, was er will. Von wegen »lieber Frosch«, als der wirklich kommt, um sich die Eßgemeinschaft und die Bettgenossenschaft einzuklagen. »Die Königstochter fing an zu weinen und fürchtete sich vor dem kalten Frosch, den sie nicht anzurühren getraute, und der nun in ihrem schönen reinen Bettlein schlafen sollte.« Ein Frosch ist keine Innerei, aber er ist nicht nur ein

häßlicher, alter »Wasserpatscher«, in ihm drinnen steckt auch ein liebens-
würdiger »Königssohn mit schönen und freundlichen Augen«.

Ob Innereien nicht auch ein Geheimnis verbergen, das von manchen
gefürchtet und von anderen begehrt wird, von manchen mit Lust und
manchen anderen mit Ekel besetzt wird? Wer die Sozialgeschichte des
Innereienverzehrs anschaut, ich tue das Mennell folgend, sieht zunächst
eine altertümliche Verbindungslinie zwischen Innereien und Armenkost.
In bestimmten sozialen Gabeprinzipien werden die inneren Organe
frisch geschlachteter Tiere an Angehörige der Unterschicht geschenkt.
Das mag seinen Grund in der mangelnden Konservierungsmöglichkeit
der Innereien, im Gegensatz zum Muskelfleisch, haben.[25] Dieser Almo-
sencharakter legt jedenfalls die soziale Geringschätzung fest. Sie drückt
sich auch in einer Analyse der Kochbücher des 17. und 18. Jahrhunderts
aus, die zwar gelegentliche Innereienrezepte aufführen, insgesamt jedoch
von Zurückhaltung geprägt sind. Die Bewegung ist nicht einheitlich, es
gibt Unterschiede zwischen der Entwicklung in Frankreich und England.
In Frankreich war der Einsatz von Innereien für die Herstellung der
tausenderlei Ragouts und Pasteten eher geboten – obwohl derartige Ra-
tionalisierungen zumeist am wesentlichen vorbeigehen, das freilich nicht
in der bloßen Irrationalität solcher Prozesse liegt, sondern in ihrer durch-
gängigen Ambivalenz, die zwischen Ablehnung und Hochschätzung
schwankt.

Ambivalenzen

In einem französischen Kochbuch von 1739 wird auf folgende Einsatz-
felder für Innereien hingewiesen: »Die Därme wurden vom Metzger für
die Wurstherstellung verwendet, von den Kutteln fand nur das gras
double, die fettesten Teile des Rindermagens, Eingang in die Küche: Hirn
wurde in einer Zitronenmarinade gereicht. Augen wurden geschmort
und mit Essigsauce serviert.«[26] Im 19. Jahrhundert werden die Erinne-
rungszeichen, die an ein Tier gemahnen, immer mehr verdeckt und
verheimlicht. Die zunehmende Fähigkeit des Menschen, sich mit Tieren
zu identifizieren, kann auch die zunehmende Abneigung gegen den of-
fenkundigen und bewußten Verzehr von Hirn, Augen und Hoden erklären helfen; ausgerechnet diese Trias, deren Einverleibung in vielen
Kulturen Zugewinn versprach, wurde tabuisiert. Um 1800 war es noch
möglich, über den Kalbskopf zu schreiben: »Viele mögen das Auge; man
schneidet es mit der Messerspitze heraus und teilt es in zwei Hälften.«[27]
Heute ruft schon die Lektüre einer solchen Augensektion massive Abwehr hervor, darunter – und in vorderster Front – auch Ekel.

Ambrose Heath schrieb 1939: »Es gibt eine ganze Reihe von Teilen des Tieres, die man gewöhnlich als unpassend für ein korrektes Essen betrachtet und die von Liebhabern meist mit leichten Schuldgefühlen verzehrt werden ... Der Schwanz vom Lamm beispielsweise dient für eine köstliche, wenn auch etwas streng schmeckende Pastete, und man bereitet ein herrliches Ragout aus anderen Teilen dieses kleinen Tiers, deren genauere Beschaffenheit besser verborgen bleibt. Aber das sind die Freuden des Landlebens, die den meisten Städtern vorenthalten werden.«[28] Nicht einmal mehr die anatomische Herkunft wird verraten, so sehr sind bestimmte Zonen der Körper von Peinlichkeiten umzingelt und zugedeckt. Die alte magische Hoffnung, daß man sich die Potenz der zum Verzehr zubereiteten Tiere einverleiben könnte, ist dem Zivilisationsprozeß zum Opfer gefallen.

Nachtisch

So stellt sich auch hier die Frage, die ich schon einmal aufgeworfen habe: Wo bleibt im Zuge des allgemeinen Verständigungsprozesses das Unanständige?[29] Wohin wird es entsorgt, wo wird es aufbewahrt, interniert oder versteckt? Anders gefragt: Wo bleibt die Lust auf Innereien, die sich nicht direkt äußern darf? Wo bleibt das im Ekel Verdrängte, welche geheime Chemie wirkt hinter den öffentlich sichtbaren Reagenzgläschen, und zu welchen Säften mischt sie ihre Erinnerungstinkturen und ihren Vergeßlichkeitstran?

Mir fallen drei Mechanismen ein, die das Verdrängte präsentieren – ohne den Verdrängungsmechanismus selbst in Frage zu stellen.

a) Projektion: Jürgen Ehrmann, der eine Sammlung von Geschichten vorgelegt hat, *Was auf den Tisch kommt, wird gegessen*[30], berichtet von einer Erzählung des Tübinger Weltkriegsteilnehmers Christian Graf, der einen eigenen Hungeranfall auf einen nicht geachteten Kameraden projizierte. Dieser Pole »mit dem guten deutschen Namen Krebs« brach gleich zwei Tabus, indem er sich in einer Nacht im Lager von einem Pferdekadaver ein großes Stück absäbelte.[31] Der Verzehr von Kadaver und Pferd, das war ein glatter Zivilisationsbruch, der fast von einem Deutschen, oder besser von einem Fast-Deutschen, verübt worden war. Not kennt kein Gebot und überwindet den Ekel bei unzivilisierten Völkern; also Ekel begegnet uns auch hier wieder in der Gestalt des Zivilisationswarts, der sich trotz schwerster Verführung an die Ekelregeln hält. Ekel ist also eine Grundlage für Kultur, ohne Ekel keine Schranken, keine Regeln, keine Tabus.

b) Manipulierte Regelverletzung: In Nagold hatten wir einen Mitschüler, der aus Ebhausen stammte und dessen Vater der Vorsitzende der Vegetarier-Union von Deutschland war. Bodo, unser Klassenkamerad, war gleichfalls gehalten, vegetarisch zu leben. Im Juni durften wir im Garten eines anderen Freunds Beeren pflücken, auch für den Selbstverzehr. Der Hauptspaß war es nun, Bodo mit Himbeeren zu ködern, in denen ein kleines Würmchen hauste, und, wenn die Überlistung gelang, vor Vergnügen zu kreischen, weil er die Regeln verletzt hatte, die uns in der eher fleischarmen Nachkriegszeit sowieso ziemlich daneben erschienen. Das gleiche wurde mir bei meinen Untersuchungen in südwestdeutschen Dörfern mit ehemals jüdischen Gemeinden ab und zu berichtet, daß man versucht habe, Juden zum Genuß von Schweinefleisch zu verführen, was manchmal gar nicht schwergefallen sei. Vermutlich haben die Juden und auch Bodo die Absicht durchschaut und so, offiziell durch die List geschützt, ihre Ambivalenz endlich einmal ausleben dürfen. Dazu paßten Geschichten von der Art, daß jüdische »Kerle« im Nebenzimmer des christlichen Gasthofs sich einen »anständigen« Schinken servieren ließen mit einem Bier und einer Zigarre, ganz im Sinn der Schweinsleberwurst als Entreebillet in die bäuerliche Gesellschaft.

c) Geheime Ekellust: Raulff zitiert Leopold Bloom als Routinier im flexiblen Umgang mit dem Ekel, der schon ein morgendliches urinduftiges Nierchen eingeworfen hat: Roh und in unseren Nasen stinkend, in unseren Phantasien höchst eklig.[32] Aber Hand aufs Herz, hat nicht jeder so ein Gäßchen, das ihn insgeheim auf die schiefe Bahn der Ekelprovokation führt und Lust daraus schöpft, beispielsweise den eigenen Kot beschnuppern, faulige Äpfel in der Schublade horten, in der Nase pulen und den Popel ... Man merkt schon, daß man allein in der Aufzählung solcher individueller Sündenfälle ins kollektive Tabudickicht eindringt. Verstecken wir uns besser hinter mutigeren Autoren wie dem Maler Rudolf Schlichter, der eine einzigartige Biographie geschrieben hat; ihr erster Band führt in eine ekeldurchdrungene anale Welt, in der Ausscheidungen und der Umgang mit ihnen eine lebenserfüllende Rolle spielen.[33] Aber die Exkremente und ihre Verdrießlichkeiten stehen am Ende des Einverleibungsprozesses; wir hatten dessen Anfangsschwierigkeiten im Visier. Zugleich fällt auf, daß wir uns seit einiger Zeit am Rande von kleinen Alltagsperversionen bewegen, die vom Leben bereitgestellt werden, um dem Zwang der Elias'schen Gesetze wenigstens für Stunden zu entkommen.

Der Ekel vor der Speise sitzt tief. Er ist uns als dunkler, schwer benennbarer, aber überdeutlich erspürbarer Affekt begegnet. Er wird durch Gewalt befördert, und die Spuren von Gewalt bleiben ihm verhaftet. Zugleich bietet er Schutz, er fordert Tabus und unterstützt Regeln. Er ist ein Apologet der ewigen Balance in der Affenschaukel der Ambivalenz.

Er lehrt im Alltag, daß der Zivilisationsprozeß mehrere, zumindest zwei Seiten hat; daß wir nicht alles haben können, was sich vor uns auftut, und daß die Gesetze nicht so starr sind, wie sie beanspruchen zu sein. So ist Ekel weniger ein Zeichen der Natürlichkeit des Menschen als vielmehr eine Verbindungslinie zwischen Körper und Kultur. Ein Wegweiser, der trotz aller Zweideutigkeit einen schmalen Weg in Richtung Zivilisierung vorschlägt. Leibhaftig.

Anmerkungen

1 Es sei auf den grundlegenden Artikel von Martin Scharfe verwiesen: »Die groben Unterschiede. Not und Sinnesorganisation. Zur historisch-gesellschaftlichen Relativität beim Essen«, in: *Festschrift Hermann Bausinger zum 60. Geburtstag*, Tübingen 1986, S. 13-28. An dieser Stelle möchte ich auch Fridtjof Naumann für vielerlei Hilfen danken!

2 Stephen Menell, *Die Kultivierung des Appetits. Die Geschichte des Essens vom Mittelalter bis heute*. Frankfurt am Main 1988, S. 377.

3 Thomas Kleinspehn, *Warum sind wir so unersättlich?* Frankfurt am Main 1987, Kapitel 1. 4.

4 Mennell wie Anm. 2, S. 378.

5 Ebd. S. 381.

6 Zit. bei Kleinspehn, S. 381.

7 Konrad Köstlin, »Das fremde Essen, das Fremde essen«, in: *Fremde und Andere in Deutschland*, Tübingen 1995, S. 219.

8 Sang-Hyun Lee, »Der deutsche Schäferhund und seine Besitzer. Zur Entwicklungs- und Bedeutungsgeschichte eines nationalen Symbols«, Tübinger Diss., 1997.

9 Marvin Harris, *Wohlgeschmack und Widerwillen. Die Rätsel der Nahrungstabus*, Stuttgart 1988, S. 89.

10 Klaus J. Mattheier, »Deutsche Eßkultur am Versailler Hof Ludwigs XIV. Über die kulinarischen Vorlieben und Abneigungen der Elisabeth Charlotte von Orléans«, in: H.J. Teuteberg u. a. (Hgs.), *Essen und kulturale Identität*, Berlin 1996, S. 148-154; s. S. 148.

11 Ebd. S. 153.

12 Gertrud Herrig, *Ländliche Nahrung im Strukturwandel des 20. Jahrhunderts*, Meisenheim 1974, S. 158.

13 Ebd. S. 162.

14 Ebd. S. 192 u. 193.

15 Thomas Mann, *Buddenbrooks*, Frankfurt am Main 1974, Fischer TB, S. 249.

16 Wieder Permaneder, S. 308.

17 Günter Wiegelmann, »Tischsitten. Essen aus einer gemeinsamen Schüssel«, in: Matthias Zender (Hg.), *Atlas der Deutschen Volkskunde NF*, Erläuterungen Bd. II, Marburg 1966-82, S. 225-249.

18 Ebd. S. 246.

19 Ebd.

20 Ebd. S. 236.

21 Ebd. S. 237.

22 Ulrich Raulff, »Chemie des Ekels und des Genusses«, in: Dietmar Kamper/Christoph Wulf, *Die Wiederkehr des Körpers*, Frankfurt am Main 1982, S. 247.

23 Ein Dankeswort geht an Ludolf Kuchenbuch, der meinen Horizont in jede Richtung erweiterte.

24 Ulrich Tolksdorf, »Essen und Trinken in alter und neuer Heimat«, in: *Jahrbuch für ostdeutsche Volkskunde 1978*, S. 341-364, S. 349.

25 Mennell wie Anm. 2, S. 394.

26 Ebd.

27 Ebd.

28 Zit. nach Mennell, S. 395.

29 Utz Jeggle, »Zur Dialektik von Anständig und Unanständig im Zivilisationsprozeß«, in: *Österreichische Zeitschrift für Volkskunde 1992*, S. 293-304.

30 Jürgen Ehrmann (Hg.), *Was auf den Tisch kommt, wird gegessen*, Wien 1995.

31 Ebd. S. 47.

32 Raulff (wie Anm. 22), S. 245 ff.

33 Rudolf Schlichter, *Das widerspenstige Fleisch*, Berlin 1991.

Karl Markus Michel
Leib an Leib

ÜBER DIE SCHRECKEN DER NÄHE

1. Die Bedrängnis

In unserem öffentlichen Raum wird es eng. Nicht weil er schrumpfte oder weil er insgesamt voller würde (wenngleich auch dies geschieht, in Bauchhöhe vor allem), es ist vielmehr so, daß die Menschen in ihm eine Neigung entwickelt haben, sich zu verklumpen. Wo sie gestern noch, selbst im Gewühl und Gedränge, auf Distanz zueinander achteten, suchen sie heute, so scheint es, den Körperkontakt. Sie wollen sich fühlen.

Es ist ein Vergnügen, mit dem Bus 100 durch den Tiergarten zu fahren. Ich sitze oben, auf einer Zweierbank am Fenster. Am Großen Stern steigt eine beleibte Frau zu und nimmt, obwohl es genügend leere Bänke gibt, neben mir Platz. Sie preßt sich warm und feucht an mich. Ich rücke, soweit das noch möglich ist, zum Fenster. Sie dehnt sich automatisch aus, füllt den freigewordenen Raum. Am Schloß Bellevue ziehe ich meinen Arm, der zwischen unseren Körpern eingequetscht ist, heraus und halte ihn vor die Brust. Sie holt tief Luft und stößt mir ihren Ellenbogen in die Seite. Auf meinen bemüht höflichen Protest reagiert sie völlig verständnislos, zischt ein patziges »Tschuldigung« und rückt um einen Zentimeter von mir ab. Da ich den winzigen Spalt zwischen uns nicht in Besitz nehme, drückt sich, als der Bus an der Kongreßhalle hält, ihr dampfender Körper wieder fest an mich. Ich rieche parfümierten Schweiß, halte den Atem an. Kurz vor dem Brandenburger Tor wird mir schwarz vor den Augen.

Lange Zeit habe ich solche Bedrängung – sie ist heute fast schon die Regel – auf mich bezogen erlebt: als Aggression. Damit überschätzte ich meine Bedeutung für andere. Im öffentlichen Raum sind alle einander gleich-gültig, so wie bisher; verändert aber hat sich das Körpergefühl der meisten. Das zeigt schon das Verhalten der Fußgänger in einer Ladenstraße, insbesondere zur Stoß- und Drückzeit. Wer hier halbwegs unbehelligt seines Weges gehen will, sollte sich nicht scheuen, die Passanten kräftig zu rempeln (sie mögen das), denn wenn man ihnen, in höflicher Berührungsscheu, immer wieder ausweicht, wird man rücksichtslos auf die Fahrbahn oder in Pfützen und Kothaufen abgedrängt. Die anderen reagieren nur auf Körperdruck. Aber nicht aus Pressiertheit, eher aus Trägheit. So dient auch die Rolltreppe den meisten nicht als Mittel, schneller voranzukommen, sondern als Chance, sich zu verklumpen.

Drastisch illustriert diesen Kongregationstrieb ein Bild, das zum Alltag jedes S- und U-Bahnhofs gehört: Ein Zug fährt ein, die auf dem Bahnsteig Wartenden eilen zu den Türen. Sobald eine Tür sich öffnet, drängen alle, die davor stehen, hinein und treffen an der Schwelle unweigerlich auf die Fahrgäste, die aussteigen wollen. Brust prallt gegen Brust. Für einige Sekunden – ihre Zahl entspricht etwa der der Personen, die gegeneinander pressen – bewegt sich nichts. Niemand kann aussteigen, folglich auch niemand einsteigen. Vermutlich weiß jeder, der auf diese Weise in den Zug gelangen will, daß er selbst sich daran hindert. Aber das individuelle Wissen scheitert am Verlangen des Körpers, gegen andere Körper zu drücken. Egoistisch tut es jeder den anderen gleich. Der Knäuel an der Tür wird oft erst dann durchlässig, wenn zwei oder drei Individualisten endlich zurücktreten, um durch eine andere, schon freigewordene Tür bequem einzusteigen.

Eine derartige Pattsituation, man könnte sie die Egoismus-Falle nennen, ist uns von vielen Massenaufläufen bekannt. Leicht entsteht dabei Panik, Menschen werden zu Tode getrampelt. Man sollte deshalb meinen, daß die für die öffentliche Ordnung Verantwortlichen alles tun, um die Entstehung von Menschenknäueln zu verhindern. Das Gegenteil geschieht, wie man auf vielen Jahr- und Wochenmärkten feststellen kann. Besonders auf überlaufenen Trödelmärkten sind die von Buden und Ständen gesäumten Gassen an manchen Stellen kaum einen Meter breit, und an diesen Engpässen stauen, verkeilen, blockieren sich die gegenläufigen Besucherströme – minutenlang. Doch die Gesichter der Eingekeilten verraten keinen Unmut, geschweige denn Panikgefühle. Sie wirken entspannt. Viele halten sich einen Pappteller vor die Brust und schieben sich Würste, Schaschlik, Pommes und dergleichen in den Mund, lecken sich behaglich Fett, Senf, Ketchup von den Fingern. Im Gedränge fällt viel herunter, einiges davon erreicht den schon glitschigen Boden, anderes bleibt an Kleidern hängen, läuft über nackte Waden. Fett-, Schweiß- und Deodünste vermischen sich zu einem fauligen Bukett, das die Trödel- und Menschenmenge einhüllt, alles zu *einer* Masse verbindend. Und die Masse genießt sich selbst.

Exkurs: Nahrungskontakte

Es ist nicht gut, daß der Mensch allein sei. Der Satz steht in der Genesis und diente schon manchen Zwecken. Eine neue Qualität erhält er, wenn zusammen mit den alten Regeln der Geselligkeit auch die Berührungs-ängste aufgehoben werden. Erstes Opfer dieser Entsublimierung pflegt die uns mühsam anerzogene Eßkultur zu sein, die ohnehin schon schwindet, sobald jemand ohne Zeugen ißt. In Ausnahmesituationen, ob nun in Zeiten der Not oder der Orgien, verliert auch die gute Gesell-schaft ihre Manieren. Was wir heute erleben, ist jedoch von anderer Art.

Worüber am Anfang unseres Jahrhunderts Georg Simmel philoso-phierte, die Mahlzeit als soziales Gebilde, der gedeckte Tisch als Ort der Geselligkeit, wurde altmodisch, als in der Ära des Überflusses die tägli-chen Nahrungskontakte, wie das jetzt hieß, sich vermehrten. Zwar erklären immer noch viele Deutsche, daß sie die drei klassischen Mahl-zeiten im Kreis der Ihren einnehmen, aber damit verraten sie nicht (und verheimlichen oft sich selbst), was sie den Tag über nebenher mampfen und schlecken, die Zwischenmahlzeiten daheim, unterwegs, am Arbeits-platz, im Kino usw. Schon lange predigen uns ja die Gastrologen, wir sollten pro Tag nicht nur drei, sondern fünf Mahlzeiten einnehmen, das sei gesünder und halte schlank. Wie gesund und schlank wären wir dann erst mit zehn täglichen Nahrungskontakten, oder mit zwanzig, wie sie in den Vereinigten Staaten angeblich die Regel sind!

Wir machen Fortschritte. Schon in den sechziger Jahren war es uns nicht mehr zuzumuten, zwei Stunden lang mit leerem Magen im Kino zu sitzen. So bekamen wir die Kinospeisung: ein erster Schritt in Richtung öffentlich-gastrischer Nötigung. Ende der sechziger Jahre fegte dann der antiautoritäre Wind ein paar überfällige bürgerliche Tischsitten hinweg, jetzt konnte man wieder guten Gewissens mit den Fingern essen, sich von fremden Tellern bedienen, schlürfen, schmatzen, rülpsen; das weiße Tischtuch galt als reaktionär, das Straßenfest als progressiv – die Imbiß-buden erschienen zur rechten Zeit. Und als zehn Jahre später anstatt des frischen politischen Lüftchens ein stickiger Endzeit-Smog über uns kam, erhielten diese Buden weiteren Zulauf, weil sich quer durch die Steuer-klassen eine alte Menschheitsangst regte, die nämlich, mit leerem Magen ins Jenseits zu gelangen. Was man sich an den Buden holte, waren lauter letzte Gänge, für die man auf Messer und Gabel verzichten konnte. Heute freilich bedarf es der Angst vor dem Untergang nicht mehr, damit wir in die Imbisse beißen, wir tun es ganz entspannt, schlendernd, par-lierend sogar. Und in der feinsten Umgebung: Junk food bei den Salzburger Festspielen, Hot dogs während der Pausen in Bayreuth, und in die Hallen der Frankfurter Buchmesse drängen die Roste und Pfannen sich dampfend hinein. Wo immer was los ist, wo das Volk sich drängt: Hamburger, Döner, Schaschlik, Pizza, Gulasch, Gyros, Currywürste, Frühlingsrollen, Pfannkuchen, Brathendl, Bratheringe, Fischstäbchen, Buletten, Kartoffelsalat und immer wieder Pommes rot und weiß, triefend von ranzigem Fett.

Kommt man denn zum Flohmarkt wegen des dort feilgebotenen Krimskrams? Besucht man ein Open-air-Konzert nur, um dort Musik zu hören? Beteiligt man sich an einer Demonstration allein aus politischer Gier? Das sind Vorwände. In Wahrheit geht man dorthin, um im Gedränge zu essen, alles mögliche in sich hineinzustopfen, und zwar so, wie man es früher nur tat, wenn man sich unbeobachtet wußte, und wie man sich's auch heute nicht immer zu tun getraut, wenn man daheim oder im Lokal zu Tische sitzt, wohl aber in aller Öffentlichkeit, unter tausend Augen, wenn man im Stehen oder Gehen sich aus der Hand (der Tüte, dem Pappteller) befriedigt, laut schlürfend und schmatzend wie die anderen auch. Und kleckernd wie kleine Kinder oder Debile. Was motiviert die Versammelten zu dieser *Bulimia publica*? Vermutlich möchten sie nicht nur von außen, von dem Menschengedränge, sondern auch von innen, vom Schlund, der Speiseröhre, dem Magen, den Därmen her, einen wohligen Druck verspüren. So kann es nicht ausbleiben, daß der Verdauungskanal bisweilen am einen oder anderen Ende dem Druck von innen nachgibt und sich öffnet ...

Am Abend dann, wenn die Menschenströme, satt geworden, sich verlaufen haben, erkennt man das Ausmaß ihres Verzehrs am Abhub. Pappteller mit Pfützen von Senf, Sud, Soße, dazwischen auch Brocken, liegen überall herum und bilden im Umkreis von Abfallkörben schmierige Halden, von denen an warmen Tagen ein mephitischer Brodem aufsteigt. Jetzt rücken die Räumkommandos an, mit schwerem Gerät. Der Erfolg eines solchen Marktes oder Festes, könnte man meinen, bemißt sich nach dem Anfall von Abfall, der am Ende entsorgt werden muß. Er wächst mit der Zahl der Besucher mehr als nur proportional und türmt sich bei Massenspeisungen wie einem Papstbesuch oder Kirchentag förmlich ins Jenseits.

In den neuen Eßsitten, die keine Tischsitten mehr sind, ist eine entscheidende Bedingung der letzteren beseitigt, die in Simmels »Soziologie der Mahlzeit« (1910) noch so selbstverständlich war, daß sie gar nicht erwähnt werden mußte: Die Gemeinschaft der um den Tisch Versammelten hat die gegenseitige Distanz dieser Personen zur Voraussetzung. Gemeinsam ist ihnen nur die Schüssel; Teller und Besteck hat jeder für sich, über sie gelangt die Speise zum individuellen Mund. Es gibt gemeinhin keinen Weg zurück und keine Querverbindung von Teller zu Teller oder gar von Mund zu Mund. Heute vermischt sich alles. Heute gilt nicht einmal mehr Simmels so trivial wirkendes Wort, daß der Mensch zwar seine Gedanken und Erfahrungen mit anderen teilen kann, »aber was der einzelne ißt, kann unter keinen Umständen ein anderer essen«. In deutschen Schlafzimmern und Sexclubs grassiert als hohe Schule des Begehrens eine Art oraler, besser: Gastro-Sex, bei dem sich die Partner ihre Körper gegenseitig mit Speise beschmieren, diese ablecken, die eingespeichelten Mundinhalte sabbernd austauschen. Am Ende steht dann der koprophage Verzehr des von anderen bereits Verdauten. Wenn das Schule macht – und das Fernsehen tut alles dafür: keine Sex-Show, kaum ein Action-Film ohne Anleitung –, dürften demnächst wohl auch die *öffentlichen* Nahrungskontakte bereichert werden im Geiste der Gegenseitigkeit von Atzung und Entsorgung.

2. Der Zivilisationsknick

Bei den hier beschriebenen Sitten handelt es sich nicht um Abweichungen von einem gültigen Verhaltenskodex. Sie gehören vielmehr zum normalen Verkehr der Menschen in der Öffentlichkeit. Und das bedeutet nicht weniger, als daß der Prozeß der Zivilisation, wie Norbert Elias ihn 1936 konzipierte, sich umkehrt, ja, daß er zumindest partiell wieder an seinem Ausgangspunkt angelangt ist. Aber die Sozialwissenschaftler wollen nichts davon wahrnehmen. Sie unterstellen – oder beschwören – weiterhin die Irreversibilität jenes Prozesses, der, kurz gesagt, dazu führte, daß die Menschen im Abendland einander buchstäblich nicht mehr riechen konnten und deshalb auf Distanz zueinander gingen, körperlich und gesellschaftlich. Die Peinlichkeitsschwelle rückte vor, wie Elias es ausdrückt. Das besagt in erster Linie, daß die Körpererfahrung sich wandelte. Man empfand Scham, was die eigene Leiblichkeit betraf, und Ekel gegenüber der fremden. Die zunehmende Kontrolle des Affekthaushalts, insbesondere der aggressiven und libidinösen Regungen, hatte zur Folge, daß viele Triebäußerungen aus der Öffentlichkeit verbannt oder wenigstens strengen Regeln unterworfen wurden. Zivilisation ist insofern die Privatisierung und Ritualisierung peinlich gewordener Verhaltensweisen, zum Beispiel solcher, die das deftige Lutherwort »Was rülpset und furzet ihr nicht, hat es euch nicht geschmeckt?« noch als erlaubt, ja erwünscht kennzeichnete.

Einwände gegen die Elias-These gelten nicht der Richtung, nur der Tiefe und Breite dieses Prozesses. Die immer neu ertönenden Klagen und Mahnungen der Volkserzieher, so wird gesagt, weckten Zweifel an der Effizienz der Zivilisierung. Aber die ist ja nicht vererbbar, sondern muß in jeder Generation neu vermittelt werden. Vermutlich habe sie nur das Verhalten der oberen Schichten geprägt, heißt es weiter. Aber gerade das Kleinbürgertum, das darauf bedacht war, sich vom Proletariat, vom »ordinären« Pöbel, abzugrenzen, darf im 19. Jahrhundert als Stütze der Zivilisation gelten. Im übrigen sorgte die mit der Affektkontrolle einhergehende Monopolisierung der körperlichen Gewalt durch den Staat dafür, daß überall dort, wo Fremdzwänge (noch) nicht zu Selbstzwängen verinnerlicht waren, in der Öffentlichkeit »Ruhe und Ordnung«, »Sitte und Anstand« gewahrt blieben. Bei Zusammenrottungen, bei Prügeleien auf der Straße, in Gast- oder Vergnügungsstätten, bei Erregung öffentlichen Ärgernisses usw. mußte die Polizei die Zivilisation durchsetzen, als »bürgerliche Ordnung«. Deren Idealzustand war der gleichmäßig fließende Verkehr und vereinzelte Passanten; wenn mehr als drei Personen beisammen standen, so war das schon verdächtig.

Allerdings gab es in den rasch anwachsenden Städten seit der Mitte des 19. Jahrhunderts immer unausweichlichere Massensituationen, die teils als peinlich, teils als bedrohlich empfunden wurden. Richtiger gesagt: sie wurden so *beschrieben* – von »zivilisierten« Bürgern, die im Körpergedränge den Ausdruck roher Sinnlichkeit oder ungebändigter Natur wahrnahmen. *Peinlich* erschien die Nähe dann, wenn sie Scham- oder Ekelgefühle weckte. »Wir wurden von einem Lehrer aufgesucht, der mir mitteilte, daß er früher nur sehr selten Erektionen und Pollutionen gehabt habe. Seit dem Andrang in der Untergrundbahn jedoch sei es ihm mehrere Male zugestoßen, daß seine Geschlechtsteile in zufälligen Kontakt mit weiblichen Gesäßen geraten sind. Hieraus hätten sich zahlreiche Pollutionen ergeben.« Magnus Hirschfeld (*Geschlechtsanomalien und Perversionen*, 1936) fügt hinzu, dieser *Friktionismus*, ob »zufällig« oder nicht, trete gerade im Gedränge der Untergrundbahn sehr häufig auf. – *Bedrohlich* aber wirkten Massenaufläufe auf den Straßen, egal welchen Anlaß sie hatten, eine offizielle Feier, eine angekündigte Sensation oder eine plötzliche Katastrophe. Der Gebildete, der in eine derartige Masse hineingeriet, verwendete fast zwanghaft Metaphern wie »reißender Strom« oder »brausendes Meer«, die Heine, Poe, Werth u. a. Autoren eingeführt hatten, und dieses fast mythische Naturbild diente nicht selten dem Motiv der Vereinzelung des Subjekts als Folie.

Gab es nicht auch die Erfahrung des Aufgehobenseins, des Mitgetragenwerdens in einem Wärmestrom? Doch: in revolutionären Massen, wie es die einschlägigen Dokumente für 1848 bis 1989 bezeugen. Aber andere Dokumente bezeugen es ebenso für 1933, für völkische und nationalistische Friktionen. Diese ganz unterschiedlichen Fälle genügen Canettis Begriff der *dichten Masse*, »in der Körper an Körper drängt, dicht auch in ihrer seelischen Verfassung, nämlich so, daß man nicht darauf achtet, wer es ist, der einen ›bedrängt‹. Sobald man sich der Masse einmal überlassen hat, fürchtet man ihre Berührung nicht. In ihrem idealen Falle sind sich alle gleich« (*Masse und Macht*, 1960).

Mit den hier skizzierten »bürgerlichen« Massenerfahrungen scheint das neuerliche Verlangen nach Nähe, Gedränge, Körperkontakt, das den über Jahrhunderte erzielten Zivilisationsgewinn der Distanz plötzlich verschleudert, wenig oder nichts zu tun zu haben. Es handelt sich zwar um das Erlebnis der *Friktion*, aber ohne jede Spur von Scham oder Ekel, weil ohne sexuelle Erregung. Es handelt sich andererseits um den Drang zur *dichten Masse*, aber ohne den geringsten Idealismus oder Fanatismus, mit keiner anderen Intention als der nach unverbindlicher, folgenloser Nähe. Gibt es andere Nähe-Erfahrungen, auf die sich das neue Verlangen zurückführen ließe, vielleicht in gesellschaftlichen Bereichen, die vom Zivilisationsprozeß kaum erreicht und nicht geprägt worden sind? Am ehesten wäre da die Praxis der Prozessionen und Wallfahrten zu nennen, überhaupt die kirchlichen Rituale, von denen – in traditionell katholischen Gebieten – die Gläubigen selten wissen, was sie bedeuten. Die religiöse Handlung gewährt ihnen eine im Kollektiv vollzogene Regression, die sich, wohl dosiert, gut mit dem von der modernen Gesellschaft geforderten Individualismus verträgt, ihn womöglich fördert. Demgegenüber bedarf die für protestantische Länder typische Vereinzelung aufwendigerer Kompensationen durch Körperkontakt, sie reichen von der Gruppentherapie bis zur Love Parade – ritualisierten Formen ebender Nähe, die im Alltag gleichsam roh genossen wird.

Die neuere Soziologie, die im Anschluß an Weber, Simmel, Elias die »Gesellschaft der Individuen« propagiert, weiß zwar von Anpassungs- und Nivellierungsschüben, fragt aber nicht, soweit ich sehe, nach den teils periodischen, teils episodischen Regressionen, um die es hier geht. Das erlaubt den Schluß, daß sie in hohem Grade gesellschaftskonform sind, nicht wahrnehmbar für das »normale« Individuum. Sie können nur vom Rand, von der Abweichung her definiert werden – durch das Würgen im Hals zum Beispiel, das »des Volkes wahrer Himmel« einigen Sonderlingen heute beschert.

Exkurs: Besessenheit

». . . Daher ist eines der stehenden Symptome dieser Art von Besessenheit das Ergriffensein dieser Gegend [des Sympathikus], das sie zum Mittelpunkte von Krämpfen macht, die besonders auf *Kehlkopf* und *Schlundkopf* gehen . . . Anastasia vom Schlosse Bologna ist in steter Gefahr, erwürgt zu werden, da der Dämon sie immer bei der Kehle faßt. Der Abt läßt ihr den Hals mit der Stole umwinden. Sooft das geschah, geht der Dämon in die unteren Teile oder in die Eingeweide, bisweilen in die Extremitäten hinunter, sowie sie weggetan wird, aber in die Kehle zurück. Der einwohnende Geist, durch den Exorzism bald aufs äußerste gebracht, tut, was er kann und vermag. Er macht ihr die Kehle schwellen, so daß sie mit blutunterlaufenem Auge, stinkendem Atem, trockenen, blassen Lippen bald wie eine Sterbende liegt und alle Anwesenden für das Heil ihrer Seele beten.«

Der vierte Band der *Christlichen Mystik* von Josef Görres, der 1842 erschien, behandelt die Besessenheit. Mit beträchtlichem Aufwand an modischer (Schellingscher) Spekulation wird ein irrwitziges System des Bösen entwickelt, das gut und gern als System der Abweichungen vom richtigen (katholischen) Weg gelesen werden kann. Die Fallbeispiele, die Görres mit naiver Gläubigkeit wiedergibt, entstammen der dämonologischen und exorzistischen Tradition der Christenheit. Leider erfährt man nicht, wodurch die Besessenheit jeweils ausgelöst wurde. Für den Exorzisten steht dies von vornherein fest: durch Dämonen, durch das Böse. Um so beredter werden die Symptome geschildert, und Görres verweist wiederholt auf Übereinstimmungen mit Symptomen zweier anderer europäischer Sammelbecken für Devianz: der Hysterie und der Melancholie oder Hypochondrie.

»Bei dem Mädchen von Lewenberg fing der ganze Zustand mit einem großen Brechen und unerhörten *Schlucken* an, so laut wie das Schreien der Mühlräder, das man über viel Häuser gehört. Die sogenannte *hysterische Kugel* ist gleichfalls ein bei der Besessenheit oft bemerktes Phänomen. Ein Mädchen aus dem Tale von Calepino hatte alle Glieder des Körpers gebunden und verstrickt. Das Gefühl einer Kugel war im Magenmunde, die bald zur Kehle aufstieg, bald wieder zum Magen niederstieg; das Antlitz war gelb und aschfarben, dabei Schmerz und Schwere im Kopf ... Diese gespenstische Kugel wird das Surrogat der Speise in allen jenen Fällen sein, wo das Organ der Annahme einer wirklichen sich verschließt. Die hysterische Kugel wird daher auch allerdings als ein Sympton anderer Krankheiten als der Besessenheit scheinen ... So empfand ein Mädchen den heftigsten Schmerz im Magen und im Kopfe, mit Zusammenziehung des Herzens und des Magenmundes verbunden, und es schien ihr, als steige die Kugel immer auf und nieder. Der Appetit war ganz verschwunden, sie konnte nur mit großer Schwierigkeit Speise zu sich nehmen, und täglich wuchs ihre Magerkeit, Abzehrung, Schwäche und Melancholie ...«

Und lange so weiter. Die Beispiele sprechen von Besessenheit, sie sprechen ebensowohl von Hysterie, Melancholie, Allergie. Gemeint sind, trotz unterschiedlicher Codes, die Metastasen des Widrigen, des Ekels.

»Das Wehen, das nun glühwarm und dann wieder kalt wie Eis vom Haupte zu den Füßen und dann wieder zurück zum Haupte geht, zeugt für die Schnelligkeit, mit der diese Metastasen vonstatten gehen ... Endlich das *Ameisenlaufen*, jene zitternde Bewegung unter der Haut, als würde der ganze Leib von Scharen dieser Tiere durchlaufen, hat diese Leichtigkeit der Ortsveränderung ebenfalls zum Grunde; weswegen es sich auch bei Hypochondrischen wiederfindet, wo die Leitungsfähigkeit übermäßig sich gesteigert hat und die bisweilen durch die Rückensäule bis zu den Füßen ein Kriechen und Beißen wie von diesen Insekten fühlen ...«

3. Der Ekel

Der Sonderling, der eine allgemein akzeptierte, sogar geschätzte Sache, Substanz oder Verhaltensweise nicht ertragen kann, gleicht dem Stigmatisierten. Er muß oft zu listigen Strategien der Abwehr oder der Verheimlichung seine Zuflucht nehmen, um sich zu retten vor dem »Dämon«, der ihn heimsucht in Gestalt einer Kugel im Hals oder eines Ameisenheeres in Leib und Gliedern. Es gibt harmlose Fälle (aber nur, weil die betreffenden Dämonen nicht allgegenwärtig sind). Wer auf Plastisches von Beuys mit einem Ausschlag reagiert, muß eben bestimmte Orte und gewisse Bekannte meiden, um ihre Gefühle nicht zu verletzen (nach den seinen fragt ja niemand). Wen es zu würgen beginnt, sobald er die Stimme beispielsweise von Margarethe Schreinemakers hört, der braucht sich nur wegzuzappen. Schlimmer daran sind die, denen es schon beim Geruch von Käse physisch übel wird, sie müßten eigentlich Einsiedler werden. Noch unausweichlicher ist der Kaugummi, dieser Ekelerreger in aller Munde (und an den Sohlen, den Tischkanten, den U-Bahn-Sitzen), man entgeht ihm höchstens auf der Chefetage. Ähnlich der Hundekot. Und die Imbißbudenkost. Und das beschallte Gedränge in den Kaufhäusern. Und das eingeölte nackte Fleisch auf der Wiese im Stadtpark, Leib an Leib wie auf dem Grill ...

Gewiß, du kannst dich absondern. Vielleicht bereitet es dir sogar eine Schauderlust, dort auf der Bank im Schatten zu sitzen und hinüberzublicken zur Wiese. Aber du wirst auf deiner Bank nicht lange allein bleiben, und wenn erst einmal zwei hier sitzen, wird sie für drei oder vier weitere Personen anziehend werden. Auch wenn du dich in einem Warteraum oder in der U-Bahn auf einer langen Bank niederläßt und dabei auf Distanz zu den Nachbarn achtest, darfst du nicht damit rechnen, daß diese Distanz erhalten bleibt. Und sei der Abstand zum Nächsten rechts oder links noch so schmal, er wird von einer dritten Person als ausreichend für ihr doppelt so breites Gesäß erkannt werden; wenn sie sich in die Lücke quetscht, stöhnt sie selig. Naturgemäß hat auch hier, im Warteraum oder in der U-Bahn, mindestens jeder zweite eine Portion Fast food in der Hand oder einen Kaugummi im Mund; bei einem flüchtigen Blick auf diese sprachlos kauende und wiederkäuende Gemeinschaft könnte man an eine zufriedene Viehherde denken, aber der Geruch ist ein anderer. Du hältst dir in immer kürzeren Abständen das Taschentuch vor die Nase, als würde sie tröpfeln. Ab und zu tritt mit einem Blubb eine große weiße Blase aus dem Mund eines deiner Nächsten und wird wieder zurückgesaugt. Ein anderer Nächster, der junge Mann gegenüber, der gerade Fußkontakt zu dir aufgenommen hat, pult sich grimassierend etliche Reste aus den Zähnen, betrachtet sie prüfend, steckt sie zurück in den Mund. Da packt dich der Dämon an der Gurgel. Du stehst abrupt auf, gehst schwankend zur Tür. Wenn es die U-Bahn-Tür ist, solltest du beim nächsten Halt aussteigen, denn wenn du stehenbleibst, werden die Blicke, die dir bei deiner Absonderung aus der Fahr- und Kaugemeinschaft mißtrauisch folgen, zunächst Befremden, dann Haß und schließlich Verachtung ausdrücken: Du bist ausgestoßen. Fast befreit atmest du auf, aber du wirst das dumpfe Gefühl nicht los, die anderen beleidigt zu haben. Deine Isolierung bedarf einer Rechtfertigung. Die kann nur darin bestehen, daß du im Kopf dein Mißbehagen verstärkst, dich hineinsteigerst in einen Abscheu, der dir ein Sitzenbleiben ganz unmöglich gemacht hätte. In Wahrheit bist du selbst es, der den Ekel mästet.

Anfangs ist es oft wirklich bloß ein zufälliges Mißbehagen. Erst durch die übertriebene Abwehr und die provokante Abwendung von der Gemeinschaft derer, die nur Behagen zu kennen scheinen, lädt es sich auf zum Brechreiz, oder was immer das spezifische Symptom sein mag. Wenn man den Reizen, die das Mißbehagen auslösen, immer wieder ausgesetzt ist, kann die Abwehrreaktion habituell, sogar zwanghaft werden: eine Art Besessenheit. Kein Kraut ist dagegen gewachsen. Nur lächerlich wirken gutgemeinte Imperative wie »Stell dich nicht so an!« (als handelte es sich um eine Laune) oder »Entspanne dich!« (als öffnete man dadurch dem Übel nicht alle Poren) oder »Nimm dich doch zusammen!« (als wäre man nicht schon ganz in sich verkapselt). Man *ist* jetzt eben anders, absonderlich, abnorm – ist *draußen*, um im U-Bahn-Bild zu bleiben. Nicht ganz und gar draußen aus der Gesellschaft, aber ausgeschlossen aus einem bestimmten Bereich des Behagens in der Normalität.

Die Symptome, die diese Außenseiter entwickeln, mögen diffus erscheinen, ergeben jedenfalls kein geschlossenes Krankheitsbild. Aber sie überschneiden sich auffällig mit Symptomen aus ganz anderen, ebenso diffusen Deviationskomplexen wie der Besessenheit und der Hysterie: immer wieder die hysterische Kugel, das Würgen im Hals, die Ameisen in den Gliedern, die Schweißausbrüche usw. Nun folgt aus der Gleichheit der Symptome natürlich nicht die Gleichheit der Ursachen. Aber es läßt sich nicht ausschließen, daß die verschiedenen kulturellen Codes, in denen Ekel sich ausdrückt und wahrgenommen wird, eine gemeinsame Basis haben. In der Geschichte der Zivilisation war der individuelle Brechreiz vermutlich oftmals ein Signal für das Kollektiv, daß eine gewisse Substanz unzumutbar, eine bestimmte Gewohnheit unerträglich geworden sei, kurzum, daß sich etwas ändern müsse.

Die hysterische Kugel als Kugel der Fortuna, der Göttin des Wandels! Als eine ihrer Priesterinnen könnte Frau Eglantine gelten, die feinfühlige Priorin aus Geoffrey Chaucers *Canterbury Tales*, die Ende des 14. Jahrhunderts, also lange bevor der Elias-Prozeß zu laufen begann, in einer sehr gemischten Pilgergruppe durch ihr ungemein delikates Benehmen auffiel: »An der Tafel wußte sie den feinsten Anstand zu wahren. Nie geschah es, daß Brotkrumen ihr vom Munde fielen oder daß sie die Finger in der Tunke netzte, und wenn sie die Speisen an die Lippen führte, gab sie sich große Mühe, auch nicht ein Tröpfchen davon auf ihre Brust fallen zu lassen. So sorgsam pflegte sie die Oberlippe abzuwischen, daß auch nicht ein Gran Fett am Becher zu sehen war ...« Und dies, wohlgemerkt, ohne Messer und Gabel!

Heute wird ja wieder mit den Fingern gegessen, ob auf Wallfahrten oder im Straßenverkehr – aber wie! Und diesen Nahrungskontakten gleichen die Haut- und Seelenkontakte, die wir überall haben, diese sabbernde, schmatzende, würgende Nähe und Enge. Aber liegt der Ekel, den mancher davor empfindet, noch auf der Linie des Fortschritts im Sinne Frau Eglantines? Ist er nicht vielmehr altmodisch und nostalgisch, weil er eigensinnig auf einer längst erreichten und kürzlich wieder verlassenen, verratenen Zivilisationsstufe beharrt? So geradlinig verläuft der Fortschritt nicht. Für die Zeitgenossen Chaucers war Eglantines Verhalten, das die etwas ungeschlachten Weggefährten fast beleidigend auf Abstand hielt, bestenfalls wunderlich und sicher kein Vorbote einer viel späteren gesellschaftlichen Norm. Und die besessenen Frauen, die Görres uns vorstellt, waren nicht nur die Opfer der alten, vom herrschenden Gott überwundenen Dämonen, sondern antizipierten vielleicht, ohne es zu wissen, eine noch ferne Emanzipation. Vom Mittelweg abweichendes Verhalten, heißt das, ist nicht entweder progressiv oder regressiv, es ist zuallererst menschlich.

Klett-Cotta

Mário de Carvalho:
Wir sollten mal drüber reden
Roman
Aus dem Portugiesischen von Ralph R. Glöckler
275 Seiten, gebunden
DM 36,-/öS 263,-/sFr 34,10
ISBN 3-608-93314-X

Joel Strosse Neves, um die fünfzig, steckt tief in einer Krise, als er den Entschluß faßt, in die Kommunistische Partei einzutreten. Dieser völlig unzeitgemäße und groteske Einfall wird zur fixen Idee, die sich bald zu einer rasanten Geschichte von Mißgeschicken entwickelt. Ironisch plaudernd schaltet sich der Autor ein, kommentiert nicht nur seine Figuren, sondern auch sich selbst, spielt mit einer Bewegungsfreiheit, die der Held des Buches nicht hat, brilliert mit Witz und Gelehrsamkeit.

Patrícia Melo:
O Matador
Roman
Aus dem Brasilianischen von Barbara Mesquita
259 Seiten, gebunden
DM 32,-/öS 234,-/sFr 30,40
ISBN 3-608-93686-6

Alles fängt mit einer verlorenen Fußballwette an. Ein blöder Zufall, daß der Typ so unglücklich fällt. Máiquels erster Mord. Er sieht sich schon im Kittchen. Aber nichts passiert. Jedenfalls nicht, was Máiquel erwartet. Plötzlich ist er ein Held, wird bewundert.
So beginnt Máiquels Karriere als Killer. Er handelt wie im Rausch, verdient sich – nicht eine goldene Nase, sondern ein neues Gebiß. Bis er den Falschen umbringt...

Marion Titze:
Das Haus der Agave
131 Seiten, gebunden
DM 26,-/öS 190,-/sFr 24,90
ISBN 3-608-93684-X

Vier Geschichten, in wundervoll skeptischem Ton. Eine Erzählerin resümiert ihre Erfahrungen. Die Wende ist längst passé, doch dieses Gefühl der Untauglichkeit dem Neuen gegenüber verläßt sie nicht. Die Zeit zwischen zwei Anpassungsformen, so heißt es im Motto dieses Buches, ist eine Gefahrenzone für das Leben.

Klett-Cotta, Postfach 10 60 16, 70049 Stuttgart

Asmus Petersen
Ein ekliger Tag

8.30: Horrorfrühstück

Dieser Schock kommt jeden Morgen neu. Senkrecht sitze ich im Bett, kaum daß ich wach bin. Stuhl, Urin und der wunde After der alten Mutter beherrschen den Tagesablauf der Familie und jedes Gespräch. Schmeißen wir die Alten nicht rechtzeitig raus, kann man sich zwar hinterher brüsten: Ja, bis zum Ende gepflegt haben wir sie – doch wir sind verändert. Die eklen, machtvollen Erinnerungen, ich weiß es, werden sich nicht verlieren.

Aber setzen wir uns doch. Sie ist ja nun leider noch nicht tot, also muß ich manchmal mit ihr frühstücken. Zwangsläufig beginnt die Eskalation. Sie hockt vor mir an der gegenüberliegenden Seite des Tisches, kann möglicherweise nicht gut sehen, das gebe ich zu, aber die Füße, die irrwitzigen, kann sie so weit unter dem schmalen Tisch hindurchstrecken, daß ich mit den meinen, wie ich es auch anstelle, nur darauftreten könnte und gelegentliche winzige, durch Mark und Bein gehende Berührungen nicht zu vermeiden sind. Oh, wie sie mir hier die Glieder zustreckt! Pflegte nicht so unser Jagdhund, als er noch lebte (und der mußte so früh sterben!), aus schnellem Lauf nach vorn zu bremsen? »Du, ist das richtig hier?« fragt sie mich. In diesem Augenblick, nach 30 Jahren, steht fest, daß ich nicht mehr von ihr geduzt werden möchte. Sie hält das von mir mit Überwindung, wahrhaftig nicht im Mitleid durchgeschnittene Brötchen dicht, viel zu dicht vor mein Gesicht, und ihre Frage verstehe ich nicht, möchte auch nicht darüber nachdenken, sicher ist nur: Nie wird sie es mit Butter bestreichen können, weil sie die Menge nicht genau genug sehen und abschätzen kann.

Nun muß ich nicht lange auf die nächsten Darbietungen warten: Ist dies Mettwurst? Käse? Salz? Käse und Salz, das lasse ich mir nicht ausreden, kann selbst ein echter Blinder unterscheiden. Dazu aufgesetztes Zittern – aber von Parkinson keine Spur – und unachtsames Verschütten von Kaffee, Milch und Tee. Wir kriegten von unseren im Nationalsozialismus bewährten Eltern Ohrfeigen für sowas. Das Klappern mit Besteck und Porzellan – hat sie Kastagnetten mit an den Tisch gebracht? Nein, es sind ihre sogenannten Zähne. »Gibt es Porridge?« Seit 25 Jahren. Daher ist die Frage nach Butter auf dem Brei in der Mitte des Tellers zu erwarten, einer namhaften Portion, die wir selbstverständlich schon eingebaut haben. »Noch ein Stückel!« Verdammte Unzucht, woher, wenn sie nicht sehen kann, weiß sie, wieviel es eben war? Der Tee – ein Alp für sich. »Nicht ganz voll!« und: »Halt!« – sieht sie es nun oder nicht? Eine genau bestimmte Menge Milch hinein. Hast du auch Sahne, heißt es weiter. Drei Tablettchen Süßstoff bitte. Ist dies der Zucker? Und – es ist wahr! – ich streiche ihr das Brötchen mit Butter, allein schon, weil ich das Geräusch nicht ertragen kann, wenn sie besessen drauf und drüber kratzt. Wie eine gelernte Kaltmamsell belege ich alles in den genau geforderten Teilen mit Wurst und Käse. Danach folgt Honig. Der sieht doch eigentlich genauso aus wie Sekundenkleber, ob ich ihr den das nächste Mal gebe? Ein verlockender Gedanke. Aber meine Frau wird wieder nicht mitmachen. Indessen, keine Pause darf im Verzehr eintreten, ununterbrochen und klirrend setzt ihre Tasse auf, das heißt unsere natürlich, viel zu teures Porzellan, warum stellen wir ihr keinen Blechnapf hin? Lautes Schlucken und klapperndes Kauen erfüllt die große, so schön gekachelte Küche, das Brot wird mit beiden Händen gefaßt, ungesäumt grabscht sie das nächste Brötchen, demonstrativ, als ob sie es diesmal allein bewirken wollte, aber sie weiß genau, die Schlange, daß das nichts wird und ich eingreifen muß. Alles wäre ja auch einfach, wenn ich die Einstellung hätte, ihr helfen zu wollen. Da sei Gott vor.

Schon hat sie zur falschen Butter gegriffen, nämlich zu meiner französischen, appetitlich gelben und gesalzenen, die wird sie mir wegfressen, obwohl ich die billige EG-Butter eigens vor sie hingestellt habe. Soll ich ihr jetzt die Butterdose wegreißen und in den Sarg vorwegschmeißen? »Ins Grab!« möchte ich so oft und so gern rufen, anstatt »Grüß Gott!«, was sowieso anmaßend ist und gegen das Zweite Gebot verstößt.

Man schmatzt und zieht plötzlich mit den Fingern irgend etwas aus dem Gebiß – ich schließe die Augen, weil bei solcher Gelegenheit die Zähne schon auf dem Tisch lagen. Ist dies wirklich die Mutter, die in körperlichen Dingen so penibel war und auf Tischmanieren größten Wert legte, Kristall, Silber, Servietten – apropos Servietten: Wenn eine von Mütterchen so dicht neben der meinen liegt, daß sie sich berühren, meine also, die reine, und die befleckte von ihr, werde ich so traurig, daß ich weinen möchte. Nichts aber, überhaupt nichts macht es mir aus, anzurühren, zu trinken, was zu einer schönen Frau gehört, vom lippenstiftgezierten Champagnerglas bis zu vielem anderen.

Einen Hühnerstall saubermachen – dabei muß man sich die Nase zuhalten, was natürlich nicht geht, das weiß ich noch aus der Zeit, als es wenig zu essen gab und ich auf dem Lande helfen mußte; Schweineställe zu misten war fast noch schlimmer. Aber das ist nichts gegen den Abscheu vor einem alten Fuß, einem klebrigen Krückstock oder dreistem Pusten über den Suppenlöffel in mein Gesicht.

Dirk, den Ziwi, der jeden Dienstag von zwei bis vier Kreuzworträtsel mit der Schwiegermama löst, ficht das alles gar nicht an. Ich kann ihn nur fassungslos bewundern, die Arbeit »macht unheimlich Spaß«, er hat fünfzehn solcher Alten zu betreuen, außerdem Blinde und Taubblinde. Schlimm, weiß meine angeheiratete Psychofrau, sind die Taubblinden, wenn sie sich selbst zerstören, »die beißen sich die Schultern kaputt, die bohren sich das restliche Auge aus und klemmen sich die Finger in Türen ab«. Alles absichtlich, sagen die Analytikerkolleginnen, sie müssen sich doch selbst spüren. In der Pubertät onanieren sie überall. Dirk geht mit ihnen um wie mit Freunden, er ekelt sich nicht, ja, er versteht meine vorsichtige Frage überhaupt nicht.

Ein Taschentuch aber liegt auf der Treppe, ein weißes Problem, und fordert meine Verdrängungskunst. Zweifellos, sie hat es verloren, sie nur, aus ihrem Ärmel heraus, es war mir lange klar, daß das in jeder Minute passieren konnte. Soll meine Frau es nicht aufheben, muß ich es tun. So bin ich gezwungen, es mir genau anzusehen: Gibt es eine Ecke, an der ich es anfassen könnte? Nur dann sähe ich eine Möglichkeit. Nein! Umsonst – ich hätte mich im Darüberbeugen dieser Strahlung nicht auszusetzen brauchen, es gibt keine akzeptable Ecke, es muß liegenbleiben, meiner Frau zur Last fallen, und ich muß den Anblick zu vergessen suchen.

Komme ich in die Hölle – wie oft habe ich es ausgerufen und mein Elend im voraus beweint! –, muß ich Krankenpfleger werden, für immer von Ekel umgeben.

10.30: Ich gehe davon aus, sag ich mal

Nun muß das Auto in die Werkstatt, ausgerechnet heute nach diesem Frühstück, und natürlich bin ich derjenige, der es hinbringen darf, in übler Stimmung also ans andere Ende der Stadt. Dem Reparaturchef, der Kundendienstberater heißt (König oder Dichter wäre ebenso zutreffend), überlasse ich, irritiert und angeödet zugleich von der nervösen Atmosphäre in seiner gelackten Bude, die Entscheidung, was an dem kleinen Japan-Auto gemacht werden soll, dessen Typ ich mir mit Mühe merken kann, aber nicht die Nummer, was den wichtigen Herrn doch erstaunt. Wie ein Dreisternekoch trägt er seinen Namen am Kittel, gesteckt, nicht gestickt. Wie kann er annehmen, daß ich wissen will, wie er heißt? Ich nehme langsam die Witterung von etwas Aufgeblasenem, jedenfalls Banalem auf, kurz: es riecht nach ADAC. Nur schnell weg, eine

Taxe bitte, nun aber wird mir die Morgenstunde, wenn es unter den Verdrießlichkeiten nicht schon Mittag geworden ist, gründlich verdorben, denn es tritt mir dreist und unterwürfig zugleich eine abstoßende Erscheinung in den Weg: »Wunderschönen guten Tag!« Aha, der Verkäufer oder Vertreter, jedenfalls ein Gesicht, das die primitive Mischung nicht verbirgt, die im Kopf dahinter wabert: das Anlocken mit falschem Lächeln (die Augen bleiben kalt), die Verachtung, weil ich wohl nur für kleine Autos infrage komme, und die Blutgier, mich mit einem Kaufvertrag niederzustrecken. »Ich gehe davon aus, daß Sie mit Ihrem Auto nochmal zehn Jahre sag ich mal herumfahren können«, fängt er an, »weil wir haben ja keine Reparaturen, aber ich denke mal, Sie sollten –« Die vorhersagbaren Floskeln klingen heute besonders abscheulich. Seine Worte sind Exkremente, die er vor mir ausscheidet! So oft im Leben hat man es damit zu tun, mit solchen von Mensch und Tier: Wenn man hineintritt, Tiere pflegt, Windeln wechselt, bei sich selbst ein kleines Malheur bereinigt – mit allem wird man fertig, nur den zudringlichen Einbruch in die persönliche Sphäre durch das arglistige Gesicht und die schleimige Rede eines solchen Verkäufers kann man nicht abwaschen.

12.30: Taxen, diese Huren

Ja, abwaschen, waschen; natürlich habe ich selbst tausend Zwänge, aber keinen zum Waschen. So scheint es auch dem Taxifahrer zu gehen, mit dem ich allerdings keine weiteren Gemeinsamkeiten haben möchte. Zu schweigen daher vom strengen Geruch, den er in seinem Auto verbreitet, muffig wie von zwanzig Hemden, die er schon zu lange trägt. Unglücklich sitze ich dicht neben dieser männlichen Zumutung, gedankenlos bin ich vorn eingestiegen, beileibe nicht aus freundlicher Kameraderie. Er ist kein Student und kein Ausländer, der Fahrer, was ihm mildernde Umstände eingebracht hätte. Wie bei vielen seiner Kollegen gibt sein Verhalten klar zu erkennen, daß er es eigentlich nicht nötig hat, Leute zu befördern, schon lange nicht solche wie mich, die zu faul sind oder sich zu fein dünken, mit der Straßenbahn vorlieb zu nehmen. Möge er an einen dicken Baum fahren, wenn ich ausgestiegen bin. Hinten im Fond hätte allerdings der gleiche Mangel an freundlicher Frischluft geherrscht, man sitzt wie immer auf gelochtem schwarzen Kunststoff, der im Winter kalt und im Sommer glühheiß ist, eigens hergestellt, um mehrfach in der Nacht Erbrochenes von Biertrinkern aufzunehmen. Ich schnüffele vorsichtig, und sieht man nicht noch Reste? Die Fenster müssen seit Monaten geschlossen gewesen sein, und auch wer den Geruchssinn im Laufe eines bewegten Lebens weitgehend eingebüßt oder angesichts solcher unerfreulicher Erlebnisse freiwillig aufgegeben hätte, der Glückliche, käme nicht, ohne gespien zu haben, aus diesem häßlichen Kasten heraus. Wenn sie leer sind, die Taxen, zeigen sie ihr Wesen: altgewordene Huren, die auf Freier warten.

13.00: Kondome zum Fenster raus

Sich im Auto zu lieben, wissen wir, kann spannend sein, und Erfahrung ist sehr nützlich. Das Umständliche erfordert von beiden Seiten Aufgeschlossenheit und die Bereitschaft – nein, die Lust zu einer gewissen Direktheit, die in anderer Lage, wo es ebenso zum Schwur kommt, durch mehr Raum und Zeit gemildert oder ausgeschmückt wird. Aber gerade das Beengte und Heimliche, auch die Gefahr, überrascht, beleuchtet zu werden, hat seinen Reiz, und wer sich überhaupt in die Situation begibt, sollte man denken (aber das stimmt nicht), hat ja sonst keine Stätte auf der Liebeswelt.

Das Atelier – mein Refugium, in dem ich in Ruhe malen kann –, zu dem mich, der ich heute schon zweimal verwundet wurde, die Dirnentaxe in gefühlloser Fahrt bringt, ist am Fluß in einem stillen Winkel gelegen, weitab von den Straßen, und lädt seit jeher unter Büschen und Bäumen Liebespaare in ihren Autos ein. Nun sollte man für die Liebe immer und ewig großes Verständnis haben, sich mit den Entzückten freuen oder ihnen wenigstens gedanklich zuschmunzeln. Ich habe auch nichts gegen Zärtlichkeiten im Auto selbst vor meinen Fenstern, vor allem nachts, wenn ich sowieso nichts merke.

Alles schön und gut, und wenn wir nun so weit sind, muß die Frage gestellt werden: Wo bleibt die Dankbarkeit? Ja doch, kann man nicht dankbar sein danach? Daß man das hingekriegt hat unter solchen Bedingungen? Warum nicht sanft im Ausklingen wegfahren, mit kleinem Glück? Aber was passiert? Fenster auf und raus mit allem – Taschentücher, Kondome, Bierbüchsen. Das fliegt auf den Weg, ins Gras vor dem einsamen Haus.

Mir bleibt nach jedem Wochenende alles dies überlassen, und nur dies, was man nicht erblicken möchte. Ich ergreife die Kehrichtschaufel.

15.00: Ohne Schweiß kein Preis

In den sogenannten Sonnenstudios kann alles passieren: Triebtäter pflegen einzudringen und alles zu vergewaltigen, was sich bewegt, auf Aids ist man ja eigentlich den ganzen Tag und hier auf der Bräunungspritsche natürlich besonders gefaßt, Syphilis und jede Art von Hautpilz sind an der Tagesordnung, am Tresen verabreden sich zwielichtige Typen zu den anstehenden Aufnahmen der Kinderpornos – Sonnentreff, Big Sun und Dream World nennen sich denn auch verheißungsvoll manche dieser Hautkrebsverkäufer. Was mich in einem solchen heißen Röhrenladen betrifft, habe ich nur Alheide, meiner Freundin zuliebe den eisigen Schreck hingenommen, den Anfall äußersten Ekels erlitten, von dem hier zu berichten ist. Ich will mich mit ihr treffen, der Wohlgestalteten, daher muß ich unbedingt gut aussehen, soweit noch möglich, besser also, einigermaßen jedenfalls will ich mich fühlen, und aufpassen muß ich, daß unterhalb des Steißbeins beim Bräunen keine weißen Stellen entstehen. Immer mal drauf achten, sagt Alheide, daß du die Haut oben am Po glattziehst. Aber es klebt gleich wieder alles auf dem Plexiglas fest. Dazu lärmen die Ventilatoren so laut wie Düsentriebwerke, im Radio ist das Programm für Teenies unter zehn eingestellt, drei Zentimeter entfernt, wofür ich in diesem grellen Licht den Ausschalter nicht finde, natürlich auch nicht den für den künstlichen Wind, der mir die Kleider vom Leibe risse, hätte ich noch irgendwas an. »Mach doch mal«, meint Alheide, »nimmste deinen kleinen Armanislip, die hellere Haut da, find' ich schon gut.«

Liebe Sonnenfreunde, ich tue das wirklich nur, weil es mit Alheide ja sein könnte am Sonntag. Nie hätte ich es auf mich genommen, das große Grauen nicht riskiert, wenn ich gewußt hätte, daß die Liege in meiner 20-Mark-Kabine naß sein könnte: Es stand eine schamlose Flüssigkeit auf dem Lager, aus den widerlichen Körpern einer fetten Tussi oder eines nackten Hünen abgesondert mittels Hidrose und Sudation. Soviel schwitzt man nicht! Dieses Sekret meinen empfindlichen Augen auszusetzen, ist ein Anschlag auf das seelische Gleichgewicht, eine abscheuliche Flegelei. Die dunkelbraunen Flittchen hinter den Empfangstheken sind sich selbstverständlich zu schade für die Hygiene in den Boxen; ich bestand wütend auf einer anderen Liege, wo es mir dann zur Strafe schlecht erging, weil hier zahllose Gesichtsbräuner mein Antlitz, das durch den Ablauf einiger wie rechtschaffen auch immer bestandener Jahrzehnte nicht mehr im allerfrischesten Zustand ist, für drei Tage aufquellen ließen – ob Alheide sich ekeln wird?

16.30: Die Gott gezeichnet hat

Jeden Tag eine gute Tat tun? Daß ich nicht lache. Wer könnte das aushalten. Immerhin sollte ich meinen behinderten Freund mal wieder besuchen. Ich kann nicht ahnen, daß es mein Verderben wird.

Dieser ewige Freund, der seit fünfzig Jahren gelähmt ist, aber seiner

Nöte mit großer Disziplin Herr wurde, gehört gottlob nicht zu den Rollstuhlfahrern, die einem brutal vors Schienbein fahren, wenn man nicht schnell genug zur Seite springt. Er war wohl mal ein Herr, mein Oberst außer Dienst, mehrfach verwundet und zuletzt noch in Sibirien mit Kinderlähmung geschlagen. Daher hat er einen Klumpfuß und atrophierte, wirklich extrem dünne Beine, wozu Prothesen gehören – muß ich das unbedingt alles beschreiben? Heute erzählt er zum wievielten Male, aber ich höre es gern wieder, wie der gefeierte Panzergeneral Guderian in zwei Gefechtslagen eine Menge Leute umbrachte: »Verheizt, unsere Truppe, aus. War vermeidbar, ist klar. Kann mir das Urteil erlauben.« »Da müßtest du dich ekeln«, rufen mir später meine so sensiblen Familienmitglieder zu, »bei sowas! Aber du findest es ja schade, daß du nicht dabeiwarst!« Überlegen verzichte ich auf eine Verteidigung. Hier, bei meinem gelähmten Freund, trinken wir Whisky, und ich höre nachdenklich seinem Hohelied auf die sibirische Landschaft zu, der Beschreibung solcher Dimensionen kaum gewachsen, und mischt sich nicht eine abwehrende Empfindung ins Gemüt, die alte Russenangst?

Habe ich die Russen auch nicht mehr zu fürchten, gilt es nun, einer ebenso unheilvollen Herausforderung zu begegnen. Um diese Stunde muß die Privatpflegerin kommen, die liebreizende Türkin Nurgül, die er fürstlich bezahlt, aber so zuverlässig, wie sie sonst ist, läßt sie heute auf sich warten. Und von jetzt auf gleich steht der Tod vor mir – lebt alle wohl! Mein Tod, jawohl, mittels Schauders und Seelenstillstands, denn mein Freund, weil ihn die verbohrte Furcht in Panik versetzt, die dunkle Nurgül komme heute überhaupt nicht mehr, donnert mir zu wie Mozarts Comtur dem Allesficker und Schloßbesitzer Don Giovanni (ein bißchen paßt es ja auch): »Dann bringst du mich ins Bett!« Was das für mich bedeutet, versteht kein Lahmer auf der ganzen Welt. Lieber würde ich day after day in den Cottonfields von Tara in Georgia arbeiten, könnte mich auch schwarz schminken.

Als erstes verliere ich vor übergroßem Schreck die Sprache. Der Tod hebt seine Hand und winkt mir, sagte ich's nicht? Ich – nun ein Stummer! O wie schön die Worte flossen, als ich, bis eben doch noch, reden konnte und kein Behinderter war. Nun gehörst du dazu, sann ich, solche Züchtigung sendet dir grußlos der strafende Gott, der alles weiß, insbesondere, daß dieses Rote-Kreuz-Heim eben das Verlies ist, die Strafkolonie, in die ihr vor Jahren deine durchgedrehte Mutter abgeschoben habt. Wo sie dann auch prompt verkam und nach einem halben Jahr starb, entsprechend der klassischen Verweildauer der Moribunden.

Das berühmte »Ist klar!« des Obristen in gesunder Lautstärke reißt mich aus meiner übel verspäteten Reue, meiner Scham. »Aber die Nurgül kommt doch!« entringt es sich mir, stumm oder nicht, und meine Stimme

EIN EKLIGER TAG 45

zittert. Das scheint meinen Folterer kaltzulassen; für den alten Kommandeur, wenn er wüßte, daß ich ihn nicht einmal virtuell betreuen möchte, gehörte das in seine Kategorie Gehorsamsverweigerung, ehrlicher noch in die von Feigheit vor dem Feind. Hart ist der Zahn der Bisamratte, doch härter sind Behinderte. Nicht umsonst heißt es: Die Gott gezeichnet hat, sollst du meiden; wenn ich mich darüber hinwegsetze, könnte ich doch von ihm erwarten, daß er meine überschwappenden Gefühlsturbulenzen, meinen massiven Widerstand spürt. Nein, Stillgestanden, er ist nur auf das eine konzentriert: daß er lebend vom Rollwagen ins Bett kommt und ich ihn beim Heben, was ich mir nicht zutraue, nicht hinschmeiße, was ich am liebsten täte.

Unerbittlich verkürzt sich mein Leben, meine Pilgerschaft hienieden durch die Anwesenheit in diesem Altersheim, wo von der Pflegestation der nicht zu tilgende, alles durchdringende Uringeruch auch den seltenen Besucher mit seiner aufgesetzt zuversichtlichen Miene empfängt. »Das kriegst du nicht weg«, sagt Silke, die Schwester, »irgendwer hat immer eine Entzündung.« – »Und hältst du das aus?« Wie auch immer, hier bei mir vergeht nun eine halbe Stunde mit dem gruseligen Herrichten des Bettes, dem ich so nahe gar nicht kommen wollte, und mit dem entnervenden, zentimetergenauen Anordnen der fünfzig Kleinigkeiten auf Nachttisch, Hocker und Bettregal, von denen einige, wenn man nicht spazieren kann, vielleicht auch gebraucht werden könnten. Für das Ende des Katheterschlauches fühle ich mich nicht zuständig, daher flackert hier ein kurzer Schußwechsel auf (»Guck nach, wie voll!« – »Das macht Silke nachher.«) Bloß nicht das Telefon vergessen, die Fernbedienung für TV und Video, alles an die einzig richtigen Stellen legen, ist klar, ist aber auch ein ziemlicher Luxus. Gibt es nicht Bücher? Konsalik, Karl May, seine Regimentsgeschichte?

Und nun soll es passieren, fühle ich, alles in mir verkrampft sich, mir wird heiß und schlecht zugleich, und dann, o Freunde sämtlicher bewährter Schamschranken, wird es ans Ausziehen gehen. Was traut, was mutet mir dieser Soldat eigentlich zu? »Du ziehst mich im Bett aus! Du bist ja ein Mann.« Das ist kein Argument, und viel lieber wäre ich jetzt auch mal eine Frau, vor der sich selbst ein Behinderter, was er natürlich nicht tut, zu schämen hätte. Soll ich ihn erwürgen? Gerade wäre noch die Gelegenheit dazu, aber ich mag ihn ja nicht anfassen. Den Rollstuhl umkippen? »Aufpassen, mein Rückgrat ist spröde wie Glas, ist klar!« verkündete er stets, wenn wir ihn trugen. Ein einziges Mal, das muß in der Blüte meiner Jugend und im Rausch gewesen sein, hatte ich ihn sogar allein auf dem Rücken. Seitdem verehre ich den Heiligen Christophorus über die Maßen und finde es beschämend, daß der Vatikan, vermutlich im Zuge von Sparmaßnahmen, die Fürbitte an ihn untersagt, ihn also abgeschafft hat. Meine halbherzigen mörderischen Überlegungen kommen zu spät, schon hat er, der Gehemmte, sein Gefährt an das Bett manövriert und fordert vor Anstrengung im Kasinoton, den er sonst vermeidet: »Festhalten!« und »Hinten in den Gürtel fassen!« Das weiß ich schon auswendig von seiner Befehlsausgabe. »Achtung, rüber!« Tatsächlich, er hat es fast allein vermocht, das hätte ich mir denken müssen, wozu dann die spektakuläre Aufregung. Aber das Eigentliche, wenn man es so zweideutig bezeichnen will, kommt erst noch: »Bitte das Hemd!« Das heißt, ich soll ihm das Oberhemd ausziehen, und langsam schnürt sich mir die Kehle zu. Auch das Unterhemd, vulgär gerippt, bringe ich verzerrten Gesichtes noch vom Leibe und, in dieser merkwürdigen Reihenfolge, sogar die graue Flanellhose, jawoll, Herr Oberst.

Als die lange Unterhose drankommen soll, unter der sich doch wohl noch eine weitere kurze finden würde – aber ist man sicher? –, erfaßt mich, aus den Lüften gesandt, eine umfassende Amnesie. Toll, ich wußte doch, daß Engel um uns sind! Eine Art von Ohnmacht muß ich haben, bei der man noch herumlaufen kann. Denn ich finde mich wieder auf dem Gang vor dem Apartment unseres Mannes, der nun wohl mein Freund nicht mehr ist. Geraume Zeit muß vergangen sein, vielleicht ist es gar ein anderer, glücklicherer Tag? Ich bin, scheint's, zu mir gekommen durch die Rufe des Obristen, der sich deutlich durch zwei geschlossene Türen vernehmen läßt: »Was ist los? Herrgott, ich warte!« Nicht auf mich, mein Lieber. »Teufel, was willst du denn da draußen?«

Doch nun gibt es ein anderes Schreien auf dem Gang mit den vielen Türen, noch aufgeregter: »Die ist dahinten! Da kommt sie ja!« Aber da ist keiner, und es kommt auch niemand zur verwirrten Ruferin. Ich senke den Blick, denn in diesem Heim habe ich schon zehntausend solcher Rufe gehört, die letzten von meiner Mutter, eine Woche bevor sie in plötzlicher Klarheit sagte, und Tränen schossen mir in die Augen: »Jetzt muß ich sterben!« Hinter den Türen neben mir liegt der fremde kranke Körper, vor dem sich der Vorhang meines Widerwillens gesenkt hat. Könnte ich ihn anheben, mich überwinden? Den Ekel durchstehen, um das früher Versäumte wieder gutzumachen?

19.00: Kein Wunder, dieser Schub

Kann man sich von solchem Erleben jemals erholen? Nach meinen Erfahrungen geht man zugrunde oder gibt seinen Geist auf. Mir geschah Ähnliches: Ohne an mein Zuhause zu denken, von dem ich in tiefer Freundesliebe aufgebrochen war, die mir so bös gelohnt wurde, gelangte ich in die City. Fuhr ich, wurde ich gefahren? Mußte ich fürchten, daß mir auch dort scheußliche Erlebnisse zuteil werden könnten? Würde ich wieder in mein Dilemma geraten: Gehe ich nämlich durch die Stadt – ach, gehe ich irgendwo auf der Welt herum, weiß ich nicht, ob ich alles schön und angenehm oder häßlich und widerwärtig finden soll. Doch heute werde ich errettet: Nachdem ich an diesem Tage schon einige fatale Erscheinungen durchlebt und erlitten habe, hat es nun in meinem schlichten Gemüt offenbar geknackt, und ich finde ab sofort und unwiderruflich alles erfreulich. Sehr überraschend; aber gut, dann scheint die für mich reservierte Variante von Alzheimer eben die eines stets zufriedenen Wanderers zu sein. Es stimmt: Die fünfzehn nichtsnutzigen Pizzabäcker in der Fußgängerzone haben sich zu stolzen Römern gewandelt und lehnen graziös an ihren Theken. Der alarmierende Geruch von überhitztem Fett aus den Pommesbuden ist appetitlichem Duft nach edlem Braten gewichen. Alle Passanten sind dezent gekleidet und tapsen keineswegs mehr in unsäglicher Freizeitkleidung herum. Die Bettler machen einen gepflegten Eindruck: allerdings kann ich ihre Blicke auch nach meinem euphorischen Schub nicht aushalten und werfe den Herren die Markstücke so in die Becher und Mützen, daß ich die ehedem Elenden nicht berühre. Sogar eine Bettlerin sitzt vorm Versace-Laden, aber die ist selbst jetzt nicht mein Fall, sie wirkt zu männlich und zu dick, was in ihrem Stande andererseits egal ist. Doch mein Auge findet sogleich wieder Entspannung und neue Freude im Anblick einer nackten Schaufensterpuppe, die meinen Idealtyp von überschlankem, schwarzhaarigem Mädchen in vollkommener Form verkörpert. Hoffentlich ziehen sie der nichts an! Sie kompensiert für mich leicht den Rest negativer Eindrücke. Solch eine schicke tote Figur im Fenster hat schon was, am kleinen Finger jedenfalls mehr als Botticellis Venus, und auch der weit überschätzte Body von Milo wirkt eindeutig plump gegen diese Mädchenfrau. Bin ich verpflichtet, nach diesem freundlichen Hirnschlag, nach dem Klaps in meinem Kopf in Richtung Frohsinn noch irgend etwas eklig zu finden? Eine so propere Freundin wie die hier hinter dem Glas kann uns Empfindsame aus trüben Stimmungen aufrichten. Man sollte sie heiraten können.

20.30: »Was ekelt Sie?« Eine Umfrage

HEIKE: »Die Fresse von dem Typ, der damals Tuttifrutti moderiert hat. Und Chirac. Dem nehme ich nichts ab.«

CHRISTINE: »Aufs Bahnhofsklo gehen. Da etwas anfassen.«

ERNST S.: »Barfuß ins Bett gehen. Kann ich nicht.« – »Und Ihre Frau, was sagt die dazu?« – »Naja, wir haben getrennte Zimmer. Hat sich auch wohl dran gewöhnt.«

CURT W.: »Wenn meine Frau schluckt. So laut manchmal. Muß ich rausgehen.«

RENATA: »Die Körperlichkeit fremder Männer! Wenn sie einem nahe kommen, verstehst du. Seit ich mit Daniel zusammen bin.«

PAMELA: »Menschen, die devot sind. Und die, die sagen, sie wären Christen, und sich aber asozial verhalten. Ach, und wer nach Bier riecht, da hasse ich den ganzen Menschen.«

URSULA: »Mensch, den Körpergeruch meines Mannes! Selbst wenn er geduscht hat. Er wäscht sich aber nicht genug. Wenn ich in sein Zimmer komme, reiße ich das Fenster auf. Leichen – das finde ich nicht mehr unangenehm, je älter ich werde.«

JULIANE F.: »Wenn ich im Dunkeln barfuß auf eine angenagte Maus trete, die die Katze reingeschleppt hat. Diese dicken Boterofrauen, die Hautfalten von denen unter ihren Brüsten, was da – Bestimmte Männer, schmuddelig, pausenlos Schweinereien brabbeln die...« – »Kennen Sie so welche?« – »Aber die gibt es, die mustern einen mit einer Geilheit, die wollen eben nur und gar nichts sonst.«

HOLGER T.: »Schleimscheißer. Und ob du es glaubst oder nicht: zunehmend die Schicki-Micki-Welt.«

ESTER V., ÄRZTIN: »Wenn ich meine beiden Kinder wickele, riecht das gar nicht. Aber schon die kleine Liesel, Heinrichs Freundin, wenn die zu Besuch ist – eigentlich müßte die schon längst sauber sein –, das stinkt enorm.«

MADELEINE: »Jede Windel.«

BRIGITTE: »In der Falle die Maus, wenn sie erst halbtot ist, dann mit dem Spaten – nee, aber ich muß es ja machen.«

FRAUKE: »Bei Sven, da haben wir übernachtet, also sein Bad, da willst du nicht reingehn, sowas von versifft, und auf das Klo kannst du dich gar nicht setzen. Echt ekelhaft, mir war sauschlecht.«

CHRISTA: »Kacke.«

GÜNTHER: »Als ich zehn war, ungefähr, stand mein Vater – ich sag Ihnen, wie's war, in der Küche stand er am Tisch und nahm ein blutiges Huhn aus. Er hatte nur ein Hemd an, wohl ziemlich kurz, und unten wackelte sein Geschlechtsteil hin und her. Das war für mich – ich weiß nicht, ich glaube auch nicht, daß ich deshalb schwul bin. Jedenfalls finde ich Wienerwald ekelhaft.«

DANIEL: »Essen, wo Fliegen schwirren oder Ungeziefer drin und drumrum.«

ANJA: »Schlangennester! Schlangenkäfige!«

GABY: »Vor deinen Bildern, die du malst.« – »Erlaube mal!« – »Na gut. Schmutzige Unterwäsche. Froschschenkel.«

STEPHAN, ARZT: »Das ist eine Frage von Sympathie und Antipathie.

Darüber läuft es. Ist die Sympathie da, ekele ich mich nicht, auch nicht vor Körperlichem, Ausscheidungen, weiblichen z. B., das ist bei mir nicht besetzt. Umgekehrt – da genügt der normale Hautgeruch, schlimm; dann natürlich auch, wenn man in die Lage gerät, in Bettwäsche schlafen zu müssen, in der ein Mensch, den ich zur Zeit nicht mag, schon war.«

GUNDULA: »Minen. Furchtbar. Bomben natürlich, ach – schon Gewehre, die Patronen, das ganze Zeug, das ist der größte Ekel für mich!«

ELKE Z.: »Geschlechtsverkehr.« – »Hör mal!« – »Vielleicht liegt's auch an meinen Blutdrucktabletten.«

23.00: Alles klar

Stellt euch nicht so an! Es gibt ja gar keinen Ekel auf der Welt. Seit heute abend weiß ich das. Trotzdem: selbst wenn das so ist, weiß ich auch, daß sich irgendwo in einer unübersichtlichen Ecke meines nie geordneten Innenlebens, in dessen Wirrnis stets mit allem zu rechnen ist, ein verdecktes Flackern hält, aus dessen Irrlichtern sich unversehens Bedrohungen gefährlichen Ekels erheben und mich anfallen können.

Isolde Schaad
Der öffentliche Stuhl

I.

Der Mensch von heute ist geliefert. Er ist einer Akutheit ausgesetzt, für die kein Empfangsorgan existiert. Es hat damit zu tun, daß das Maß voll ist und das Faß am Überlaufen. Das fängt schon im Treppenhaus an. Wieder hat jemand die Zeitung geklaut. Habe ich denn nicht gestern ... Nun hat Die also trotzdem die Frechheit ... Und die Gören vom zweiten Stock gleich vor der Garage ... Daß die Handwerker bereits um halb sechs ... Worauf der Typ von gegenüber zum Teufel auf meinem Parkplatz ... Womit natürlich Bachmeiers Kater erneut ... Es ist zum ... Ach, wenn's doch einen richtigen Namen hätte.

Ich fühle nur, wie es sich festkrallt und einsitzt. Alles Chemie, ich weiß, aber kein Trost für die fortschreitende Aggression auf der Straße. Kaum aus dem Haus, bin ich umstellt von panzerartig anwalzenden Bulldozern, von deren bloßem Anblick man schon plattgedrückt wird, werde von dem dahinter röhrenden Ungetüm der allgemeinen Gebäudereinigung eingekeilt, das wiederum vom Kranwagen des städtischen Forstamtes blockiert ist. Auf der Ausfahrleiter über meinem Kopf kreischt, im Konzert mit hupenden Kleinwagen, eine Motorsäge; kantige, zersplitterte Äste krachen mir direkt vor die Füße. Ich erkenne, daß es die Äste der Föhre vor meinem Fenster sind.

Man erklärt mir täglich vor meinem Haus den Krieg. Und das umständliche Wort Hormonausschüttung begreift nichts von der Lage, wie das gesamte Wörterlager nichts begreift, nur langsam mobil macht und dann in der Fontäne des hochzischenden Adrenalins ertrinkt: Schlechtes Deutsch, so schlecht wie die Lage, das muß man zugeben und es trotzdem sagen und schreiben. So direkt ist unsere Demokratie noch nie auf mich zugekommen. So unverschämt hat die öffentliche Hand noch nie hingelangt. Ins Auge gebohrt, ins Ohr gehämmert. Mir ganz persönlich. Sie ist geradezu gewalttätig geworden.

Ich beschließe, mit dem Fahrrad ins Büro zu fahren, mit dem Fahrrad werde ich elastischer sein, da kann ich das Monstrum genannt Fortschritt besser umgehen, umzirkeln. Also gehe ich, was heißt gehen, ich stolpere zur Garage zurück und packe meine Siebensachen auf den Gepäckträger. Frische Erdbeeren vom Bauern hab ich mir für mittags erstanden und einen Liter Milch. (Kalzium ist gut für die Nerven.)

Der Direktimport neben dem Café Belmondo hat sein Angebot aufs Trottoir gestellt. Diese Unsäglichkeiten der Globalisierung: was die nicht alles an Plastik-Kleinodien für Küche und Haushalt hervorbringt, Ware wird verramscht zum Ordinären an sich. Der Prozeß der Zivilisation ist auf den Tiefstpreis gekommen.

Macht kaputt, was euch kaputt macht? Aber das darf man ja nicht einmal denken, das ist ja nun tabuisiert, in der omnipräsenten Herrschaft des Kapitals. Also Augen zu, Ohren steif, Kragen hoch und an dieser Warenunfallstelle vorbei. Rechts davon schnaufen die mammutartigen Schaufeln aus dem offengelegten Graben hinter dem Gitter der Abschrankung. Armierungsstangen und Rohre staken hervor, gebündeltes Eisen für das »Morgarten« von Wipkingen (mein Stadtkreis). Mittelalter trifft Zukunft. Die Schneise dazwischen ist schmal, und nun geschieht, was jedermann kommen sieht, aber ich habe keine Wahl, ich muß hindurch.

Prompt streift die rechte Lenkstange einen Teakholz-Imitat-Buffet-Aufsatz mit Novilon-geklebten Buddha-Intarsien. Die Wahrsager-Buntkugel auf dem Stapelblechteller mit einem Paar Westernstiefel, made in Taiwan, das Set Stabrührmixer mit dem Plastik-Tulpengriff gerät mit dem Gesamtinhalt des Direktimportes in Bewegung, so daß alles (ALLES) zu Boden kracht. Der kunststoffverschweißte Bazooka-Liquidator im Hinterhalt hat gezielt und das Urteil vollstreckt.

Ich stürze vom Rad, so daß die frischen Erdbeeren und die Milch ins Verdauungsgrab hinter der Abschrankung kollern. Das nehme ich noch stoisch hin, weiche zurück und lande, platsch, mit dem Gefährt in einem Tümpel voller Marsriegel-Folie und Filterkippen, in welchem ein angebissener Quickschleck einen verrottenden Rollmops in der Sauce umarmt.

Meine Hose ist hin, mein Herz ist schwer. Es ist gefährlich, in den öffentlichen Raum zu radeln, da lauert das totale Bulldozer- und Discounter-Revier. In Gefahr und großer Not ist der Mittelweg der Tod, besonders mit dem Fahrrad, das man nicht liebt in dieser Stadt. Das hätte ich wissen können. Das Blut pocht in den Schläfen, doch es fährt nicht aus der Haut, es ist gefangen in den Gefäßen. Vision von einem frischen, hellroten Arteriensaft aus dem Springquell der Wut. Man müßte die Schlächter des Fluxus rufen, um diese öffentliche Veranstaltung in den Griff zu kriegen, in einen Kunstgriff. Aber es fällt mir bloß die Natur ein. Die besitzt einen kraftvollen, doch unzureichenden Wortschatz, zum Beispiel »sie geriet in einen Wolkenbruch mit Sturmtief im Preisparadies«. Na also. Hast du da drüben etwa Worte, der du blöd guckst, statt mir zu helfen? Denn natürlich fange ich an, den Kram aus dem Preisparadies aufzulesen, bin einfach zu gut erzogen. Doch keiner interessiert sich für Anstand. Dem Ladeninhaber fällt jetzt ein, daß er fluchen muß. Mich anscheißern, oder wie sagt man.

2.

Sieh an, was versteckt sich dort im Gras, wo sich die gebührenpflichtigen Kehrrichtsäcke befinden, am Fuße des Bäumchens, das die Straßenallee eröffnet? Was riecht so traut und schimmert so braun aus den Begrünungsabsichten des Gartenbauamtes? Es ist Frau Rüdisecker mit ihrem Kind. Es ist der Hund Fify, der Gassi geht, das heißt, ins Gras scheißt. Wenn man ihn hinhocken sieht und Frau Rüdisecker ihn stimuliert und mit ihm die strotzende Wurst aus dem Hintern gebiert – ein Geschäft, das sich eben dem Höhepunkt nähert, so daß Frau Rüdisecker nun einen kleinen Lustschrei ausstößt –, riecht man die in die Öffentlichkeit vordringende Geschlechtspartnerschaft von Frau und Hund. Weil Frau Rüdisecker den perfekten Effekt nicht mit dem Schäufelchen in den vom Gesundheitsdienst montierten Robydog kehrt, sondern uns zum Geschenk macht. Der Stadtraum ist eine Bedürfnisanstalt geworden, in die man den Intimhaushalt kippt.

Man wünscht sich den ganzheitlichen Schmutz, für Auge, Ohr und Nase, einen klaren, sinnengerichteten Gegner, damit man noch wüßte, welche Immission welchen Nerv tötet. Zu dieser Bescherung vor dem Kiosk, die im Mittagslicht gleißt, möchte ich einen passend penetranten Gestank wahrnehmen, damit ich nicht vermuten müßte, was ich nun zu vermuten habe: daß der Verursacher kein Hund ist, sondern ein Underdog, dem man Antigeruchspillen ins Futter geschmuggelt hat. Einer, der offenbar Kitty und Cat im Dunkeln verwechselt. Das ist ein Stoffwechselprodukt von einer Plastizität, die nicht mehr zwischen Kunst und Natur unterscheidet. Man erkennt keine tierische oder menschliche Herkunft, es könnte Modell-Kacke für den Xenotransfer sein. Sie stammt vielleicht aus dem Schweinedarm-Implantat eines geschätzten Mitbürgers und Zeitgenossen. Scheiße ist gar kein Ausdruck mehr – für Scheiße. Folgerichtig krampft sich alles innen zusammen und verendet anonym als Implosion.

Man weiß nicht mehr, wovor einem graust. Während der Magen früher noch wußte, was zum Kotzen war, und sich einfach umdrehen konnte. Meine Nase ist nun schon erleichtert, wenn sie einen Geruch identifizieren kann, der ihr als Abgas bekannt ist; in Rio, weiß die Nase, schnüffeln die Gassenkinder an diesem Ambra der Menschenverachtung und werden süchtig danach. Die Straße ist eine Fährte für Witterungen, Sie wissen, Industriegifte, die Wirtschaftslobby und so. Sogar Frau Rüdisekker weiß, was da alles läuft. Deshalb hat sie ihren Fify, als das letzte lebende persönliche Gut.

Der Wirtschaftsskandal stinkt zu wenig. Er produziert eine homogene Emulsion im Großaufgebot, Auswurf der Foodindustrie. Die Süßspeise als Gleitmittel des Büroalltags. Die Kehrrichtsäcke, Zierde der Gartenmauern, enthalten laut Statistik vor allem die Rückstände der schlüpfrigen Vorzugspampe in der Aktion Preisabschlag. Der Sofortverwerter will diesen geronnenen Schleim aus der Unilever-Givaudan-und-Nestlé-Sekretion aber öffentlich, zum Beispiel an der Tramhaltestelle. Den Schnellverzehrer verlangt nach der wabbernden Undefinierbarkeit erkalteter Masse nullkommaplötzlich, also vertilgt er sie schon im Supermarkt oder im Postamt vor den Schaltern. Diese glarende Gelbstichigkeit und das braune Gewackel, das sich vibrierend als Mousse ausgibt, wird von Schnellbefriedigerinnen auf der S-Bahn-Rolltreppe vertilgt. Den Postgenuß-Connaisseur lockt der in Sülze erstorbene Fischlaich und die tote Glotze ehemaliger Dotter, im Blutgerinnsel unfertiger Föten von zweifelhafter animalischer Herkunft, auf Pappe, an der Stehbar im Shopville. Das Ergebnis nistet und quillt aus allen Behältern des Raums. Neben dem Kübel, hinterm Papierkorb, im Container und in der Gosse erscheint eine Gesellschaft von Food-Inhalierern, Bulimistinnen und Diätfanatikern: es ist eine Gesellschaft, die löffelt. Sie will den totalen Pudding und damit die unangreifbare Konsistenz. Man kann ihr nicht ausweichen und nichts entgegensetzen, weil sie keinen physischen Widerstand hat. Was vorn hineingeht, kommt hinten sozusagen unverändert heraus. Die Breileckerinnen sind unter uns. Und der entsetzliche Verdacht bestätigt sich: Sie sind auch in uns.

Das steigt von unten herauf, volkstümlich Magengrube genannt, die Anthroposophen nennen es Sonnengeflecht. O nein, das ist ein Schattenreich, mein Oberbauch, wo es entsteht und sich bis in den falschen Hals ausdehnt. Der Hals ist eine Sackgasse. Der Hals ist kein Entrüstungsorgan. Er hat für solch erbarmungslose Erkenntnis nur ein heiseres Röcheln parat.

Bin ein moderner Büromensch, und der moderne Büromensch regrediert, bald wird er wieder sein Bäuerchen machen, wie der Säugling, der er einst war. Der Mensch ist, was er ißt. Dieses abscheuliche Bündel Schleim, das in der Stadt west, das bin also auch ich. Ich muß das sofort im Taschenspiegel nachprüfen.

Das würde erklären, weshalb mich die jungen Mütter und späten Väter in der Straßenbahn ignorieren, wenn ich teilnehmen möchte am Umsatz des Lebens und Interesse bekunde an ihren strampelnden, milchsatt rülpsenden Beuteln, die sie mir unter die Nase halten. Sie tragen diese

54 ISOLDE SCHAAD

dümmliche Seligkeit im Gesicht, die der selbstbesessenen Aufopferung eignet. Sie haben den ganzen Brei schon um den Hals. Und mir wird ich-weiß-nicht-wie in der unfreiwilligen Nähe. Die Empfindung ist außen und zappelt, sie windet sich. Sie ist nackt. Verschweißte Folie, mit Zähnen zu reißen, und die Gier, mit der man reißt, steckt noch in den Trümmern von klaffendem Kunststoff. Unzucht des Gaumens mit Staniol, Styropor, Zellophan, Viscose, Latex, Polyäthylen und diversen Farb- und Zusatzstoffen. Form und Inhalt synthetisiert, die Reste vermanscht zu einem verdorbenen, schon eitrig glitschigen Schlabber. Sich krümmen und über dem verspritzten, verfallenen Yoghurt erbrechen, in diese Aktionsbecher hinein, raus mit dem Quick- und Sofort-Verzehr, der mit ölverkrusteten Putzfäden, Lumpen, zerknautschtem Karton und fauligem Laub verpappt und sich vor dem Abflußloch staut. Gleich werde auch ich meinen mikrobenverseuchten, vergällten Mageninhalt von mir geben. Aber ich kann nicht. In mir ist vielmehr gestockte Rage, die verwandt sein muß mit jener, die Nietzsche ergriff, als er sah, wie ein Kutscher sein Pferd schlug. Er soll in die Umnachtung gefallen sein, ich aber falle erst recht in den Tag.

3.
Mit dem Hundeschiß leben wir. Die Abscheu für eine gentechnisierte Kunst-Natur fährt tiefer in die Glieder. Auch für die genmanipulierte Soja wußte ich noch kein reifes Gefühl auszubilden, wie Hölderlin sagt. Was würde ihm wohl einfallen zur Aktion Rinderhack? Sie belästigt mich seit Tagen von den Werbefronten der Großverteiler herab. Die Reflexe des herkömmlichen Verdauungssystems sind noch nicht auf das bundesrätlich sanktionierte, fahrlässige Vorgehen in der Fleischverwertung trainiert. Machen schlapp, wenn ich durch die sattsitzende transparente Folie diese Gallerte erblicke, die sich als frisches Pouletbrüstchen ausgibt. Das ist eine öffentliche Obszönität, gegen die das »Ja zum Leben« nicht opponiert.

Dazu kommt die Fritierung der Heimat als Tourismusfaktor, mitsamt der Alternative für den Kurdentag, den Frauentag, den Welternährungstag in der Unterführung, in den Korridoren mit unsern beliebten Weltgesundungsbroschüren, auf sämtlichen Plätzen jeden Tag Bundesfeier mit Fondue und Schweizerfähnchen, jeden Tag fritierte Ostern, caramelisierter Valentinstag, fetttriefender Überraschungstag, Folklore-Umsatztag auf dem bruzzelnden, im vaterländischen Dienst kassierenden Servicewagen der Nation. Billiges Fett im ideologischen Dunst verursacht mir Brechreiz. Meine Mitmenschen jedoch finden das super. Wie wär's denn, Schwester, mit einem Fernosttag mit Glasnudeln? Tiefgekühlte Maden aus der Proteinküche, die eben am Auftauen sind und sich auf Styropor zu winden beginnen? Alles mit unserm garantiert naturnahen Hilly-Chili und Afro-Ketchup mit Salsa an der beliebten Multikulti-Verwertungsküste im Namen des Guten. Auf dem Bahnhof, gleich neben der Toilette.

Da, wo man das Organische noch vermutet, im Massagesalon an der Nebenstraße beim Park, ist die Gefahr zu einem Akt der Routine geworden. Kontrollierte Südsee mit Rotlicht. Verhütungen sind Verpackungen, die in der Gosse landen; für die Instant-Befriedigung, ob die oben oder unten abgeht, gleichviel, dichter Werkstoff, qualitätsgeprüft, das will ich hoffen, das verlangt die Vernunft und die Aids-Verhütungsstelle. Überhaupt, ob Fitness-Knackerli oder Latex-Phallus, ob Gummi-Dildo oder vibrierender Goldfisch, das ist dem modernen Schnellverzehr wurst. Aber mir nicht, meine Herren Weltgummi-Hersteller, wenn ich mir ungeschützt, nein, schutzlos die Bescherungen der Nacht betrachte, die meinen Heimweg zieren. Das Schlimmste, ihr Herren Fleischunternehmer, wird nicht verhütet, und man weiß nie, wann Jakob Creutzfeldt kommt, der kommen wird eines Abends im Rindersteak oder im Bündnerfleisch (das ich geliebt habe), er wird kommen auf den veruntreuten Straßen des Wohnens.

4.

Das Private ist öffentlich, und was das Private dem Öffentlichen alles zu bieten hat, das kann man täglich im Bus erfahren, im Atem der Unerfülltheit. Bus Nr. 32 bedient die Route der Randständigen, die einsteigen, aussteigen, einsteigen und in Trauben der Frustration an Griffen und Stangen hängen, wo sie sich gegen den Blick der Gerechten wappnen, der sie zu Parasiten der Arbeitsmisere erklärt.

Das ist die Hochspannungsstrecke der Stadt Zürich. Mit den Gemüsefudern wird der Weg zum Ausgang versperrt. Mit Lauch und Schirm und allerhand Kosmetik, mit Sack und Pack von der Reinigung wird dem zusammengepferchten Ausland widerstanden, das die Gesamtlage ausschwitzt. Das ist vordringlich die Ernährungslage – Küchen ersetzen die Heimat. Das Vorurteil wittert Knoblauch, Schweiß und Drogen. Wenn dann einer über die Markttasche stolpert, einer der Unrasierten, dann werden die Sensoren des Hasses bedient. Wieder haben sie nicht verhütet, was zu verhüten wäre. Kindersegen und Seuche, noch mehr Kinder und Seuchen im Land, weiß der Blick der Gerechten, und man schiebt Tasche, Marktkorb und Schirm näher zu sich heran, um den Saum des Fremden nicht zu streifen. Quatsch, man tut es, um »Ansteckung« zu vermeiden. Frauen fürchten die Ausdünstung frustrierter Männlichkeit und ihr ungelüftetes Schweigen. Angst essen Seele auf, und Sauerstoff, und Hygiene, und es ist die Angst, die man riecht.

Aussteigen, umsteigen. Was da nicht alles zusammenkommt an Sättigungsstoffen in den Sitz-Schneisen des Wartens. So ein öffentlicher Unterstand ist wie die ausgestülpte Mundhöhle einer Zone. Der Kaugummi des Vorgängers klebt noch unter der Bank, auch das Zahngarn mit der Fleischfaser daran ist zu entfernen. Man gehört ja dieser Absorptionsmasse genannt Bevölkerung an. Es gibt kein Recht auf den schweifenden Blick, dauernd stößt er sich wund. Die Fassade des durchschnittlichen Spießerquartiers ist eine Schießbude des Kleingewerbes und eine Werbefläche der Großverwurstung. Kommt der gesundheitsstrotzende Bioladen hinzu, kein Augentrost gegenüber. Er offeriert bei offener Türe Molkenkosmetik, atmungsaktive Käseprodukte und schweißregulierende Damenoberbekleidung. Nun braucht nur jemand zu furzen, und die Biogas-Methan-Dioxyd-Mischung würde die Busstation sprengen. Und ich hätte mein kleines lokales Zabriskie Point.

Doch was wißt Ihr schon, ihr Pepsi-Deppen, ihr Light-Löffler und Süffler, ihr Naturfaserscheißer, was wißt ihr noch von der Revolte. Die Hosen herunterlassen, das genügt euch. Den Giga/Mega-Plastik-Auswurf eurer schmarotzenden Pubertät auf die Straße schmeißen, den öffentlichen Raum besetzen mit eurer Befriedigungspappe, um uns zu besitzen, wir fühlen uns schon wie die Reste eures Schocko-Pippi, wir sind das Menschenmaterial der Spitalpflege und der Verkehrsbetriebe, wir sind die Krumen eurer Entwicklung auf dem Spielplatz und fühlen uns wie die Vollzeitjobberinnen in eurem Wäschekorb. Mutti City wird uns alle Abende zusammenlesen und sortieren, damit man den öffentlichen Raum endlich zum großen Schlafzimmer der Gegenwart erklären kann.

So spricht der innere Schweinehund zu meinem schrumpfenden Über-ich, das bereits auf der Kulturstufe von Fify angelangt ist. Riecht immer bloß Pisse und Selbstbefriedigung.

Tägliche Unfallstelle, Augenunfallstelle. Man weiß zuviel von Ursache und Wirkung der Allergie. Die Gründe können ganz physiologisch sein. Dieses schallende Orange der Abfuhr, Baustellenfarbe, Signalfarbe, das ist ein Plärren statt Warnen. Ich kann's nicht ausstehen, es ist wie eine Ohrfeige und heißt »hau ab, die Zapfstelle befindet sich anderswo«. Farben als Affront, kaum auszuhalten der Affenschiß der Überbauung, das Schollenbraun der Holzofen-Abfütterung, mit Geranien im Waschtrog der Urgroßmutter: das Schützenfestrot der Durchschnittskneipe, die bei uns »Wirtschaft« heißt.

Kein Lokal ohne Pokal und dazu die schäumenden, von der Wand maulenden Fußballer-Werbegetränke in der Farbe des gesunden Urins. Der Stammtisch, ein täglich bestätigter Rütlischwur mit Maggi & Fondor. Kann einem die Galle hochtreiben, als Kontrastmittel zu den Fraß- und Fitness-Tellern mit der geronnenen Mayonnaise und dem müden Tomatenschnitz. Nur meine nicht.

Meine Rezeptoren bilden einen Pfropf aus, der allen Abschaum absorbiert wie einen Schwamm, den trage ich dort, wo eine Frau sonst das Beauty-Case trägt, möglichst oberhalb der Gürtellinie, denn sonst kommt mir die schlimmste aller Vorstellungen. Das ist der künstliche Darmausgang. Die hat das Fleischersatzmarketing schon vorweggenommen, und das Ergebnis liegt vor: ein in Portionen gereichter homogener Stuhl, in Zellophan gut sichtbar verpackt, mit geprüfter Zutatenerklärung. Das ist der Konsumschlager der Migros und wird an Verkaufsständen öffentlich angeboten. Mami, gruuusig, sagt die Kleine neben mir. Man braucht das nicht zu übersetzen.

Unverträglichkeit. Porenverschluß, Hirnverschluß. Verdrängung, dein Name ist Kopfweh. Wo bleiben die Abwehrbrigaden im Körper? Multiples Tosen im Oberhirn, Tuberosen im mit Schmutzpartikeln übersäten Hippocampus, Flimmerepithele im Magen. Tönt gut, nicht wahr, sozusagen neurobiologisch. Die Wissenschaft als Halt für das Numinose in uns. Die Umgangssprache weiß längst nicht mehr, wo es lang geht mit der Wohlstandsverwahrlosung.

5.

Die Wegwerfverdauung, die Selbstverdauung der Straße nimmt ihren Lauf, man läßt laufen und rinnen. In den Korridoren, Unterführungen, über Rampen und Treppen. Nässe, gepanschtes Papier. Makulatur in Auflösung. Eine Nässe, von der du nur hoffen kannst, es sei das himmlische Wasserlassen gewesen. Im Schlick verendende Blätter der großen Ära von Gutenberg. Am Boden auslaufende Bierflaschen, das ist die Inkontinenz der Rezession. Elend ächtet die Sinne.

Es wird gedopt, gelutscht, gekaut und vertilgt, wo du hinschaust. Dann erfolgt das Zischen des zerknüllten Papiers, während die Zunge über die Lippen fährt, in der Mundecke verweilt, um das Restchen Dijon-Senf zu kosten. In einem sich ausbrütenden Herpes-Herd.

Aber es gibt doch noch Kultur, Eßkultur, sagen Sie. Zum Beispiel Döner Kebab, ausgezeichnet, so ein authentischer und außerdem hygienisch zubereiteter Döner Kebab; mundet herrlich, wenn er direkt von der Hand in den Mund gelangt, aber versuchen Sie's mal, wagen Sie die Direttissima eines Hand-in-den-Mund-Streichs mit Ihrem Döner Kebab. Eben. Natürlich. Deswegen zupfen Sie also die Füllung mit Fingern hervor und lassen das wohlschmeckende Fladenbrot liegen, halb angebissen, wo auch immer, auf der Sitzbank, in der Fahrtrinne, am Tresen, auf dem Bartisch. Ich will Ihnen nicht mit Moral kommen, aber haben Sie schon einen Kurden einen Kebab wegwerfen sehen? Sie sollten ihm zuschauen, um zu lernen, wie man einen Kebab kunstgerecht ißt. Eine Zumutung, finden Sie, Ihnen den Kurden als Sittenbild vorzuhalten. Der benimmt sich bloß, damit er bleiben darf. Im Hauptverelendungsgebiet der Weltluxusklasse. Während Sie als echt Einheimische vor dem Spielautomaten oder in der Telefonkabine das Vorfreßrecht haben.

Die neben mir, die greift dauernd in eine Tüte, die sie in einer Schweinskunstkautschuk-Tasche mitführt; so sieht der Stoff jedenfalls aus, aus dem ihr Traum und mein Alptraum ist. Sie fühlt und wühlt fortwährend mit den Fingern in diesem verborgenen Take-away. Jetzt klaubt sie eine Ecke von einer Pizza hervor, die von der Begrapschung gemartert aussieht; Gemüse, Oliven, Käse und Speck sind abgeerntet, abgegrast. Der Mund nimmt gierig auf und kaut, während die Finger erneut klauben, um nun in den Oberkiefer ein Frischatem-Bonbon einzuführen, während der Unterkiefer noch Teigreste malmt. Die gesamte Einverleibung muß an der nächsten Station fertig sein. Der Rest der Verköstigung wird mit gelackten gespitzten Fingern von sich geschnippt, die Brosamen der sozialen Immunität.

Die Automatik der Gier hat ihren Preis, man sah es kommen. Das nächste, das letzte Fuder entfiel der Kauenden in der Tram, und als sie die Tüte festhalten wollte, mit den bewaffneten Schwarzlack-Krallen der linken Hand, während die rechte das Augenlid hochhievte, sackte die lose Schweinskunstkautschuk-Handtasche von ihrem Schoß auf den Boden. Die Schilderung des unaussprechlichen Tascheninhalts erspare ich Ihnen. Als wir unsere Tage hatten, waren sie noch privat. Wie? Ach ja, richtig. Außerdem können Sie alle weiteren Unappetitlichkeiten den Polstern der S-Bahn entnehmen.

Werden wir zu Voyeuren in der Tram? Und macht die geteilte Sicht auf die Privatsphäre schon Nachbarschaft aus? Der Vordermann antwortet mit einem Schluckauf, er holt geradezu zu einem Schluckauf aus, so daß jedesmal, wenn es gluckst, eine Schuppe von seinem Kragen fällt. Auch sie, wie die Brosamen, eine Gabe für meinen Schoß, zu dem nun auch die Tröpfcheninvasion von rechts vordringt. Dort hat es hinter der Zeitung zu niesen begonnen.

Eine Scholle der Fruchtbarkeit, die moderne City, flächendeckend gedüngt. Wenn er wieder einmal auf die Erde kommt, muß Gott die Saat ernten, falls er noch Gott sein will.

6.

Zürich ist die sauberste City Europas, steht in den Reiseführern. Gewiß, ja, ich weiß. Es ist aber der Züri-Dreck, der mich anwidert. Der ist groß in Verpackung, qualitätsbewußt, und muß markieren. Diese selbstgerechte Präsenz noch im Rinnstein! Die auf dem Kompost der Nutzung gehißte Fahne der Selbstbehauptung!

Bin ich nicht aufgerufen, vor der eigenen Tür zu wischen? Vor meiner Tür wischt niemand mehr, die kreisenden Bürsten der Reinigungswalzen fassen nicht, was einst Schmutz hieß. Die Großspurigkeit von Verschleiß sprengt die Kapazität der Müllabfuhr, da ist zuviel von einem nicht abbaubaren Wahn drin, eine geblähte Verdauungsmasse ohne Charakter schafft kein Transport- und Verwertungssystem.

Die Abneigung verengt das Gemüt. Der Atem stockt. Die Empörung versickert nach innen. Oder sie pumpt deinen Rumpf voll, der ist nun ein Sack, an dem die Extremitäten hängen. Kreislaufstörung, Vitalitätsstauung. Die Sinne schrumpfen, machen dicht. Sie können nicht mehr bis sieben zählen, dabei bräuchte man mindestens zwölf, für den amtlich bewilligten Terror, der auf Asphalt angerichtet ist. Denn täglich kommen noch größere Vorteile auf mich zu, auf dem Probier- und Profitiergelände der Stadt.

Barbara Kerneck
Im Reich der Tara-Khane

1992 beschloß meine Nachbarin Kirsten, die junge Korrespondentin einer großen dänischen Tageszeitung, Rußland zu verlassen. Damals – noch unter dem Eindruck des August 1991 – herrschte unter den Journalisten im Lande allgemeine Hochstimmung. Mir und einigen anderen war es wenig verständlich, wieso eine Kollegin gerade jetzt Moskau den Rücken kehrte. Da musterte Kirsten ein Grüppchen von uns mit siegessicherem Blick und sagte: »Heute habe ich in der Metro neben einer Frau gesessen, der langsam ein Tierchen aus dem Ausschnitt auf den Kragen kroch: es war ein Tarakan. Könnt ihr euch vorstellen«, fuhr sie lauernd fort, »was für ein Gefühl es sein muß, in einem Land ohne Tarakane zu leben?« Niemand wagte es mehr, ihren Entschluß in Frage zu stellen.

Tarakan ist das russische Wort für Küchenschabe oder Kakerlake. Gleich, ob sie sich auf Suaheli, Deutsch oder Französisch unterhalten, ausnahmslos alle Ausländer in Rußland lassen dieses russische Wort in ihre heimische Mundart einfließen, wenn von der betreffenden Insektenart die Rede ist. Wir dürfen daraus den Schluß ziehen, daß es selten eine so magische Beziehung von Bezeichnendem und Bezeichnetem gibt wie zwischen dem Wort Tarakan und dem Tier Tarakan. Ganz anders als die deutsche Wischiwaschi-Lautmalerei »Schabe« klingt Tarakan zielstrebig und männlich, ein bißchen nach »Terminator«. Der Ausdruck assoziiert sich leicht mit der aggressiven Aufdringlichkeit dieser Insekten in ihren meist dunklen Chitin-Rüstungen und erinnert uns an den dumpf-metallischen Widerhall, mit dem sie zu Boden klatschen. Das Wort Tarakan kann und will seine Herkunft aus einer Turksprache nicht verleugnen und birgt somit auch Elemente eines langen, spitz gezwirbelten Schnurrbartes, ja sogar von Säbeltänzen. Die Russen nennen diese Tiere wegen ihrer stets bebenden Fühler auch die »Schnurrbärtigen«. Schließlich vermittelt die Endsilbe »-an« den Anspruch auf Herrschaft und Dominanz. Sie reimt sich auf »Welikan«, was soviel wie »Riese« bedeutet, und die Tataren denken dabei gewiß an Dschinghis-Khan. Daß die in Rußland lebenden Ausländer diesen Terminus so stark bevorzugen, legt noch einen anderen weit simpleren, Schluß nahe: vor allem die Westeuropäer unter uns wurden mit dem Tarakan – und somit der Notwendigkeit, ihn zu benennen – zum ersten Male in diesem Land konfrontiert.

Ich kann nicht sagen, wann genau die Tarakane in mein Bewußtsein traten – vermutlich aus den Dämpfen der Gemeinschaftsküche irgendeiner Kommunalnaja Kwartira oder irgendeines Wohnheims. Als ich 1976 zum dritten Mal in meinem Leben in die Sowjetunion aufbrach – für ein ganzes Jahr als Austauschwissenschaftlerin an der Leningrader Universität –, hätte ich sie schon nicht mehr so ohne weiteres mit irgendeiner Käferart verwechselt. Ich war also bereits auf sie gefaßt, wenn auch nicht gegen sie gewappnet. Mit jenem Jahr verbindet sich für mich die erste eindringliche optische Erinnerung an sie: Ich trete nachts in die Gemeinschaftsküche des Wohnheims, um mir einen Tee zu brühen, und der Tisch ist schwarz von Tarakanen. Zentrifugal stieben sie auseinander, als würden sie von lauter unsichtbaren Gummifäden gezogen. Ich weiß genau: wenn ich den Rücken kehre, werden sie an ebendiesen Gummifäden wieder zur Tischmitte zurückschnellen. Und da spüre ich es zum ersten Mal: namenloses Grauen vermischt mit ohnmächtigem Haß. Von nun an werde ich, wann immer ich einem einzelnen Tarakan begegne, das Meer schwarzer, hochbeiniger Insekten unter der Küchenglühbirne assoziieren. Das hat der Haß gegen Tarakane mit Nationalismus und Rassismus gemeinsam: auch einen Tarakan, der uns Menschen zwingt, ihn als Individuum zu akzeptieren, werden wir immer nur als eine Teilmenge betrachten.

Im übrigen war ich in jenen Zeiten keineswegs auf Schaben fixiert. Die Enge des Zusammenlebens im Wohnheim, in dem niemand über ein eigenes Zimmer verfügte, war eine Folter für sich. Die Toiletten und die Dusche – in denen sich mehrere Kultursegmente menschlichen Schmutzes abgelagert hatten – waren nicht minder eklig als die Tarakane. Eigentlich, dachte ich, tun sie uns doch nichts. Ist es etwa ihre Schuld, wenn wir ihnen Gelegenheit bieten, sich von unseren Brosamen, Exkrementen, Haaren und Hautschuppen zu nähren?

Außer der gelassenen Einstellung meiner russischen Mitbewohnerinnen zum Tarakan spielte es für mich damals gewiß eine Rolle, daß die Tierchen in Leningrad nur selten den Versuch unternahmen, in unseren Schlaftrakt vorzudringen. Daß solche Diskretion ihrerseits nicht die Regel zu sein braucht, begriff ich erst acht Jahre später, in Kiew. Zwecks Teilnahme an einem sommerlichen Fortbildungslehrgang an der Kiewer Universität bezog ich damals wiederum ein Wohnheim, das in vielerlei Hinsicht einen sehr properen Eindruck machte. »Wir haben – heute kann man es ja sagen – damals in Eilschichten für euch renoviert und gestrichen«, vertraute mir kürzlich ein Mitarbeiter des ukrainischen Außenministeriums an, der seinerzeit im selben Gebäude wohnte. Er vergaß zu erwähnen, daß dies nicht nur unseretwegen geschah, sondern vermutlich auch wegen der Tarakane, die bekanntlich den Geruch von frischer Farbe hassen. – Die Liebesmüh erwies sich als vergeblich.

So wie dort sind sie mir nie wieder zu Leibe gerückt. Da konnte es schon geschehen, daß einem nachts ein kieselsteinhartes Geschöpf von der Decke aufs Gesicht fiel, um dann die Aufschlagstelle nervös mit kitzeligen Fühlern abzutasten. Erlebnisse dieser Art wirkten nicht unbedingt schlaffördernd. Dankbaren Erzählstoff liefert mir stets jener Moment, als ich frühmorgens guter Dinge zum Wandschrank schritt, um ihm einen frischgewaschenen Schlüpfer zu entnehmen. Ich faltete das Wäschestück auf – und stieß einen spitzen Schrei aus: aus dem appetitlichen Fummel hüpfte mir ein fetter, schwarzer Tarakan geradezu entgegen. Während der Tage, die unsere Gruppe in der Mutter aller russischen Städte verbrachte, hallten unsere spitzen Schreie nur so über die Korridore. Es waren unverwechselbare Laute, die einen orgiastischen Anlaß ausschlossen, aber untrüglich auf einen Tarakan als Auslöser hinwiesen.

Von dieser Erfahrung traumatisiert, traf ich zwei Jahre später praktische und psychologische Vorkehrungen. Wieder einmal zwecks sommerlicher Fortbildung in einem Dormitorium – diesmal in der Moskauer Lomonossow-Universität –, setzte ich zur Verwunderung meiner Mit-Kursanten, argloser deutscher Russischlehrer, in den ersten Tagen alles daran, einen Mini-Kühlschrank zu leasen. Selbst ärmliche Sowjetstudenten strebten die Verfügungsgewalt über einen Kühlschrank als sicherstes Mittel an – nicht nur zur Kühlung ihrer Nahrung, sondern vor allem zum Schutz ihrer Lebensmittel gegen Tarakane. Kaum hatte ich das erste Insekt der fraglichen Art in meinen Räumlichkeiten erspäht, marschierte ich triumphierend zur Deschurnaja – der Etagenfrau – und schrie Zeter und Mordio. Die Gute nahm meine Empörung nicht für voll. Statt dessen drückte sie mir schweigend eine Spraydose hochgradigen Insektengiftes in die Hand. Damit trat mein Dasein in das Zeichen des ewigen Dreigestirns: Schabe, Gift und Mensch. Aber auch mein rein phänomenologisches Schaben-Wissen rückte um ein Feld vor. Ich merkte, daß auf meinem geleasten Kühlschrank zwergameisengroße Exemplare stets in ein und denselben Mäandern wuselten. Eigentlich waren sie ganz sympathisch. Zu gern hätte ich geglaubt, es handle sich dabei nicht um die Kinder der fetten Tarakan-Kühe und -Hengste, die in den Naßzellen und in den Gemeinschaftsküchen weideten, sondern um eine völlig andere Art. Das Ende dieses russischen Sommers brachte das Ende auch dieser Illusion.

Die Russen nennen die Küchenschaben übrigens auch »Preußen«, weil sie mit den Napoleonischen Kriegen von Westen her ins Land kamen. Und wenn wir hier das Scharren und Wabern dieser Insekten am Beispiel der GUS-Länder aufzeigen, so heißt das natürlich nicht, daß sie ein historisches Aufenthaltsmonopol für Schaben besitzen. Daß trotzdem die Schaben-Populationen in den ersten beiden Dritteln unseres Jahrhunderts in Westeuropa fast auf den Nullpunkt zurückgingen, während in der Sowjetunion der Tarakan triumphierte, gehört vermutlich auch zu den Folgen des realen Sozialismus. Als ich in Moskau Ende der achtziger Jahre eine Wohnung in einem von Schaben überfluteten Haus bezog, wurde mir klar: Es ist ein Unterschied wie Tag und Nacht, ob du dem Tarakan in einem provisorisch von dir besiedelten Wohnheim bzw. einer ungeliebten Kommunalka gegenüberstehst – oder auf deinem eigenen Territorium. Im ersten Fall geht der Tarakan auf das Konto des Hausherrn, dessen Rolle niemand wirklich spielt, ja, in gewisser Weise übernimmt das Insekt sogar selbst diese Rolle. Im zweiten Fall wird dein Dasein zum permanenten Showdown.

Anfangs arbeiteten wir mit sogenannten Köderfallen, Dosen mit labyrinthähnlichen Gängen im Inneren, in denen sich kleine Giftbröckchen verbergen. Wir erzielten schöne Erfolge. Die Putzfrau Ljudmila trug das tote Geziefer kehrschaufelweise aus dem Haus. Sie selbst schwor allerdings auf eine Vernichtungsmethode, die sie als die »einzig wahre« bezeichnete: Sie wischte einzelne Exemplare mit einer schnellen Handbewegung von der Wand oder einem Möbelstück auf den Fußboden und trat sie dort breit. Die ausgetrockneten Fühler und Beinchen der Insekten säumten die Sohlenränder ihrer Filzpantinen bald mit einer Art Spitzenrand. Wie gesagt, es muß eine ganze Menge dieser Tierchen in unserem Hause gegeben haben. Sie krabbelten in den Liften die Wände entlang. Wenn wir von auswärts heimkehrten, trafen wir sie dabei an, wie sie mit ihren Fühlern den Spalt unter der Wohnungstür sondierten. Als sich eines Tages eine Herdplatte nicht ausschalten ließ, kam der Elektriker und schraubte das Abdeckblech ab. Darunter fand sich ein Massenfriedhof kupferbraun gerösteter Tarakane. »So sieht das hier im Haus überall aus«, bemerkte der Mann ungerührt.

Meine Tötungshemmung gegenüber den Küchenschaben verlangte – im Gegensatz zu Ljudmilas Jagdeifer – nach einer gewissen Isolierschicht zwischen mir, meiner Kleidung und dem zu vernichtenden Tier. Ich begann also, nachts in der Küche und in den Naßzellen an den verschiedensten Stellen Knäuel von Küchenpapier auszulegen, um immer etwas zur Hand zu haben, falls plötzlich ein Tarakan auftauchte. Der wilde Lebenswille dieser Geschöpfe führte zu atemberaubenden Verfolgungsjagden. Was ich früher für eine Art Herumspringen dieser Tiere gehalten hatte, entpuppte sich jetzt als abwärts gerichtet – ein Sichfallenlassen, gepaart mit Gleitflug. Noch immer bereitete mir der Tötungsakt Gewissensbisse. Ein Tarakan bietet dem Erschlagenwerden wesentlich mehr mechanischen Widerstand als eine Mücke. Und was aus seinem Leib hervortritt, ist nicht einmal dein Blut, es sind bloß seine eigenen, weißlichen Eingeweide. Immerhin verfügte ich jetzt über eine Legitimation für mein Wüten: Die Katzen Kleopatrotschka und Bijou hatten sich dem Haushalt angeschlossen, und ihre Futternäpfe sollten von den Milben, Viren und Keimen freigehalten werden, die die parasitären Zwischenwirte nun einmal stets mit sich herumschleppen.

Die Menge der Schaben führte zu engster Vertrautheit unsererseits mit ihren Nebenprodukten und Vorstadien: Kot, die Hüllen der phantastisch gesponnenen Eiertaschen und die Reste diverser Häutungen. Etwa sechs- bis siebenmal häuten sich die in Europa häufigsten Schabensorten Blatella germanica und Blatella orientalis. Zwischen den ameisenähnlichen Neugeborenen und den ausgewachsenen Käfern bewegen sich verschiedene Larvenstadien, deren Chitinpanzer noch durchlässig ist. Die Logik des Hasses wollte es, daß mir die Weichheit der Larven ebenso zuwider war wie die Härte der Tarakaneltern. Einmal fand ich nach einem Winterurlaub in einem Aktenablagekorb eine ganze Larvensozietät. Schnellstens beförderte ich sie auf den Balkon hinaus – Schaben können Kälte unter minus sieben Grad nicht lange überleben. Sie krümmten sich wie Würmer. Ein andermal fand ich beim Batteriewechsel in einer elektronischen Schreibmaschine zwei jener Eiertaschen. Die Tarakanmutter schleudert immer nur eine davon in die Welt hinaus, nachdem sie das Objekt lange genug unter ihrem abgeplatteten Hinterteil spazierengetragen hat. Ein einziger solcher Kokon birgt aber immer gleich ein reichhaltiges Dutzend ihres Nachwuchses. Mit dieser Entdeckung erweiterte sich für mich das Beziehungsgeflecht Schabe/Gift/Mensch um die Maschine: Der Tarakan, so berichtet inzwischen die Wissenschaft, sucht das elektromagnetische Feld.

Während wir im Büro eifrig Insektizide versprühten, verbot sich ein solches Vorgehen in der Wohnung wegen der Haustiere. Ich hatte auf diesem Terrain schon nahezu resigniert und tötete sogar hochschwangere Schabinnen mit strotzenden Eiertaschen unter ihren Hinterteilen eher widerstrebend, aus ödem Pflichtgefühl. Da kam die Geschirrspülmaschine ins Haus und mit ihr ein gewissenhafter Klempner. Eigentlich war die Anschaffung der Maschine schon für sich genommen ein Schachzug gegen die Tarakane. Nicht nur, daß sie sich auf jeden Kuchenkrümel stürzten, der auf dem Geschirr übriggeblieben war, sie brüteten auch mit Vorliebe unter dem Abtropfbrett, ja, einmal sogar zwischen dem Plastikmantel und dem Glaskörper einer Thermoskanne, in deren äußere Hülle ein Gast einst aus Versehen mit einer Kerze ein Loch geschmolzen hatte.

Der Klempner also öffnete die Leitungsschächte, erblickte die dort krauchenden Schaben und sah mich streng an: »Ich wundere mich, daß jemand wie Sie solch ein Ekelzeug um sich herum duldet.« Das saß! Sollte ich tatsächlich durch meine Mentalität den Parasiten Vorschub geleistet haben? Ich entschloß mich zu einem letzten Versuch. Ein amerikanisches Gift wurde angeschafft; gehüllt in für das Auge nicht wahrnehmbare Mikrokapseln trat es mit Retard-Effekt an deren Oberfläche. Besonders bestrickte mich die auf der Beilage beschriebene Weitergabe der toxischen Klebekügelchen von Schabe zu Schabe – während die Insekten mit ihren Fühlern Informationen austauschen. Dieses Gift, so hieß es da, sei zudem für Zwei- und Vierbeiner absolut unschädlich. Während der Sprühaktion kehrten wir in unserem Haushalt das unterste zuoberst und erlebten dabei noch so manche Überraschung: Zum Beispiel, daß zwischen den doppelten Böden unserer Wohnzimmerkommode ganze Larvenkolonien herumwimmelten.

Dann geschah das soziale Wunder. Angestachelt durch unser Beispiel, beschlossen unsere Nachbarn links und rechts, ihren Tarakanen ebenfalls den Garaus zu machen. Zwei Wochen später schickte die vermietende Behörde Kammerjäger, um die Treppenhäuser, Lifte und Büros im Hause einzunebeln. Diese konzertierte Aktion hat uns für bisher drei Jahre tatsächlich Ruhe verschafft. Nur etwa einmal im Monat verirrt sich ein desorientierter Tarakan in unsere Küche – für das geübte Auge leicht als Männchen und als Junggeselle zu erkennen. Er findet den traditionellen, gewaltsamen Tod in einem Knäuel Küchenpapier. Bei Katze Kleopatrotschka wurde neulich allerdings ein Leberschaden diagnostiziert. Manchmal frage ich mich, ob sich darin nicht die Rache der kollektiven Schabenseele zeigt. Natürlich nicht die letzte. Denn – wie verkündete neulich doch so schön eine gewisse Nina Alescho, Mitarbeiterin am Moskauer Wissenschaftlichen Forschungsinstitut für Desinfektologie und eine der führenden Schabenspezialistinnen der Welt: »Der Tarakan, das ist die Ewigkeit.«

Bernhard Streck
Gefüllter Hund

ODER DIE GRENZEN DES GESCHMACKS

>»Der Hund frißt wieder, was er gespieen hat.« –
»Die Sau wälzt sich nach der Schwemme wieder im Kot.«
(2. Petr. 2, 22)

Nicht das Gericht, nur das Rezept wolle ich, versicherte ich dem Kellner meines chinesischen Stammrestaurants im guten Glauben, nach dreijähriger Kundentreue auch einmal einen etwas ausgefallenen Wunsch äußern zu dürfen, der überdies mit meinem zwar nicht sinologischen, aber doch ethnologischen Beruf ohne weiteres zu entschuldigen wäre. Wie ich zu solch irrtümlichen Zuschreibungen gelangen könne, mußte ich mir vorhalten lassen. »Gefüllter Hund« kenne die chinesische Küche nicht; das sei eine böswillige Unterstellung. Als ich auf die berechtigte Frage nach der Quelle meines Stereotyps nur unsicher antworten konnte, wurde mein Gegenüber versöhnlich. Sicher sei ich einer Verwechslung aufgesessen; denn anderswo werde wohl Hund gegessen, zum Beispiel in Österreich.

Der anschließende Dialog mit der reichhaltigen Literatur über Nahrungstabus brachte bessere Erträge. Seit der Mensch Vertrautes von Fremdem zu scheiden gelernt hat, liefern die dem Mund zugeführten Substanzen das primäre Anschauungsmaterial. Der Mensch ist, was er ißt, heißt das in der Wurzelwörtersprache Deutsch[1]. Und nicht nur Bauern essen hauptsächlich, was sie kennen; etwas anderes kostet Überwindung, löst häufig auch Ekel und Erbrechen aus, was nicht selten zu den traumatischen Erfahrungen ethnologischer Feldarbeit gehört. Obwohl der erste Lehrsatz des kulturellen Relativismus lautet, die Geschmäcker seien verschieden, kann die Praxis dieser Theorie einem gründlich jeden transkulturellen Appetit verderben.

Während nun auf der mündlichen Ebene die Grenzen des Geschmacks verhandelbar sind und – wie meine gescheiterte Rezeptbestellung zeigte – sich kulinarische Eigenarten schlichtweg abstreiten lassen, führte die Verschriftlichung des Gegenstands zu stabilen Provinzen menschlicher Nahrungsgewohnheiten. Der Speisezettel der omnivoren Gattung Mensch ist nicht einheitlich; mag er in den Anfängen noch vom Hunger als dem besten Koch geschrieben worden sein, so eröffneten sicher bald Kulturkontakte die Möglichkeit bewußter Differenzierung. Die Entdeckung der Geschmacklosigkeit beim anderen dürfte kulturgeschichtlich sehr früh anzusetzen sein; sie bereitete den Boden für die religiös begründeten Speisevorschriften zum Zwecke des Ausschlusses der Ungläubigen, von denen der jüdische Levitikus (1. Buch Mose) als Muster gastronomischer Reinhaltung in die abendländische Tradition Eingang gefunden hat.

Nahrungstabus als kulturelle Charta, die Andersorientierte nur widerwillig zur Kenntnis zu nehmen erlaubt, bilden die materielle Basis der allgemeinen Alterisierung und Etikettierung. Es gibt kaum ein interethnisches Stereotyp, das auf Anspielungen in diesem Bereich verzichtet. Die GIs des Zweiten Weltkriegs unterschieden in Europa »Limeys«, »Frogs« und »Krauts«[2], ungeachtet der Tatsache, daß die ersten beiden, nämlich Engländer und Franzosen, mit ihnen verbündet, die Deutschen aber verfeindet waren. Gesellschaften mit eigener Kultur sind in erster Linie Speisegemeinschaften, die durch ihre Küchen zusammengehalten und von ihren Nachbarküchen getrennt werden. Auch wenn die Gastronomie international zu werden scheint wie in der modernen Gesellschaft, bleiben bestimmte Nahrungstabus unverrückbar und teilen auch die zusammengerückte Menschheit in sich abstoßende Blöcke.

Geschmacksprovinzen

Der Geograph Frederick J. Simoons hatte in der ersten Auflage seines Standardwerks zu unserem Thema, *Eat not this Flesh*[3], in der Manier der alten Diffusionisten Verbreitungskarten gezeichnet, die für die wichtigsten Schlachttiere Kernzonen, Verbreitungsrichtungen und Verbotsbarrieren markierten (s. nächste Seite). In der neuen Auflage von 1994 fehlen diese Veranschaulichungen ohne Begründung, dafür finden sich dort mehr Fotografien und substantielle Ergänzungen, u. a. zwei Rezepte aus der chinesischen Hundeküche[4] (s. S. 71), die ich mich aber nicht traue, in mein chinesisches Stammlokal mitzunehmen. Von Simoons wollen wir uns im folgenden durch die Geschmacksprovinzen unseres Globus führen lassen, bevor wir die schwierige Frage des »warum« und den versöhnlich erscheinenden Aspekt der Wandelbarkeit erörtern.

Das die Gaumen dieser Welt am strengsten scheidende Tier ist das Schwein, das in vielen archaischen Kulturen höchste Verehrung (und damit leidenschaftliche Verspeisung) erfuhr, mit dessen Ächtung aber die Juden angefangen haben dürften, insbesondere nachdem sie im zweiten Jahrhundert vor der Zeitwende von dem hellenistischen Despoten Antiochos Epiphanes durch Schweinefleisch zur Apostasie gezwungen werden sollten. Von den expandierenden Tochterreligionen konnte die erste das Schweinetabu nicht übernehmen; der christliche Bauer (mit Ausnahme

1. Schweinefleischverzehr

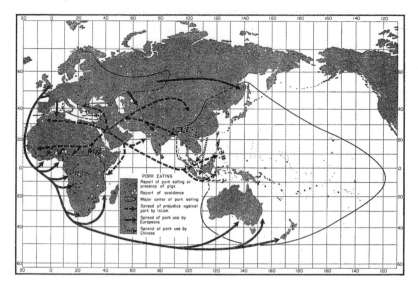

2. Hundefleischverzehr

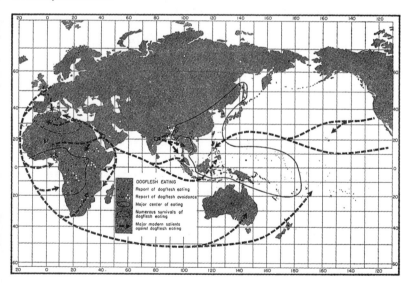

des abessinischen) hält bis zum heutigen Tag fest am Schweineopfer. Erst der Islam transportierte den neuen Widerwillen in alle Welt und sprengte den bis dahin geschlossenen Schweinekulturkreis. Im Gegenschlag brachte die christliche Seefahrt das fruchtbare Tier wieder in Gegenden, wo es infolge koranischer Orthodoxie schon selten geworden war.

GEFÜLLTER HUND **69**

Heute verläuft die Schweinegrenze in den Kontinenten der Alten Welt ziemlich genau entlang der islamischen Front; in Afrika, zum Beispiel im Sudan, wagen immer weniger Bauern, sich noch zu ihren schwarzen Borstentieren zu bekennen, die für die Beseitigung der Exkremente ebenso wichtig sind wie für die Feste des Lebens und des Jahres. Andrerseits bilden China und Rußland riesige und uneinnehmbare Bollwerke der Schweinehaltung, auch wenn an den Grenzen sich einiges bewegt. Doch das Schweinetabu braucht soziale Kontrolle, um eingehalten zu werden. Ein einzelner Muslimhändler werde fett, zwei aber mager, weiß ein chinesisches Sprichwort.[5] Erst wenn zwei oder drei im Geist der Askese versammelt sind, hält man den kulinarischen Verlockungen der Umgebung stand.

In Südostasien, einem möglichen Erstdomestikationsgebiet, wird das Schwein oft mit Frau und Fruchtbarkeit assoziiert, in China mit Heim und Hausdach, in Melanesien gehört Schweinesammeln zum Prestigegehabe wichtiger Personen. Während in Indien das Schwein zur Nahrung der niederen Kasten und Stammesvölker schrumpfte, wird es in Indonesien vom Islam bedrängt. Einzig die christliche Mission und das Auslandschinesentum scheinen die verschiedenen Lokalkulturen in der Verteidigung des alten Geschmacks unterstützen zu wollen.

Die zweite Spaltung einer ehemals geschlossenen Eßgemeinschaft der Alten Welt brachte das Hundetabu. Simoons' Verbreitungskarte zeigt einen westafrikanischen und einen ostasiatischen Kulturkreis, beide umzingelt von Pfeilen und Linien der modernen Tabuisierungswellen, die nun von den drei abrahamitischen Religionen gemeinsam getragen wurden. Das heidnische Afrika ist als Hort der Hundeverspeisung bestens belegt; Hunde werden kastriert, gemästet, bekommen die Beine gebrochen, werden gesengt – damit sie schmecken. Noch die ghanesischen »Maitres Foux« aus dem ethnographischen Pionierfilm der fünfziger Jahre von Jean Rouch halten an dieser Tradition fest, die wohl einmal mit der Verehrung des Hundes als Totentier im Alten Ägypten, dem römischen Hundeopfer, dem griechischen Fest der Kynophontis und der Verdoppelung in Lebenshund (Sonne) und Todeshund (Mond) in vielen indogermanischen Mythologien[6] ihre Parallelen hatte.

In Ostasien und dem pazifischen Raum hat sich der Hundeverzehr gegen das Hundetabu der Buddhisten, Christen und Muslime behaupten können. Wieder kommt China eine außerordentliche Bedeutung bei der Bewahrung des Archaischen und Bodenständigen zu. Hier wurden ausgesprochene Fleischrassen, zum Beispiel der Chow-Chow, gezüchtet; Welpenfleisch galt als Delikatesse, und die beiden hier folgenden Rezepte für »Stir-fried Dog« und »Red-cooked Dog« bewegen sich durchaus auf der bekannten Höhe chinesischer Kochkunst. Nach Simoons haben erst

Geschlachtete Hunde auf einem Markt in Kanton

Zwei von Simoons zitierte Rezepte:

1. Knusprig-gebratener Hund (Stir-fried Dog)
Man brate zunächst Stücke von Welpenfleisch scharf an, dann fritiere man sie in Öl mit typisch chinesischen Zutaten: Ingwer, Knoblauch, Sojasauce, grünen Zwiebeln, Tofu und getrockneten, gesalzenen Bohnen.

2. Blutig-gebratener Hund (Red-cooked Dog)
Man sautiere kleingeschnittenes Welpenfleisch in Öl mit Knoblauch und Ingwer, dann siede man es in Sojasauce zusammen mit Wasser, Zucker und zwei verschiedenen Sorten Tofu. Wenn das Gericht fast fertig ist, füge man Reiswein hinzu und serviere es mit grünem Salat.

die Kommunisten diese Nationalgerichte reduziert, und zwar weniger durch Volksaufklärung als durch drastische Verringerung des Hundebestands während der großen Kampagnen 1952 und 1963.

Im Asien der Stammesvölker ergibt sich ein recht buntes Bild, vergleichbar mit dem Afrikas: Hundeesser leben neben Hundemeidern; die

Grenzen sind ethnisch, können aber auch Abstammungsgruppen teilen, insbesondere da der Hund immer wieder als Stammvater verehrt und dann mit einem totemistischen Tabu belegt ist. Südostasien zeigt wieder die Dramatik des Geschmackskampfes in besonderer Weise. Buddhismus, Hinduismus, Islam und Christentum bekämpften die althergebrachte Eßsitte, so daß Hundefleischmärkte oft ausgelagert werden mußten und der Konsum insgesamt vielerorts zurückgegangen oder verschwunden ist. Auch in Polynesien, wo Cook 1769 Hundefleisch noch als süß und mit englischem Lamm vergleichbar begutachten konnte, scheint der Speisezettel heute dieses Gericht gestrichen zu haben.

Von der Hundefleischvorliebe der Antike (belegt durch Hippokrates, Diokles, Plinius und andere) haben sich Reste in Spanien (Extremadura) gehalten, ebenso in Nordafrika in manchen Oasen, bei bestimmten Festen, als medizinische Mittel gegen Syphilis, Fieber, Vergiftung, Hexerei oder Sterilität. Wer mit der Ächtung des Verzehrs von Hundefleisch begonnen hat, ist nicht ganz geklärt. Zunächst scheinen die Zoroastrier den Hund ihrem Eingott Ahura Mazda geweiht und ihn damit wegen seiner Heiligkeit vor dem Verzehr bewahrt zu haben. Die Juden erklärten den Hund dann für unrein, und die Bibel beginnt mit der Gleichsetzung von Hunden, Unwissenden, Sündern und Heiden.[7] Der Prophet Mohammed mochte Hunde noch weniger und verschärfte die diesbezüglichen Vorschriften: Ein Gefäß, aus dem ein Hund getrunken hat, muß siebenmal gewaschen werden, das erste Mal mit Erde.[8]

Neben Schwein und Hund sind auch andere Tiere für die Zerstrittenheit der Welt verantwortlich. Rindfleisch, auf das die westlichen Gesellschaften so sehr versessen sind, daß die Tiere »widernatürliche« Nahrung bekommen und dann mit unheimlichen Krankheiten zurückschlagen, ist im Hinduismus mit einem Tabu belegt worden, das laut Simoons nach Südostasien, nach China und nach Japan ausgestrahlt hat. Das Huhn, in Afrika Fleisch- und Opfertier des kleinen Mannes, wird in buddhistischen Gegenden abgelehnt, weil es anderes Leben tötet und frißt. Das Pferd schließlich, eine entscheidende Errungenschaft in der Kultur- und Kriegsgeschichte der Alten Welt, begann auch als Fleischtier. Kelten und Germanen waren Pferdehalter, -liebhaber[9], -verehrer und -esser, bis der Engländer Bonifatius, der am liebsten die ganze Thora den Hessen verordnet hätte[10], auf Geheiß des Papstes diese Beschränkungen auf das herrschaftlich Notwendige reduzierte. Zwar versuchten die französischen Revolutionäre, Pferdefleisch wieder schmackhaft zu machen, es behielt aber auch in der modernen Gesellschaft den Geruch von Armer Leute Fleisch.

Die schärfste aller Klüfte innerhalb der Ökumene bewirkt jedoch das Thema Menschenfleisch. Der Vorwurf der Menschenfresserei begleitet die Ausdehnung des christlichen Abendlandes; die Beseitigung des als Gipfel der Geschmacklosigkeit empfundenen Brauchs rechtfertigte bis dahin unbekannte Greuel. Kriegskannibalismus war aber nach Harris[11] Strukturmerkmal der klassenlosen Gesellschaft; erst als die Gefangenen, anstatt die Gaumen der Sieger zu erfreuen, besser zum Wohl der Führungsschichten arbeiteten, wurden entsprechende Tabus durchgesetzt. In den meisten staatlichen Gesellschaften gilt daher der Mensch als zur Vernichtung geeignet, zum Verzehr aber ungeeignet. Das ist die Lehre, die den eroberten und überlebenden Stammesvölkern seit 500 Jahren erteilt wird. Die Soziologie nennt das »Prozeß der Zivilisation«.[12]

Kontrastkultur

Die Deutung der Speisetabus trennt die Fachleute, so wie die Speisetabus selbst die Menschheit trennen. Schon über die Faktizität des uns heute am abscheulichsten Dünkenden, obwohl Mitteleuropa bis in die ersten nachchristlichen Jahrhunderte hinein nachweislich Menschenopfer und Kannibalismus kannte[13], gehen die gelehrten Meinungen auseinander: vom quellenkritischen Abstreiten cum grano salis[14] bis zu detaillierten Affirmationen, die sogar Geschmacksdifferenzen innerhalb einer anthropophagen Weltkultur bzw. dieser gemeinsame Grundwerte entdecken. Christina von Braun meint zum Beispiel, alle kannibalistischen Kulturen vermieden die Verspeisung der weiblichen Geschlechtsorgane.[15] Godula Kosack begründet dieses Tabu als Ekel der Männer, insbesondere im Blick auf mehrere Sexualpartner der Frau.[16]

Marvin Harris hat sich in *Wohlgeschmack und Widerwillen* um ökologische und ernährungstheoretische Begründungen der Speisetabus bemüht; am besten ist ihm das am Beispiel der Milch gelungen, gegen die zum Beispiel die Chinesen eine tiefsitzende Abneigung besitzen, die ihnen auch Käse als »verdorbene Milch« vergällt. Auch wenn Harris den Begriff scheut, liegt dies Tabu in der Rasse begründet: »Weniger als 5 Prozent der erwachsenen Chinesen, Japaner, Koreaner und sonstigen Ostasiaten können Laktose aufnehmen.«[17] Dasselbe gelte für die West- und Zentralafrikaner, einschließlich der von ihnen abstammenden Afroamerikaner.[18] Dagegen: »Über 95 Prozent der Holländer, Dänen, Schweden und anderer Skandinavier verfügen über genügend Laktose-Enzym, um ihr ganzes Leben lang sehr große Mengen Laktose verdauen zu können.«[19]

Harris' Verdienst ist es auch, auf die gutgemeinte, aber katastrophale Hilfe hingewiesen zu haben, die vornehmlich Milchpulver in Hungergebiete sendet, weil die Verallgemeinerbarkeit des Verdauungspotentials westlicher Milchgenossenschaften vorausgesetzt wird. Die Reichweite von Harris' »Theorie von der optimalen Futtersuche« hingegen scheint auch ihre Grenzen zu haben. Leuchtet noch ein, daß die weltweit verbreitete, im Westen aber als abgeschmackt geltende Insektennahrung dort aufgegeben wird, wo mit weniger Aufwand mehr Kalorien konsumiert werden können, so wirkt die ökologisch-ernährungsphysiologische Reduktion bei anderen Tabus, insbesonderee auf dem Felde der Nekrophagie und des Kannibalismus, unsicher. Daß nur mit Kalorien und Proteinen Unterversorgte sich über tote oder lebende Artgenossen hermachten, läßt sich nicht mit der bunten Palette diesbezüglicher Eigenarten vereinbaren. Und Harris hält an seiner Lehrmeinung fest, auch wenn die Fakten, zum Beispiel der exzessive Kannibalismus der Azteken, ihr längst nicht mehr dienen: Es habe ihnen einfach an ergiebigen Quellen tierischer Nahrung gefehlt, obwohl sie doch Truthahn und Hunde verspeisten.

Andere Erklärungen konzentrierten sich auf die menschliche Kognition; Lieblingsspeisen müßten »gut zu denken« sein, meint Mary Douglas[20], oder Speisegewohnheiten müßten mit der Harmonia mundi in Einklang stehen. Deswegen vermeiden es nach Birket-Smith[21] die kanadischen Eskimos, Meerestiere und Renfleisch am selben Tag zu essen, und ostafrikanische Viehzüchter dürfen nicht Fleisch und Milch am selben Tag genießen. Überhaupt scheinen Viehnomaden, deren historische Bedeutung in früheren Universalgeschichten gern überbetont wurde, auf dem Feld der Speisegewohnheiten nach wie vor Autorität zu besitzen. Simoons führt jedenfalls sowohl das Schweine- als auch das Hundetabu auf Setzungen durch Hirtenkrieger zurück, die ihnen hinderliche bzw. unersetzbare Tiere von der Speisekarte strichen und die Bauern, die das nicht taten, deswegen verachteten und unterdrückten.

Auffällig ist jedenfalls, daß es die animalische Kost und nicht die vegetabilische ist, die die Menschengruppen gegeneinander in Wallung bringt. Simoons erwägt ein weltweit schlechtes Gewissen der Karnivoren, die ja tatsächlich durch kunstvolle Verfahren Abstand zu ihrer Tat zu gewinnen suchen. Das Fleisch muß durch Kochen, Braten, Rösten, Räuchern, Dünsten etc. seine blutrote Farbe verlieren, und rohes Fleisch wird nur in Ausnahmesituationen gegessen. »Rohfleischesser«, wie die Algonkin-Indianer die benachbarten »Eskimo« schimpfen, können bei Stammesvölkern so verachtet sein wie in geschichteten Gesellschaften die Metzger. In Tibet gelten dieselben als professionelle Sünder gegen das buddhistische Gebot der Lebensverehrung. Und noch im Tierreich selbst, das nun einmal seit Anbeginn dem Menschen Frischfleisch zu liefern hatte, wird strikt unterschieden zwischen friedlichen Vegetariern, die offensichtlich besser schmecken, und fast allgemein verabscheuten Karnivoren, die wohl mit dem Menschen zuviel gemeinsam haben. Deswegen wurde »Hund« in China mit Reisfüllung und bei den Azteken mit gekochtem Mais und Bohnen[22] gleichsam gezähmt oder zivilisiert.

Wofür Speisetabus, tatsächliche oder zugeschriebene, begründete oder »irrationale«, traditionelle oder importierte, auf jeden Fall taugen, ist der oben angesprochene Tauschmarkt der Stereotypen. Schon Porphyrios im dritten Jahrhundert nach der Zeitenwende teilte die Völker des Mittelmeers nach ihren Fleischtabus ein: Syrer äßen keinen Fisch, Juden kein Schwein, Phönizier und Ägypter kein Rind.[23] Von den Eigenschaften des gemiedenen oder bevorzugten Fleischtieres auf den Nationalcharakter zu schließen, bedarf dann keiner großen intellektuellen Anstrengung mehr. Die Bauern im anatolischen Subay wissen, daß im fernen Deutschland die Sitten deswegen verkommen sind, weil die Leute Schwein essen, das einzige Tier ohne Eifersucht.[24]

Es wird aber nicht nur zwischen den Völkern etikettiert, auch innerhalb der Gruppen braucht die kategoriale Fremdwahrnehmung möglichst anschauliche, plastische Zuschreibungen, die sich am besten mit den verinnerlichten Substanzen ausdrücken lassen. Jung und alt, männlich und weiblich, hoch und niedrig – alles kann mit bestimmten Eßgewohnheiten und -verboten beschrieben werden. Menstruierende, Schwangere, Wöchnerinnen, Verwitwete, Initianden, Kranke und Asketen unterliegen ohnehin besonderen Vorsichtsmaßnahmen; oft gelten Speisetabus auch zeitlich beschränkt, während der Fastentage oder -monate, auf Pilger- oder Wallfahrten, an heiligen Plätzen oder in außerordentlichen Zuständen. In solchen kann das, was allgemein Ekel erregt, für heilsam gelten, wie die alte Arzneimittelkunst lehrt, die noch keine klinisch saubere Verpackung kannte und den Teufel mit dem unverhüllten Beelzebub bekämpfen konnte.[25] Das Altern selbst kann schließlich in nichtgeschichteten Gesellschaften auch eine sukzessive Emanzipation von allen Speisebeschränkungen bedeuten. Umgekehrt heißt in der indischen Kastengesellschaft Aufstieg Zunahme von Tabus; denn je tiefer der Brahmane blickt, um so hemmungsloser scheinen die Menschen dem abscheulichen Fleischgenuß zu frönen.

Zur menschlichen Wohlanständigkeit gehört also ein ausgewogenes Verhältnis zwischen erlaubten und verbotenen Speisen. Insbesondere zeichnet es anerkannte Religionen aus, daß sie auf diesem heiklen Gebiet nicht mit sich spaßen lassen. Was am Völkerkatalog des Porphyrios auffällt, ist ja nicht nur die Reduktion auf scheinbar äußerliche Klischees, viel wichtiger ist die mit dem genau angebbaren Tabu verbundene Reputation. Völker ohne Fleischverbote zählt er erst gar nicht auf. So gibt es im ganzen »Kastengürtel« der Alten Welt zwischen Senegal und Jangtsekiang viele kleine Gruppen, die aus Armut keine Tabus einhalten können und zum Teil darauf stolz sind. »Wir haben keine Religion. Wir essen alles«, erfuhr Ulrich Braukämper von Fuga in Äthiopien, die zwischen den strenggläubigen Großgruppen, die über verschiedene Speisetabus untereinander zerstritten sind, hin und her pendeln und ihre Dienste anbieten.[26]

Eine-Welt-Geschmack?

Wer kein Gesicht wahren muß durch Beherrschung seines Gaumens, lebt ungeniert, aber geschmacksreich, auch wenn er dabei nicht immer satt wird. Daß solch ein Leben ständig mehr Menschen zuteil zu werden scheint, gehört zum Zwielicht unserer Zukunft. Aus der Vergangenheit aber rührt der Glaube, mit den Eßgewohnheiten der Mächtigen Macht zu erlangen oder an ihr teilzuhaben. Wie verschiedentlich bereits angesprochen, gehören Speisetabus, so fest sie auch in Mythos und Ritus verankert zu sein scheinen, zu den veränderlichen Kulturgütern. Tabus werden durch stärkere Tabus verändert oder abgelöst; das letzte Wort beanspruchen wissenschaftliche Theorien von der »richtigen Ernährung«. Wie solch ein ungleicher Kampf zwischen »western food« und »traditional diet« ablaufen kann, hat Veronica Lazzarini-Viti in Ghana studiert.[27] Der Trend geht in Richtung Konservendose und damit in die Warenabhängigkeit.

Als sich die Ethnologie noch ungebrochen an seltsamen Bräuchen ergötzen konnte, stellten die Speisegewohnheiten und -tabus, erst recht die unglaublichen Vorgänge nach dem Bruch derselben, der den mysteriösen »psychogenen Tod«[28] nach sich ziehen konnte, ein schier unerschöpfliches Reservoir dar. Ein Höhepunkt in der ethnologischen Tradition, Geschmacksgrenzen nachzufahren, stellte zweifellos Wolfgang Lindigs Entdeckung der »Zweiten Ernte« 1960[29] dar. Die niederkalifornischen Ureinwohner aßen rohe Früchte und verwerteten die unverdaut ausgeschiedenen Fruchtkörner zur Herstellung einer »öligen Paste«, die die Körner konservierte, bis man sie zur Mehlzubereitung brauchte. Auch vegetarische Kost, die wir aus unserer Übersicht ausgespart haben, kann also ihre Reize haben. Und die wirklichen Brechreize, die in vielen Riten – zum Beispiel im Hauka-Kult der schon erwähnten »Maitres Foux«, denen das Erbrochene wie Rasierschaum im Gesicht hängt – eine purgative Rolle zu spielen scheinen, werden durch pflanzliche Stoffe hervorgerufen, nicht durch Anschauung gefüllter Hunde.

Die zweite Ernte hat sich in Kalifornien erübrigt, ebenso wie viele andere absonderlich anmutende Speisesitten. Die stärkste Eßkultur mit ihren Industrieprodukten, Vermarktungsorganisationen und Restaurantketten hat vielerorts für Vereinheitlichung gesorgt, und die Gentechnik könnte Schwein, Hund, Rind und Pferd gleichgültig machen. Damit sind die oben beschriebenen Grenzen des Geschmacks aber sicher nicht nivelliert; sie werden sich neu organisieren, zum Beispiel in Befürworter und Gegner der mikrobiologischen Züchtung. Auch Huntingtons »Clash of Civilizations«[30] hat viel mit Geschmacksfragen zu tun, die hoffentlich morgen noch nicht zur Entscheidung stehen werden. Die Ethnologie kann hier an die von Siegfried Nadel entdeckte und von Richard Rottenburg bestätigte »Klansymbiose« in den Nubabergen Kordofans[31] erinnern, in der die Gruppe, die vom Hund abzustammen glaubt, vor der anderen, die das Schwein als Stammutter verehrt, sich zwar ekelt, sie aber zur Behandlung desselben Ekels auch konsultiert.

Anmerkungen

1 Vgl. K. Abel, *Über den Gegensinn der Urworte*, Leipzig 1884; J. Gebser, *Ursprung und Gegenwart*, Stuttgart 1949/53.
2 F. J. Simoons, *Eat not this Flesh. Food Avoidances from Prehistory to the Present*, 2. Ed. revised and enlarged, Madison, Wisc. 1994, S. 320.
3 F. J. Simoons, *Eat not this Flesh. Food Avoidances in the Old World*, Madison, Wisc. 1961.
4 Simoons, 1994, a.a.O., S. 206 f.
5 Simoons, 1961, a.a.O., S. 28.
6 B. Schlerath, »Der Hund bei den Indogermanen«, *Paideuma* VI, 1954, S. 25-40.
7 Vgl. 1. Sam. 17:43, 2. Kön. 8:13, Matt. 7:6, Phil. 3:2, 2. Petr. 2:22, etc.
8 Simoons, 1961, a.a.O., S. 104.
9 Vgl. M. Dekkers, *Geliebtes Tier. Die Geschichte einer innigen Beziehung* (Orig. holl. 1992), München/Wien 1994.
10 H. Bächtold-Stäubli (Hg.), *Handwörterbuch des deutschen Aberglaubens*, Berlin/Leipzig 1936/37, Bd. VIII, S. 201.
11 M. Harris, *Wohlgeschmack und Widerwillen. Die Rätsel der Nahrungstabus* (Orig. am. 1985), Stuttgart 1988/90, S. 243, 256.
12 N. Elias, *Über den Prozeß der Zivilisation*, Basel 1939.
13 Vgl. G. Behm-Blancke, *Höhlen, Heiligtümer, Kannibalen. Archäologische Forschungen im Kyffhäuser*, Leipzig 1958.
14 W. Arens, *The Man-eating Myth*, New York 1979.
15 Ch. v. Braun, *Nichtich*, Frankfurt am Main 1988, S. 383.
16 G. Kosack, *Die Mafa im Spiegel ihrer oralen Literatur*, Leipzig 1995, Mskr., S. 678.
17 Harris, a.a.O. (11).
18 Harris, a.a.O., (11), S. 144.
19 Harris, a.a.O., (11), S. 145.
20 M. Douglas, *Purity and Danger*, London 1966 (dt. 1985).
21 K. Birket-Smith, *Geschichte der Kultur. Eine allgemeine Ethnologie* (Orig. dän. 1941/2), München o. J., S. 415.
22 Harris, a.a.O. (11), S. 251.
23 Simoons, 1961, a.a.O. (3), S. 108.

24 W. Schiffauer, *Die Bauern von Subay. Das Leben in einem türkischen Dorf*, Stuttgart 1987, S. 220.

25 Vgl. M. Atterer, *Alltagserfahrungen und Magische Praktiken in der Volksmedizin des 19. Jahrhunderts in Süddeutschland* (Forschungsberichte 2), Ulm 1997.

26 U. Braukämper, *Die Kambata*, Wiesbaden 1983. – Aus der unübersehbaren Literatur über Zigeunergruppen, die sowohl strenge Speisetabus als auch äußerste Permissivität belegt, sei nur auf den Sammelband von Aparna Rao verwiesen: *The other nomads. Peripatetic minorities in cross-cultural perspective*, Köln/Wien 1987.

27 V. Lazzarini-Viti, »Western foods and traditional diet in Ghana«, *Paideuma* 24, 1978, S. 103-109.

28 K.-D. Stumpfe, *Der psychogene Tod*, Stuttgart 1973; K. Kilian, »Der psychogene Tod und seine Rezeption in der Ethnologie«, Mainz, MA-Arbeit 1993.

29 W. Lindig, »Die ›zweite Ernte‹ bei den Wildbeutern Nordwest-Mexikos«, *Mitteilungen der Anthropologischen Gesellschaft in Wien* XC, 1960, S. 98-104.

30 S. Huntington, *Kampf der Kulturen* (orig. am. 1996), München 1997.

31 S. F. Nadel, »Social Symbiosis and Tribal Organization«, *Man* 84/85, 1938, S. 85-90; R. Rottenburg, *Ndemwareng. Wirtschaft und Gesellschaft in den Moro-Bergen*, München 1991.

Regina Schmeken
Schlachthof

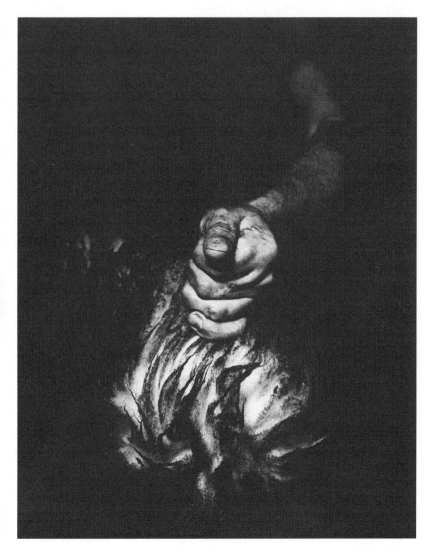

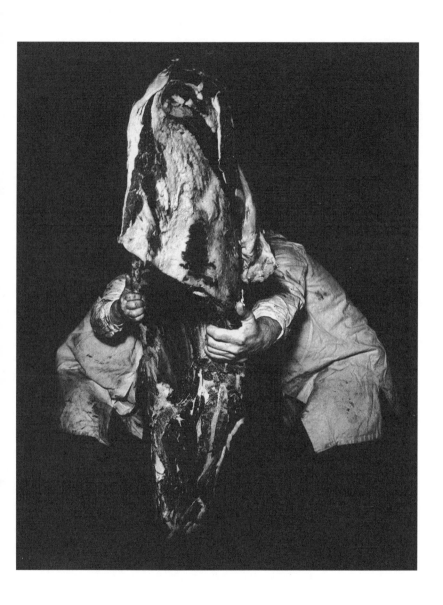

Julius Krebs
Ekellust

1. Der Geruch der Heiligen

»Da lag ihr ehrwürdiger Leib vier Tage unbegraben, dennoch ging kein
übler Geruch von ihm, sondern ein köstlicher Duft, der erquickte viel
Menschen ... Und da ihr Leib zu Grabe gelegt ward, fand man darnach,
daß der Leib von Öle überfloß. Also ward bei ihrem Tode ihre Heiligkeit
offenbar.«[1] Die *Legenda aurea* des Jacobus de Voragine spricht hier von
Elisabeth von Thüringen, die 1231 starb. Da sich der Geruch der Heiligkeit heute verzogen hat und nicht einmal mehr die katholische Kirche
darauf besteht (sie schiebt dergleichen gern auf die naive Volksfrömmig-
keit), sei kurz erwähnt, was es damit auf sich hat.

Schon in frühchristlicher Zeit wurde immer wieder der liebliche Duft
wahrgenommen, den fromme Menschen verbreiten. Insbesondere nach
ihrem Hinschied. Zum Beispiel der hl. Menas, ein legendärer Klosterbru-
der, der seit dem 4. Jahrhundert in der christlichen Welt verehrt wird. Ein
Augen-, besser ein Nasenzeuge berichtete: »Als wir am dritten Tage nach
dem Tode des heiligen Mannes die gewöhnlichen Gebete und Exequien
für ihn hielten, ist der ganze Ort, wo sein Leichnam lag, plötzlich mit
wunderbarem Wohlgeruch erfüllt worden. Der Abt erlaubte uns, den
Sarg zu öffnen, der den Leib des Heiligen umschloß. Als dies geschehen,
sahen wir alle, wie aus seinen ehrwürdigen Fußsohlen, als aus zwei
Brunnquellen, eine wohlriechende Salbe floß.«[2] Mit dieser Salbe verhält
es sich wie mit dem Öl der hl. Elisabeth. Alles Aromatische, belehrt uns
ein neuzeitlicher Wunder-Exeget, knüpfe sich an ein flüchtiges Öl als
seinen Träger, mit dem es zerfließend sich in die Weite ausbreite. »Darum
dürfen wir uns nicht wundern, wenn wir ... vielfach von Ölbildungen
bei den Leichen reden hören.« Und daß dies Öl bald duftet, bald (ach,
fast immer) schrecklich stinkt, erklärt sich auch ganz einfach: »Wie nämlich Übelgeruch Ausdruck eines krankhaft zum Mißklang zerrissenen
organischen Lebens ist, so wird die innere Harmonie desselben in dem
von ihm ausgehenden Wohlgeruch sich zeigen.« Man darf das freilich
nicht eng naturwissenschaftlich sehen. Die innere Harmonie kann durchaus mit der Auflösung des Fleisches einhergehen. Das wäre dann, kraft

Heilsakt, ein »zur höheren Harmonie klarifizierter Leib«. Und der duftet, sagt unser Gewährsmann Josef Görres. »Der Dominikaner Jacob Salomoni in Venedig erkrankte, vier Jahre vor seinem Tode, an einem Brustkrebse, trug aber sein Übel mit Geduld; und da es sonst einen unerträglichen Gestank zu verbreiten pflegt, war bei ihm weder an der Wunde noch an den Kleidern der mindeste Übelgeruch zu bemerken; es ging vielmehr ein lieblicher Duft davon aus.« Oder der sel. Bartolus Bompedoni, »der um 1300 blühte« (das heißt starb): lag zwanzig Jahre lang, vom Aussatz befallen, auf seinem Schmerzenslager, die Finger fielen ihm ab, die Würmer zernagten sein Fleisch, aber die Besucher, die in Scharen kamen, »saßen neben ihm ohne allen Ekel und Abscheu, aßen mit ihm an einem Tische und bemerkten nicht den mindesten Gestank, sondern vielmehr den lieblichsten Wohlgeruch ...« Und gingen erbaut, ja erquickt von dannen.[3]

Vielleicht sollten wir, Öl hin oder her, dieses olfaktorische Phänomen lieber rezeptionsästhetisch betrachten. Nicht nur beim sel. Bartolus, auch in anderen duftenden Zellen drängten sich die Gläubigen. So in jener der hl. Lidwina, wie wir von Thomas a Kempis wissen: »Viele fromme Leute, von diesem Wohlgeruche angezogen, näherten bisweilen, um ihn in ganzer Fülle zu genießen, ihr Antlitz unvermerkt der Brust der Kranken, die vorzüglich ein Salbengefäß des Herrn und ein Behälter höherer Aromen zu sein schien. Und diese süße Lieblichkeit wurde dann besonders wahrgenommen, wenn sie vom Erlöser oder von ihrem Engel besucht oder berührt worden war, oder wenn sie von ihren Gesichten, die sie in den Himmel versetzt, zurückgekehrt.«[4] Andere verbreiteten diesen Duft, wenn sie am Altar die heiligen Geheimnisse feierten, beispielsweise der hl. Venturino von Bergamo. Viele Laien merkten sich die Stunde, wenn er die Messe las, und traten dann so nahe wie möglich an den Altar, »um sich den Genuß zu verschaffen«.

Ja, den Genuß. (Und nur nebenbei sei erwähnt, daß der nicht allein der Nase zuteil ward, der Duft affizierte oft auch die Geschmacksnerven, »es wurde dann auf der Zunge eine brennende, im Gaumen beißende Empfindung vernommen, wie von gekautem Zimt«, weiß Görres.) Wie sehr waren doch damals, in frömmeren Zeiten, die koprophilen Duftliebhaber begünstigt, sie mußten, um ihren Gelüsten zu frönen, nur in die Kirche oder in ein Siechenhaus gehen (auch eine Reliquie verströmte den heiligen Duft mitunter jahrhundertelang), anstatt, wie im 19. Jahrhundert, sich vom Doktor Tardieu als »Schnüffler« bloßstellen und vom Polizeidirektor Macé als »Geruchsjäger« in Museen, Kaufhäusern, Parks verfolgen zu lassen wie ein Taschendieb.

Das sei etwas ganz anderes? Aber sicher. Denn der letztere kann nur heimlich, als »Perverser«, genießen, woran sich fromme Nasen einst, sofern es als heilig galt, ganz offen laben durften: am Geruch des menschlichen Fleisches. Und man sage nicht, dieser Geruch sei durch ein Wunder ... Das Wunder geschieht, aber in den Nasen der Gläubigen. Nehmen wir Symeon Stylites (390-459), der angeblich in so unerträglichem Unflat und Gestank auf seiner Säule verweilte, daß die Pilger, die ihn aufsuchten, in respektvoller Entfernung verharrten. Das müssen Leute verbreitet haben, die der Nasengnade nicht teilhaftig geworden waren; ähnlich könnte heute ein Besucher der Berliner »Love Parade« am Rande stehen und die Nase rümpfen. Jene Pilger aber, wissen wir von anderen, drängten sich heran, rissen dem frommen Mann die Kleider vom Leib, um sie als Amulette heimzutragen; so stieg der Asket auf eine Säule, die sich im Laufe der Jahre, 37 waren es, von drei auf zwanzig Meter erhöhte; stand da und stank. Was zog die Pilger zu ihm hin? An seinen Entrückungen konnten sie ja kaum teilhaben. Aber an seinen Ausdünstungen.

Nun sagt man aber auch vom Teufel, daß er stinkt. Mehr noch: man identifiziert ihn durch seinen Gestank, da dürfen wir uns auf den hl. Martinus von Tours verlassen: Der fromme Mönch entlarvte den Versucher, der sich ihm als Christus vorgestellt hatte, mit wenigen Worten. »Auf diese Worte hin verschwand der Teufel sofort wie Rauch. Die Zelle erfüllte er mit schrecklichem Gestank und hinterließ damit unzweifelhafte Beweise, daß er der Teufel selbst war.«[5] Aber dieses Odeur – Schwefel, sagt man gern und meint doch: Fürze, Kacke – ist so wenig verläßlich wie der Böse selbst, dieser »Vater der Lüge«. Nicht nur Luther wußte, daß der Teufel nichts so haßt wie menschlichen Kot. Auch andere haben die Beobachtung gemacht, daß »die Teufel einen sehr feinen Geruch haben und jede Art von Gestank verabscheuen und ihm aus dem Wege gehen«.[6] (Schließlich bestätigte auch die Psychoanalyse, »daß körperliche Reinlichkeit sich weit eher mit der Sünde als mit der Tugend vergesellschafte«.[7]) Andererseits ist der Teufelsdreck ein unverzichtbarer Bestandteil aller Schwarzen Messen. In Wahrheit handelt es sich dabei freilich um *menschliche* Exkremente – ebenso wie in der christlichen Mystik, deren nackte Kehrseite der Teufelskult ist. Seine Anhänger genießen den Duft der Heiligkeit gleichsam pervertiert, als Geruch des Bösen, der zwar nicht lieblich ist, dafür aber den Hautgout des Verruchten und Verfemten trägt. Aus dieser Wunderkammer kamen später, als statt der Kirchenmänner die aufgeklärten Gesundheits- und Moralwärter über die zulässigen Sinnenfreunden befanden, die Ausschweifungen in Gedanken und Werken, die als »Schwarze Romantik« oder als »Psychopathia sexualis« Skandal machten.

2. Lippendienste

Geht es im Satanismus denn nicht um eine ganz andere Art von Schmutz als in der Mystik? Sicherlich. Der teuflische Schmutz steht für Hoffart, der heilige für Demut, wird uns mit frommem Augenaufschlag beteuert: brave Mädchen haben schmutzige Knie, sei's vom Schrubben oder vom Beten. Aber ist die christliche Mortifikation wirklich von Hoffart frei? Und werden die Perversionen, insbesondere die koprophilen, nicht immer wieder aus dem Masochismus abgeleitet, also mit Selbstdemütigung gleichgesetzt? Dienen nicht beide Arten von Schmutz dem Lustgewinn? Der einzige wirkliche Unterschied scheint darin zu bestehen, daß (tendenziell) der heilige Schmutz von Frauen, der teuflische hingegen von Männern begehrt wird, oder anders gesagt: daß die Frauen sich lieber unter dem Vorwand der Frömmigkeit, die Männer sich eher unter dem Vorwand der Verruchtheit am Ekel ergötzen. Jetzt hilft kein Sträuben mehr, wir müssen uns dem Unrat stellen.

Die posthum duftende hl. Elisabeth fühlte sich zu den ekelhaftesten Kranken so sehr hingezogen, daß ihr Seelsorger ihr schließlich verbieten mußte, Beulen und Grind zu küssen.

Die 120 Tage von Sodom, Fall 24: »Louise, der man dringend aufgetragen hatte, einen Monat hindurch weder Strümpfe noch Schuhe zu wechseln, bot dem Marquis ihren stinkenden Fuß dar, der jeden andern zum Kotzen gebracht hätte; unsern Mann aber entflammte gerade der Dreck und die Ekelhaftigkeit dieses Fußes. Er faßte ihn, küßte ihn mit Inbrunst, steckte jede Zehe einzeln in den Mund und leckte mit der Zunge aus den Zwischenräumen zwischen den Zehen jenen schwärzlichen und stinkenden Schmutz heraus, den die Natur dort abgelagert, und ... verzehrte ihn mit Behagen.«[8]

Auch die hl. Katharina von Genua, die 1474 ihr mystisches Outing hatte, zog es zu den Elenden. Im Hafenviertel suchte sie mit Vorliebe die auf, die den größten Abscheu erregten, und wenn sie sie gewaschen und gekleidet hatte, »nahm sie die schmutzigen Kleider mit nach Hause, als wären es Kleinodien ... Der Schmutz und das Ungeziefer, das sie darin fand, reizte sie anfangs zum Erbrechen, allein ohne Zagen nahm sie den Gegenstand des Grauens in die Hand, brachte ihn zum Munde, kaute und verschluckte ihn.«[9] Später, als sie ein Frauenspital leitete, wurde ihr die Gnade zuteil, zwei Pestjahre zu erleben.

Die 120 Tage von Sodom. Fall 23: »Die Guérin befahl meiner Schwester, sich mindestens sechs Wochen hindurch absolut nicht zu waschen und so dreckig und schweinisch zu werden, als es ihr möglich wäre ... Endlich kam ein finniger alter Schweinkerl, der halbtrunken schien ... Man vereinigte die beiden und sperrte sie ein, ich eilte ans Sehloch. Kaum war ich dort, sah ich meine Schwester rittlings über einem großen, mit Champagner angefüllten Waschbecken hocken. Unser Mann, mit einem großen Schwamm bewaffnet, reinigte sie, übergoß sie und fing aufs sorgfältigste jedes kleine Tröpfchen wieder auf, das von ihrem Körper oder vom Schwamm herabrann ... Aber je schmutziger diese Flüssigkeit wurde, desto besser gefiel sie unserm Wüstling. Er kostete davon, fand sie delikat, nahm ein Glas und trank den ekelhaften, verpesteten Wein ...«[10]

Aber diese Wüstlinge, hört man sagen, wollten doch nur ihre Lust, während die Mystikerinnen ... Gemach, gemach. »Ich war so empfindlich, daß der geringste Schmutz mir ein Gefühl von Übelkeit verursachte. Er (Christus) tadelte mich deswegen so heftig, daß ich einmal, als ich den Auswurf eines Patienten aufwischte, mich nicht enthalten konnte, es mit meiner Zunge zu tun. Er ließ mich an dieser Tat so viel Freude empfinden, daß ich gerne Gelegenheit zur täglichen Wiederholung gehabt hätte. Um mich zu belohnen, hielt er mich in der nächsten Nacht wenigstens zwei Stunden, wobei er meinen Mund auf sein seliges Herz preßte.« Schrieb die hl. Marguerite-Marie Alacoque, Bahnbrecherin der Herz-Jesu-Mystik, im 17. Jahrhundert, die auch gern an eiternden Zehen saugte.[11] Ganz ähnliche Gelüste entwickelte ihre weniger rechtgläubige, deshalb von der Kirche verfolgte Zeitgenossin, die Alternativ-Mystikerin Madame Guyon. Gott gab ihr eines Tages den Befehl, ihren Ekel vor dem Speichel eines schmutzigen und siechen Menschen zu überwinden, und siehe, sie leckte ihn auf. Sie leckte auch fürder gern die Wunden fremder Menschen und kaute die mit Eiter getränkten Pflaster so lange, bis sie keinen Ekel mehr empfand.

Die 120 Tage von Sodom, Fall 64: »Einen Monat später kam ein Wüstling, der sich mit der Fournier selbst amüsieren wollte. Welche Wahl, großer Gott! Sie war achtundsechzig Jahre alt, eine Flechte zerfraß ihre ganze Haut, ihr mit acht verfaulten Zähnen dekorierter Mund hauchte einen so verpesteten Atem aus, daß man nicht nahe mit ihr sprechen konnte. Aber gerade diese Fehler entzückten diesen Liebhaber. Neugierig auf die Szene, eilte ich zum Sehloch. Der Adonis war ein alter Arzt, aber jünger als sie, er umfaßte sie und küßte sie eine Viertelstunde auf den Mund, dann ließ er sich ihren verrunzelten alten Hintern zeigen, der dem Kack einer alten Kuh ähnelte; er küßte und leckte ihn mit Eifer. Dann brachte man eine Klistierspritze und drei halbe Flaschen Likör. Der Jünger Äskulaps spritzte das Heilmittel in die Eingeweide seiner Iris ... Die Fournier preßte ihren großen, häßlichen Arsch auf seinen Mund und drückte los; der Arzt trank ..., er entlud und fiel total betrunken hin.«[12]

Halten wir fest: Die beiden Mystikerinnen aus dem 17. Jahrhundert berufen sich auf einen Befehl Gottes, die beiden mittelalterlichen Heiligen begründen ihr Tun mit einem unwiderstehlichen Drang. Diese Zwanghaftigkeit der Lust am Ekel wird zum Topos werden, wenn am Ende des 19. Jahrhunderts die große sexualkundliche Neugier ausbricht: Perversion als Sucht und Verhängnis. (Bei de Sade hingegen ist alles Willkür und Einbildung, am Schreibtisch ersonnen; das gibt seinem Ekeleros das Flair des Verspielten.)

3. Helden des Unrats

Im Rückblick wirkt es wie eine Explosion von Bekenntnislust: Überall offenbarte sich sexuelle Devianz. Natürlich nicht vergleichbar unserem Outing, denn es geschah ja hinter den verschlossenen Türen der Arztpraxen und wurde nur anonymisiert bekannt gemacht durch Bücher, die sich an die Fachwelt richteten (viele Bände der *Anthropophyteia*-Reihen, z. B. auch Bourkes *Unrat*, konnte man nur mit Genehmigung des Herausgebers beziehen) und die, wenn es spannend wurde, gern ins Latein auswichen. Doch das verhinderte nicht, daß diese »konträren« und »perversen« Sexualpraktiken weithin bekannt wurden und vermutlich auch Nachahmung fanden. Woher aber kamen plötzlich alle diese »krankhaften Erscheinungen des Geschlechtssinnes«, wie man sie nannte?

Man könnte ja behaupten, daß es sie schon immer gab, nur nicht den Wunsch, sie preiszugeben oder, was auf dasselbe hinausläuft, nicht das Interesse, etwas darüber zu erfahren. Dann aber müßte man erklären, woher im Fin de siècle dieses plötzliche Interesse kam, das sich über ein paar Jahrzehnte an Krankengeschichten mit Pornofunktion erbaute. Nehmen wir also lieber an, daß ein Leidensdruck entstanden war: Viele erlebten ihre sexuelle Devianz ja als Sünde und waren froh, sie zur Krankheit umdeuten lassen zu können. Wer aber litt? Fast ausnahmslos bürgerliche Männer. Die Frauen hatten dafür ihre Hysterie. Doch es war vermutlich ein anderer Umstand, der das weibliche Geschlecht gegen die hier zu erörternde Verirrung feite, speziell gegen die pikazistische, nämlich dieser: Im Laufe des 19. Jahrhunderts hatte der behördliche Kampf gegen die mörderische Verschmutzung und Verpestung der größeren Städte, die Alain Corbin so eindringlich beschreibt[13], allmählich Erfolge gezeitigt, und auch im bürgerlichen Heim war die Hygiene eingezogen; die Intimbereiche wurden isoliert, die Toilette war keine »trockene« mehr. Die Frauen kamen trotzdem – oder gerade wegen dieser Verpflichtung zur Sauberkeit – noch viel mit menschlichem Schmutz in Kontakt, wegen der Kinder, der Kranken oder auch nur, weil sie mit den notorisch unsauberen Dienstboten zu tun hatten. Die Männer hingegen lebten vielfach, gemessen an früheren Zeiten, in einer gleichsam entsinnlichten Welt. Wer etwas riechen wollte, mußte zu Maxim. Oder gleich ins Bordell, ins Pissoir. Dieser sensorische Mangel war möglicherweise die Voraussetzung dafür, daß bei dem einen die »niederen Sinne« verkümmerten, bei dem andern aber koprophile Gelüste keimten. Denn Phantasmen und Obsessionen entwickeln sich nur in Bereichen, die von der Realität nicht besetzt sind. So entstand eine zweite, künstliche, wundersame Realität, vergleichbar jener der *Legenda aurea*, voller Dulder, nein: Helden einer bockigen Libido.

(1) Da gab es etwa den 1887 vom Pariser Polizeichef Macé beschriebenen Geruchsfetischisten: »Folgen wir diesem Manne mit seiner nachlässigen Haltung und weißgetupften Halsbinde. Er ist allein. Was hat er wohl in dieser Ausstellung, wo alles nach der Frau riecht, zu suchen? Er ist glücklich in dieser wallenden Bewegung, die hervorgebracht ist durch diese ansehnliche weibliche Versammlung, von der Duftwolken ausströmen, die seine Sinne reizen. Er ist ein Verrückter, ein Leidenschaftsnarr, der sich an den natürlichen und künstlichen Düften des weiblichen Geschlechts berauscht. Er läßt sich mit Hochgenuß von der Menge treiben, die ihn drückt ...«[14]

(2) Da gab es den Pariser Schneider, von dem im Jahr darauf Alfred Binet in seinem Enthüllungsbuch *Le fétichisme dans l'amour* berichtete: Dieser »type olfactif«, wie Binet seinesgleichen etikettierte, war mit flüchtigen Düften nicht zufrieden, er begehrte Stoffliches, so entwendete er den Frauen im Gedränge Taschentücher, führte sie mit großer Geste an seine Lippen, saugte den Duft ein und ging wie berauscht von dannen. Als er verhaftet wurde, fand man bei ihm mehr als 300 mit unterschiedlichen Initialen bestickte Mouchoirs. Alle waren mit seinem Namen signiert.[15]

(3) Da gab es den hypochondrischen Notar, der Krafft-Ebing gestand, er rege seine Geschlechtslust dadurch an, daß er eine Anzahl von ihm gebrauchter Klosettpapiere auf seiner Bettdecke ausbreite, um durch ihren Anblick und Geruch zur Selbstbefriedigung zu gelangen. Als er starb, fand man neben seinem Bett einen großen Korb voll solcher Papiere, jedes mit einem Datum versehen.[16]

Übergehen wir die bekannten Zopf- und Stiefelfetischisten, die sich im 19. Jahrhundert schrecklich vermehrten, ebenso die Fußfreier und Achselschweißgalane, die tief in der Folklore wurzeln. Halten wir uns auch nicht bei den Strumpfband- und Miedermännern auf (Goethe und Flaubert gehören dazu). Kommen wir zu den wahrlich kühnen Exzentrikern des Begehrens.

(4) Im siebten Band der *Anthropophyteia* von Friedrich S. Krauss (1910) wird ein Mann aus Preußisch-Schlesien vorgestellt, der durchaus die »Pulle« von kleinen Mädchen trinken wollte. Da er aber keine Töchter, auch keine jüngere Schwester hatte, die ihm das Begehrte hätten abgeben können, griff er zu einer List. Er besorgte sich einen großen Schwamm, ging damit zu einer Mädchenschule und band ihn kurz vor Pausenbeginn im Abort fest, derart, daß jede Schülerin, die sich dort niederließ, über den Schwamm urinieren mußte. Nach der Pause holte er den Schwamm ab und saugte ihn begierig aus, wobei ihm regelmäßig einer abging.[17]

(5) Der Volkskundler H. A. Kuno beschrieb 1932 die folgende »sexu-

elle Gourmandisie« von Roués: Sie stecken Erdbeeren in die weibliche
Scheide, füllen diese mit Champagner auf und verschließen sie kunstvoll
mit einer Auster. Dann nehmen sie diesen Cocktail aus dem lebenden
Behälter zu sich.[18]

(6) Eine Prostituierte, die wir aus O. Stolls Buch *Das Geschlechtsleben
in der Völkerpsychologie* (1908) kennen, hatte einen Kunden, der regelmäßig kam, aber ausschließlich während der Menstruation. Er wollte
nicht mit ihr koitieren, sondern lediglich ein paar Gebäckstücke, sogenannte Kipfel, in ihre Scheide einführen, um sie mit deren Sexualgeruch
zu imprägnieren und dann mit Genuß zu verzehren.[19]

(7) Richard von Krafft-Ebing stellt in seiner »Beobachtung 81« einen
Herrn Z. vor, einen intelligenten, feinfühligen Russen mit den besten
Manieren. »Der Alp, welcher auf ihm laste, sei ein unnatürliches Gelüste
nach Mictio mulieris in os suum, das ihn ziemlich regelmäßig alle vier
Wochen heimsuche ... Hatte er seinem perversen Drang genügt, so
schämte er sich vor sich selber und empfand großen Ekel. Zu Ejakulation
kam es in der Folge dabei nur ausnahmsweise, jedoch hatte er mächtige
Erektion und Orgasmus ...«[20]

(8/9) Krafft-Ebing, »Beobachtung 84«: »Ein im höchsten Grade de-
krepiter russischer Fürst ließ sich von seiner Mätresse, die sich über ihn,
ihm den Rücken wendend, setzen mußte, auf die Brust defäzieren und
regte nur auf diese Weise die Reste seiner Libido an. – Ein anderer sou-
teniert eine Mätresse in außergewöhnlich glänzender Weise mit der ihr
auferlegten Verpflichtung, ausschließlich Marzipan zu essen. Ut libidino-
sus fiat et eiaculare possit excrementa feminae ore excipit. – Ein brasilia-
nischer Arzt berichtete mir über mehrere zu seiner Kenntnis gekommene
Fälle von Defaecatio feminae in os viri.«[21]

(10) G. Merzbach berichtete folgenden Fall: »Dr. X., ein wohlbe-
kannter junger Mann von Welt, gibt eine große Menge Geld für Frauen
aus. Dank seiner Großzügigkeit ist er in den schicken Kreisen der *demi-
monde* wohlbekannt, aber genauso seine Perversität, über die häufig diese
Damen wie auch seine Freundin diskutieren. Denn Dr. X. trägt eine
winzige Schale mit einem Löffel bei sich, beides aus reinem Gold. Er läßt
ein Mädchen sich in diese Schale entleeren und ißt die frischen Fäkalien
mit dem Löffel.«[22]

Nach der Wahrscheinlichkeit dieser Fälle wollen wir lieber nicht fragen. Sie bewegen sich im Bereich des Legendären, das heißt, sie werden
dadurch »mythisch wahr«, daß sie in der einschlägigen Literatur immer
wieder zitiert werden; jeder Autor beruft sich auf die Fälle der anderen
und fügt aus eigener Erfahrung noch etwas hinzu zur perversen Helden-
galerie. Am meisten verdankt sie natürlich Krafft-Ebing; vor allem der
russische Fürst (der auch als Großfürst oder Großherzog erscheint) und

der Marzipankotesser tauchen immer wieder auf, außerdem Merzbachs Mann mit dem goldenen Löffel.

Wie aber wird die Abartigkeit dieser Heldentaten bestimmt? Für die Heiligsprechung gibt es feste Regeln, hier dagegen ist alles dem subjektiven Ermessen anheimgestellt. Solange das Primat der Genitalität noch unangefochten war, ließ sich die Abweichung davon leicht als »Verirrung« bezeichnen. Da galt eben eine Lust, die den Ekel überwindet, als normal, und ein Ekel, der Lust schafft, galt als abnorm. Wie aber, wenn das Abnorme überhand nahm? Krafft-Ebing beschloß die oben zitierte »Beobachtung 84« mit der Feststellung: »Derartige Fälle kommen überall vor und durchaus nicht selten. Alle möglichen Sekrete, Speichel, Nasenschleim, selbst Ohrenschmalz werden in diesem Sinne benutzt, mit Begierde verschlungen, oscula ad nates und selbst ad anum gegeben. Das perverse Gelüste, den Cunnilingus aktiv auszuüben, welches weit verbreitet ist, dürfte auch häufig in solchen Antrieben seine Wurzel haben.«

Cunnilingus und Fellatio wurden dann als erste aus der Zuständigkeit der Sexärzte, das heißt aus dem Bereich des Krankhaften in den der Normalität entlassen – mit deutlichem Widerstreben der Spezialisten, die diese Praktiken wenn nicht pervers, dann wenigstens pervertiert nennen wollten. Es folgte bald dies und jenes, und in jüngster Zeit wurde alles trivial, es gibt kein Heldentum der Perversion mehr, nur noch die große, alles schluckende Normalität.

4. Der Geschmack von Kot

Er ist nicht nach jedermanns Geschmack. Aber manche begehren ihn. Früher sagten sie gemeinhin, sie unterlägen dabei einem unwiderstehlichen Drang. Heute sagen sie eher, sie täten es in freier Wahl, zu ihrem Vergnügen; sie nennen es »Kaviar« und trinken dazu »Natursekt«. Aber wie schmeckt er eigentlich? Darüber schweigen sich die Koprophagen aus, und zwar vernehmlich. Auch der Marquis de Sade, der doch allen Grund hätte, die verschiedenen Kotrezepte, die er im Laufe der 120 Tage von Sodom preisgibt, geschmacklich zu charakterisieren. Etwa dieses Gericht: »Er stellte ein Gefäß unter uns beide, wir hockten uns Rücken gegen Rücken und schissen zugleich. Er nahm das Gefäß, griff mit den Fingern hinein, vermengte die zwei Drecke und verschlang sie« (Fall 61). Oder dieses: »Ich hatte acht Tage lang in ein sorgfältig aufbewahrtes Gefäß geschissen und gepißt. Dieser Termin war nötig, damit der Scheißdreck so wurde, wie ihn unser Wüstling wünschte ... ›Sie sehen, es ist schon schimmlig.‹ – ›Oh, das ist, was ich brauche‹, sagte er« (Fall 63).

Oder dieses:

»Die Fournier schickte mich eines Tages zu einem alten Maltheserritter, der mir einen ganz mit Porzellantiegeln angefüllten Schrank zeigte, in jedem Tiegel war ein Dreck. Der alte Libertiner hatte sich mit seiner Schwester, die Äbtissin ... war, in Verbindung gesetzt. Diese gute Frau schickte ihm auf sein Drängen an jedem Morgen Kistchen mit den Drecken ihrer hübschesten Pensionärinnen, die er in genauer Ordnung in seinem Schrank unterbrachte. Als ich kam, befahl er mir, den Tiegel mit der oder jener Nummer, in dem der ältere Dreck war, herauszunehmen. Ich präsentierte ihm denselben. ›Ah‹, sagte er, ›der stammt von einem wunderschönen Mädchen aus Mans. Wichse mich, während ich ihn esse.‹ ... Ein anderer, ein alter Mönch, trat ein und verlangte acht oder zehn Drecke von den erstbesten Mädchen oder Knaben, das war ihm egal. Er vermengte die Drecke, wühlte darin herum und fraß ...« (Fälle 66 und 67).[23]

»Geschrieben stinkt Scheiße nicht«, sagte Roland Barthes dazu. Wir können ergänzen: und schmeckt nach nichts. Das stimmt freilich nicht prinzipiell, aber im Fall des göttlichen Marquis, der sich virtuos über die niedere Sinnlichkeit erhebt, ist es wohl so. Barthes fährt fort: »Sade kann seine Partner damit überschütten, wir bekommen nichts davon ab, nur das abstrakte Zeichen von etwas Unangenehmem.«[24] Eher wohl die Umkehrung bestimmter Zeichen – derer für Kacke, für Speise, für Ordnung – im bürgerlichen Code. Trifft das auch auf *praktizierte* Kopro- und Urolagnie zu, sind Kot und Pisse geruch- und geschmacklos, wenn sie als pervertierte Symbole dienen? Sicher nicht. Freud hat »auf die Bedeutung einer durch Verdrängung verlorengegangenen koprophilen *Riechlust* für die Auswahl des Fetisch« hingewiesen. »Fuß und Haar sind stark riechende Objekte, die nach dem Verzicht auf die unlustig gewordene Geruchsempfindung zu Fetischen erhoben werden. In der dem Fußfetischismus entsprechenden Perversion ist demgemäß nur der schmutzige und übelriechende Fuß das Sexualobjekt.«[25] Erst recht gilt das für Kot und Urin. Gleichwohl scheint uns die davon abgeleitete Regressionstheorie etwas kurzschlüssig zu sein, jedenfalls in ihrer verbreiteten Banalform, die suggeriert, es gäbe gleichsam einen Fahrstuhl zur frühen Kindheit, mit dem man, wenn es einen dazu drängt, zurückfindet zum trauten Umgang mit Kot und anderen Sekreten. Als wäre das Kind als solches ein Fetischist oder der Fetischist *in actu* ein Kind. Ohne Zweifel hat die Fixierung auf ein Ereignis oder Objekt, einen Geruch oder Geschmack ihre Wurzeln in der frühen Kindheit, aber die Perversion entsteht erst durch deren Verzauberung zum Fetisch, und die erfolgte in der Gegenwart – im Nu der Mystiker – durch ein intimes Zeremoniell. Denn die Lust am Ekel in bezug auf Kot, Urin, Schleim, Speichel, Samen, Blut, Eiter usw. erfordert einen quasi sakralen Rahmen, in welchem das betreffende Sekret eine Art Transsubstantiation erfährt. Darin gleichen die privaten skatologischen Perversionen den kollektiven religiösen oder blasphemischen Riten, etwa dem Harntanz der Zuñis in Neu-Mexico, mit welchem John Gregory Bourke sein Museum des Unrats – *Scatologic Rites of all Nations* (1891) – eröffnete. Außerhalb dieses Tanzes würden die Zuñis natürlich keinen Urin trinken und keinen Kot schlucken; diese Handlung ist für sie das Außergewöhnliche, ja eine Herausforderung, der sie sich stellen. Ähnliches geschieht auch bei alten europäischen Riten wie dem Narrenfest, einer Art Schwarze Messe, die Dulaure 1825 beschrieb:

> »Während der Feier tanzten die einen, als Possenreißer oder als Frauen verkleidet, in der Mitte des Chors und sangen dabei scherzhafte oder unzüchtige Lieder. Die andern begaben sich an den Altar und aßen darauf Bratwürste und Blutwürste, spielten Karten oder Würfel vor dem Priester, der die Messe las ...
>
> Nach der Messe begannen neue Handlungen von ungewöhnlicher und gotteslästerlicher Art ... Da war keine Zurückhaltung, keine Schamhaftigkeit mehr; kein Damm hemmte das Überströmen der Verrücktheit und der Leidenschaften ...
>
> Inmitten dieses Lärms, dieser Gotteslästerungen und zuchtlosen Lieder sah man Einzelne, die ihre Kleider vollständig abwarfen, andere, die sich der schamlosesten Ausschweifung hingaben ...
>
> ... Die Teilnehmer standen auf Karren, die mit allem möglichen Unrat beladen waren, und vergnügten sich damit, die umherstehenden Volksmassen damit zu bewerfen ...«[26]

Im obszönen Licht dieses Narrenfestes gewinnt plötzlich die Berliner »Love Parade« der Jahre 1996 und 1997 ein anderes Aussehen: Sie wird zur Einübung eines kollektiven Rituals mit skatologischer Befriedigung, die außerhalb dieses Rahmens nicht möglich wäre, trotz unseres gemeinhin lockeren Umgangs mit Ausscheidungen anderer im öffentlichen Raum. Daß im hämmernden Techno-Takt eine halbe oder ganze Million schrill an- und ausgezogener Menschen mit hochgereckten Armen und verblödetem Gesichtsausdruck stundenlang zucken und stampfen, das ist offenbar – nicht fern einer mystischen Ekstase – die Wirkung des berauschenden Dunstes von 750000 Litern Urin und wohl ebensoviel Schweiß, ein Aroma, das diese Veitstänzer einhüllt und abhebt von der normalen Welt drum herum – Massen-Autoerotik einer Zeit, die alle privaten Ekelwonnen schon profaniert hat bis zur Banalität.

Ach ja, wie schmeckt denn nun Scheiße? In Bourkes Thesaurus findet sich schließlich ein Zeugnis aus dem 17. Jahrhundert, überliefert von dem niederländischen Naturforscher Johann Baptist van Helmont, dem wir die Begriffe »Ferment« und »Gas« verdanken. Er berichtet, ein kleiner Junge habe nach einem Mißgeschick aus Angst vor Prügeln den eigenen Kot geschluckt, und ein junges Mädchen habe aus Sorge um ihr Seelenheil das nämliche getan. Den Geschmack beschrieb der Knabe als süß und stinkig, das Mädel als wässrig-süß und übelriechend.[27] Kindermund! (Süß freilich schmeckt der Kot auch einmal bei de Sade, doch ist er da das Endprodukt einer strengen Diät, die ein »Kenner« seiner Mätresse ver-

98 JULIUS KREBS

ordnet hat: morgens, mittags, abends Fleisch, sonst nichts. »Der Dreck war süßlich, sehr weich und von exquisitestem Geschmack, was – wie er sagte – durch die gewöhnliche Ernährungsweise nicht hätte erreicht werden können.«[28])

Anmerkungen

1 *Die Legenda aurea des Jacobus von Voragine*, dt. von Richard Benz, Heidelberg 1984, S. 888.

2 Zit. nach Josef Görres, *Die christliche Mystik*, 2. Band, Regensburg 1837, S. 44.

3 Görres, a. a. O. (Anm. 2), S. 44, 49, 42, 43.

4 Zit. nach Görres ebenda, S. 40.

5 Sulpicius Severus, »Das Leben des Martinus von Tours«, in: *Frühes Mönchstum*, hrsg. von K. S. Frank, Zürich und München 1975, 2. Bd., S. 49.

6 Zit. nach John Gregory Bourke, *Der Unrat in Sitte, Brauch, Glauben und Gewohnheitsrecht der Völker* (1891), dt. Ausgabe von F. C. Krauss und H. Ihm, Leipzig 1913 (Nachdruck Eichborn Verlag, Frankfurt 1996), S. 361.

7 Sigmund Freud, Geleitwort zu Bourke, *Der Unrat ...*, a. a. O., S. V.

8 Marquis de Sade, *Die hundertzwanzig Tage von Sodom oder die Schule der Ausschweifung*, dt. von Karl von Haverland, Leipzig 1909, Bd. 1, S. 171 f.

9 Zit. nach H. A. Kuno, »Sexualpathologie des Geschmackssinns«, in: *Die fünf Sinne*, Bd. 1 (Geschmack, Geruch), Wien und Leipzig 1932, S. 114 f.

10 Sade, a. a. O. (Anm. 8), Bd. 1, S. 170 f.

11 Zit. nach Kuno, a. a. O. (Anm. 9), S. 114.

12 Sade, a. a. O. (Anm. 8), Bd. 2, S. 6 f.

13 Alain Corbin, *Pesthauch und Blütenduft. Eine Geschichte des Geruchs*, Berlin 1984.

14 Zit. nach O. F. Scheuer, »Pathologie des Geschmackssinns«, in: *Die fünf Sinne*, Bd. 1, a. a. O. (Anm. 9), S. 244 f.

15 Vgl. ebenda, S. 242, 247 f.

16 Vgl. ebenda, S. 254.

17 Vgl. Kuno, a. a. O. (Anm. 9), S. 129 f.

18 Vgl. ebenda, S. 108.

19 Vgl. Scheuer, a. a. O. (Anm. 14), S. 252.

20 Richard von Krafft-Ebing, *Psychopathia sexualis* (1886), Nachdruck der 14. Auflage (1912), München 1984, S. 146 f.

21 Ebenda, S. 150.

22 Zit. nach Magnus Hirschfeld, *Geschlechtsanomalien und Perversionen*, aus dem Nachlaß ergänzt von seinen Schülern (zuerst englisch und französisch, 1937), dt. Ausgabe unter dem Titel *Geschlechtsverirrungen*, Konstanz o. J., S. 437.

23 Sade, a. a. O. (Anm. 8), Bd. 2, S. 3, 6, 10 f.

24 Roland Barthes, *Sade, Fourier, Loyola*, Frankfurt 1974, S. 156.

25 Sigmund Freud, *Drei Abhandlungen zur Sexualtheorie* (1905), GW V, S. 54.

26 Zit. nach Bourke, a. a. O. (Anm. 6), S. 13 f.

27 Vgl. ebenda, S. 27.

28 Sade, a. a. O. (Anm. 8), S 246.

Gangsta Rap & Deutscher Herbst   Rowohlt

Als die Mafia in Chicago die Schwarzenghettos mit Drogen vollpumpt, stellt sich ihr die Rebellengruppe der «Warriors» in den Weg. Ein illusionslos harter Roman des meistgelesenen afroamerikanischen Autors Iceberg Slim.
22147/DM 12,90/öS 94,-/sFr 12,50

Boris Vian war der «Prinz von Saint-Germain», Jazztrompeter, Schauspieler, Kritiker und Autor wunderbar versponnener, trauriger Liebesromane, Chansons und antimilitaristischer Pamphlete. Die große Vian-Biographie.
13972/DM 24,90/öS 182,-/sFr 23,-

F. C. Delius' drei Romane über den Deutschen Herbst jetzt in einem Band. «Ein brillanter Gegenwartsroman, ein Sozio-Psychogramm der westdeutschen Gesellschaft.» taz
22163/DM 19,90/öS 145,-/sFr 19,-

Wie aus heiterem Himmel bricht die Giftgaskatastrophe über das Leben des «Hitlerforschers» Jack Gladney und seiner Familie herein. «Dieser Roman ist eine Entdeckung» (FAZ) – bizarr, chaotisch, amüsant und aufregend geistreich.
13881/DM 16,90/öS 123,-/sFr 16,-

DJs sind die Zeremonienmeister der Popkultur. Ulf Poschardt erzählt die Geschichte der Popmusik als Geschichte der Diskjockeys: von den frühen Radio-DJs der 30er Jahre bis zu den Magiern der HipHop- und Techno-Szene.
60227/DM 25,-/öS 183,-/sFr 23,-

Konrad Paul Liessmann
»Ekel! Ekel! Ekel! – Wehe mir!«

EINE KLEINE PHILOSOPHIE DES ABSCHEUS

>»Wenn die Guten moralisiren, erregen sie Ekel; wenn die Bösen mo-
>ralisiren, so erregen sie Furcht.«
>Friedrich Nietzsche, Nachgelassene Fragmente

Im März des Jahres 1887 schreibt Nietzsche aus Nizza zwei Briefe an
einen gewissen Theodor Fritsch aus Leipzig, der den Philosophen mit
drei Nummern eines antisemitischen Korrespondenzblattes beglückt
hatte, in der irrigen Annahme, in Nietzsche einen Geistesverwandten zu
finden. Nietzsche aber reagierte mehr als kühl:»Die Juden sind mir,
objektiv geredet, interessanter als die Deutschen: ihre Geschichte giebt
viel *grundsätzlichere* Probleme auf. Sympathie und Antipathie bin ich
gewohnt bei so ernsten Angelegenheiten aus dem Spiele zu lassen«, und
er setzte vieldeutig hinzu:»... was glauben Sie, das ich empfinde, wenn
der Name *Zarathustra* von Antisemiten in den Mund genommen wird?«[1]
Was er empfand, hat Nietzsche für sich allerdings eindeutig notiert:
»Neulich hat ein Herr Theodor Fritsch aus Leipzig an mich geschrieben.
Es giebt gar keine unverschämtere und stupidere Bande in Deutschland
als diese Antisemiten. Ich habe ihm brieflich zum Danke einen ordentli-
chen Fußtritt versetzt. Dies Gesindel wagt es, den Namen Zarathustra in
den Mund zu nehmen! Ekel! Ekel! Ekel!«[2]

Ekel, Ekel, Ekel! Der Ausruf indiziert nicht nur Nietzsches Abscheu
vor dem Antisemitismus, sondern verweist auf ein Grundmotiv in Nietzsches Denken. Es handelt sich um ein Selbstzitat. Im 3. Buch von *Also
sprach Zarathustra* springt Nietzsches wunderlicher Heiliger »wie ein
Toller« eines Morgens von seinem Lager auf, brüllt und schreit und ruft
nach seinem »abgründigsten Gedanken«, um dann mit einem Schrei zu
verstummen:»— — ha! lass! Haha! — — Ekel, Ekel, Ekel — — — wehe mir!«[3]
Offen bleibt, ob das Abgründigste im Denken Zarathustras der Ekel war,
oder ob ihn vor diesem Abgründigen der Ekel erfaßte. Solche Ambivalenz aber kennzeichnet den Ekel überhaupt, nicht nur bei Nietzsche.

Es gibt, man wird es wohl sagen können, keine Philosophie des Ekels.
Der Ekel, im Gegensatz zu anderen Negativgefühlen wie Angst oder
Schauder, hat es zu keiner zentralen reflexiven Dignität gebracht. Es
reichte gerade zu einer trivialpsychologischen Aufmerksamkeit, die zu
der berauschenden Erkenntnis führte, daß Ekel ein »antrainiertes mora-

lisches Gefühl« sei.[4] Die Überschreitung der Ekelschranke als bislang
letzter Tabubruch durch die Kunst der neunziger Jahre läßt aber auch das
philosophische Interesse an diesem Phänomen steigen. Und da zeigt sich,
daß noch die ephemere philosophische Berührung dieses Themas imstande war, zumindest zwei Dimensionen des Ekelphänomens freizule-
gen: Kein Affekt kommt, im wörtlichen Sinn, so aus den Tiefen der
Eingeweide des Menschen wie der Ekel; und kein Affekt wird, metaphorisch gewendet, so sehr zum Indiz einer metaphysischen Misere wie der
Ekel. Die vordergründige philosophische Vermeidung des Ekels war
keine aus Einsicht, sondern eine aus Selbstschutz gewesen.

Baruch Spinoza, wahrscheinlich noch immer der bedeutendste Analytiker menschlicher Emotionen, hatte den Ekel in seine 48 Affekte umfassende Liste der Gemütsbewegungen, die sich im 3. Buch seiner *Ethica,
Ordine Geometrico demonstrata* findet, erst gar nicht aufgenommen.
Wohl aber hatte er in einer Nebenbemerkung den Ekel ausgerechnet im
Hinblick auf die Liebe definiert. Denn Liebe, so Spinoza mit unerreich-
ter Klarheit, »ist nichts anderes als Lust, verbunden mit der Idee einer
äußeren Ursache«.[5] Wo immer wir die Möglichkeit von Lust nicht uns
selbst, sondern etwas anderem zurechnen, werden wir dieses lieben und
begehren. Es kann aber, so Spinoza, durchaus geschehen, daß, während
wir das Begehrte uns einverleiben, sich unser ursprünglicher Zustand
verändert, der Grund des Begehrens durch seine Befriedigung verschwindet. Ist aber das Begehrte dabei noch immer vorhanden, so wird
seine Gegenwart penetrant und aufdringlich: »Wenn also die Verfassung
des Körpers bereits eine andere geworden ist und die Vorstellung dieser
Speise, weil sie selbst gegenwärtig ist, noch lebhafter wird, und folglich
auch das Bestreben oder die Begierde, sie zu essen, so wird der neue
Zustand dieser Begierde oder diesem Bestreben widerstreben, und folglich wird die Gegenwart der Speise, nach der wir Verlangen haben,
verhaßt. Das ist es, was man Überdruß und Ekel nennt.«[6] Was Spinoza,
nüchtern, am Beispiel der Speise demonstriert, beschreibt eine, nicht die
einzige Dimension des Ekels: Das Übermaß. Die Anwesenheit des Be-
gehrten im Zustand der Befriedigung. Das Aufdringliche. Das Begehren
im Zustand physischer Sattheit. Das, was noch immer da ist, obwohl es
schon genossen ist. Auch wenn Spinoza hier nicht streng zwischen Ekel
und Haß differenziert, legen diese Erläuterungen den Gedanken nahe,
daß befriedigte Begierde nicht so sehr in Haß, wohl aber in Ekel umschlagen kann. Ekel und Sattheit, auf welcher Ebene auch immer, sind
nicht voneinander zu trennen. Damit aber ist der Ekel physiologisch
verankert: Im Magen, den Gedärmen, der Speiseröhre. Im Innersten also.
Was immer der Ekel sonst noch sein wird, eines ist er allemal: verkehrte
Intimität. Der Magen dreht sich um.

Riskieren wir einen Sprung. Ein junger Mann, offensichtlich in Liebesnot, schreibt an seinen »verschwiegenen Mitwisser«: »Mein Leben ist bis zum Äußersten gebracht; es ekelt mich des Daseins, welches unschmackhaft ist, ohne Salz und Sinn ... Man steckt den Finger in die Erde, um zu riechen, in welch einem Lande man ist, ich stecke den Finger ins Dasein – es riecht nach nichts. Wo bin ich? Was heißt denn das: die Welt? Was bedeutet dies Wort? Wer hat mich in das Ganze hineinbetrogen, und läßt mich nun dastehen? Wer bin ich? Wie bin ich in die Welt hineingekommen; warum hat man mich nicht vorher gefragt, warum hat man mich nicht erst bekannt gemacht mit Sitten und Gewohnheiten, sondern mich hineingestukt in Reih und Glied, als wäre ich gekauft von einem Menschenhändler? Wie bin ich Teilhaber geworden in dem großen Unternehmen, das man Wirklichkeit nennt? ... Gibt es einen verantwortlichen Leiter? An wen soll ich mich wenden mit meiner Klage? ... Alles, was in meinem Wesen enthalten ist, schreit auf in Widerspruch zu sich selbst. Wie ist es zugegangen, daß ich schuldig ward? Oder bin ich etwa nicht schuldig?«[7] Was Sören Kierkegaard hier einem alter ego in den Mund, besser in die Feder legt, grundiert den anderen Pol des philosophischen Ekels: den Ekel am Dasein. Es ist die Kontingenzerfahrung, die diesen Ekel gebiert, die Erkenntnis der Zufälligkeit eines In-der-Welt-Seins. Aber wie genau hat der Däne beobachtet: Auch der Ekel am Dasein offenbart sich durch den Gaumen und durch die Nase. Unschmackhaft ist das Dasein, es riecht nach nichts, es fehlt ihm die Würze, das heißt, es fehlt ihm der Sinn, die Attraktion, es ist nichts, das man begehren kann, denn man ist in es hineingeworfen. Es ist immer schon da, nah, undistanzierbar. Ekel hat mit Nähe zu tun, man ist versucht zu sagen, Ekel hat überhaupt nur mit aufgezwungener Nähe zu tun – und dies ist unangenehm, denn Nähe ist uns ein wahrer und warmer Wert geworden.

Neben der physiologischen Grundierung, von der noch zu sprechen sein wird, war der Ekel vor dem Dasein auch Nietzsches Thema gewesen. Der verhängnisvolle Erstling des jungen Baseler Professors, *Die Geburt der Tragödie aus dem Geiste der Musik*, spielte schon virtuos auf der Klaviatur des Ekels. »– die wahre Erkenntniss, der Einblick in die grauenhafte Wahrheit überwiegt jedes zum Handeln antreibende Motiv [...] In der Bewusstheit der einmal geschauten Wahrheit sieht jetzt der Mensch überall nur das Entsetzliche oder Absurde des Seins [...]: es ekelt ihn. Hier, in dieser höchsten Gefahr des Willens, naht sich, als rettende, heilkundige Zauberin, die Kunst; sie allein vermag jene Ekelgedanken über das Entsetzliche oder Absurde des Daseins in Vorstellungen umzubiegen, mit denen sich leben lässt: diese sind das Erhabene als die künstlerische Bändigung des Entsetzlichen und das Komische als die künstlerische Entladung vom Ekel des Absurden.«[8] Nietzsche intoniert hier zum ersten Mal seinen Lieblingsgedanken: daß die Wahrheit ekelhaft sei und die Kunst uns vor diesem Ekel schütze. Die ästhetische Inanspruchnahme des Ekels, wie etwa jüngst in der aufsehenerregenden Performance »Balkan Barock« von Marina Abramovic zur Eröffnung der diesjährigen Biennale, verkehrt dieses Verhältnis, was nicht nur für das Publikum, sondern auch für die Theorie einige Fragen aufwirft. Arthur Schopenhauer hatte noch jede ekelerregende Kunst gegeißelt, nicht aus einem moralischen Vorbehalt heraus, sondern weil sie, wenn auch negativ, den »Willen«, die Triebenergie mobilisiere und so die interesselose Kontemplation verhindere. Ähnlich wie das »Reizende«, das das Begehren positiv anstachelt, erweckt das Ekelhafte den »Willen des Beschauers und zerstört dadurch die rein ästhetische Betrachtung. Aber es ist ein heftiges Nichtwollen, ein Widerstreben, was dadurch angeregt wird: es erweckt den Willen, indem es ihm Gegenstände seines Abscheus vorhält.«[9] Man könnte sich auch fragen, was es bedeutet, wenn die ästhetische Betrachtung heute überhaupt nur mehr über Gegenstände des Abscheus mobilisierbar ist. Kann das nicht auch bedeuten, daß der Ekel an der Kunst möglich geworden ist, weil sich der Ekel am Dasein verbraucht hat?

Nietzsche allerdings kannte, neben dem Ekel am Dasein, ohnehin noch andere Schattierungen. Immer wieder wird ihm der Ekel zum Ausdruck eines unfehlbar *urteilenden* Instinktes. Ein Aphorismus der *Morgenröthe* lautet: »Wer hat denn gegen fromme glaubensstarke Menschen eine Abneigung? Umgekehrt, sehen wir sie nicht mit stiller Hochachtung an und freuen uns ihrer, mit einem gründlichen Bedauern, dass diese trefflichen Menschen nicht mit uns zusammenempfinden? Aber woher stammt jener tiefe plötzliche Widerwille ohne Gründe gegen Den, der einmal alle Freiheit des Geistes hatte und am Ende ›gläubig‹ wurde? Denken wir daran, so ist es uns, als hätten wir einen ekelhaften Anblick gehabt, den wir schnell von der Seele wegwischen müssten! Würden wir nicht dem verehrtesten Menschen den Rücken drehen, wenn er in dieser Beziehung uns verdächtig würde? Und zwar nicht aus einer moralischen Verurtheilung, sondern aus einem plötzlichen Ekel und Grausen! Woher diese Schärfe der Empfindung? Vielleicht wird uns Dieser oder Jener zu verstehen geben, dass wir im Grunde unser selber nicht ganz sicher seien?«[10] Der Ekel gegen den Gläubigen, der hier noch in der eigenen Unsicherheit gründet, wird an einer anderen Stelle, in der Nietzsche unverblümter, weil ohne Rücksicht auf ein Publikum sprechen konnte, geradezu zu einer Empfindung, die *antrainiert* werden muß: »Wir müssen es dahin bringen, das Unmögliche Unnatürliche Gänzlich-Phantastische in dem Ideale Gottes Christi und der christlichen Heiligen mit intellektuellem *Ekel* zu empfinden.«[11] Immerhin, dieser *intellektuelle*

Ekel war Nietzsche schon in seinen Reden über *Die Zukunft unserer Bildungsanstalten* zu einer pädagogischen Forderung geworden. Höhnisch ruft er – und man hätte allenthalben Lust, in diesen Ruf wieder einmal einzustimmen – den Gymnasien seiner Zeit zu: »Nehmt eure Sprache ernst! ... Hier kann sich zeigen, wie hoch oder wie gering ihr die Kunst schätzt und wie weit ihr verwandt mit der Kunst seid, hier in der Behandlung unserer Muttersprache. Erlangt ihr nicht so viel von euch, vor gewissen Worten und Wendungen unserer journalistischen Gewöhnungen einen physischen Ekel zu empfinden, so gebt es nur auf, nach Bildung zu streben ...«[12]

Der intellektuelle Ekel als Basis und Ausdruck einer geschärften Urteilskraft: Für den Genealogen Nietzsche war dies nichts Absonderliches: »Vereiterung, Gährung und Ausscheidung – ekelhaft und abstoßend – die Empfindungen haben durch eine Symbolik auch Menschen und Handlungen erregt. So entstand der Begriff ›niedrig‹ d. h. ekelhaft – moralischer Grundstock!«[13] Diese Notiz Nietzsches verweist auf die Physiologie des Ekels – ohne sie näher auszuführen – und versucht, in dieser Physiologie die Grundformen moralischer Begriffe zu entziffern. In dieser Perspektive erscheint der Ekel nicht selbst als moralisches Gefühl, wohl aber als das physiologische Substrat moralischer Äußerungen und Urteile. Wie so oft, dürften sich die Psychologen auch in dieser Angelegenheit geirrt haben.

Dennoch: Nietzsche formulierte keine Philosophie des Ekels. Wohl aber war seine Philosophie getragen vom Motiv des Ekels. Nietzsche wenigstens wäre als Philosoph des Ekels durchaus noch zu entdecken. Unübersehbar zieht sich die Schleimspur dieses Begriffs durch das Œuvre des umstrittensten Denkers der Deutschen, ohne daß der Ekel selbst zum Gegenstand der Reflexion geworden wäre. Eine genauere Auseinandersetzung mit dem Ekel, gleichsam eine phänomenologische Bestimmung dieses Affekts, findet sich, wenn auch nur sporadisch und an entlegener Stelle, aber sehr wohl in der philosophischen Literatur. Eine präzisere Analyse des Begriffs des Ekels hatte etwa der Hegelschüler Karl Rosenkranz versucht. In seiner zu Unrecht unterschätzten *Ästhetik des Häßlichen* hatte Rosenkranz zwar den Ekel und das Ekelhafte wie alle Dimensionen des Häßlichen in ein dialektisches Raster gezwängt, aber doch mit viel Witz die damit verbundenen Phänomene umkreist und bestimmt. Der hegelsche Gestus, die Erscheinungen in ihrem Wesen zu erfassen, geht dabei eine fruchtbare Verbindung mit einer genauen empirischen Beobachtung ein, die noch immer einen bedenkenswerten Ansatz für jede Theorie bietet, die dem Ekel als Ekel beikommen will.

In seiner triadischen Systematik unterteilt Rosenkranz das *Häßliche* in die *Formlosigkeit*, die *Inkorrektheit* und die *Defiguration*. Letztere wiederum zerfällt in das *Gemeine*, das *Widrige* und die *Karikatur*. Das *Widrige* kennt ebenfalls drei Erscheinungsformen: das *Plumpe*, das *Tote* und das *Scheußliche*. Erst das Scheußliche enthält in sich das *Abgeschmackte*, das *Böse* und – das *Ekelhafte*. Alle Bestimmungen sind ästhetische Kategorie zumindest in dem Sinn, daß es um die *Erscheinungsformen* der Gestalten des Häßlichen geht. Soweit er kann, vermeidet Rosenkranz die Moralisierung des Ästhetischen. Ekel ist für ihn die physisch-psychische Reaktion auf das Ekelhafte. Dieses allerdings unterliegt nicht der Subjektivität, sondern kann objektiv erfaßt werden. Das Ekelhafte schlechthin aber ist die Erscheinungsform der *Verwesung*, die Rosenkranz als das »Entwerden des schon Todten« bestimmt: »Der Schein des Lebens im an sich Todten ist das unendlich Widrige am Ekelhaften.«[14] Damit ist vielleicht eine der bündigsten Definitionen des Ekelhaften gegeben, die mancher Überprüfung standhalten könnte. Noch Antoine Roquentin, Protagonist von Jean-Paul Sartres paradigmatischem Roman *La Nausée*, erlebt seinen ersten, entscheidenden Ekelanfall in dem Moment, in dem die toten Dinge sich den Anschein von Lebendigkeit geben: »Die Dinge dürfen einen nicht *berühren*, denn sie leben nicht. Man bedient sich ihrer, stellt sie auf ihren Platz, man lebt mitten unter ihnen – sie sind nützlich, sonst nichts. Aber mich, mich berühren sie, und das ist unerträglich.«[15]

Im Gegensatz zu anderen Formen des Häßlichen, die immerhin, wie das Absurde, den Intellekt noch reizen können, ist das Ekelhafte für Rosenkranz das schlechterdings Abstoßende. Als solches aber ist das Ekelhafte an bestimmte Sinneserfahrungen gebunden, in erster Linie an den Geruch, den Geschmack und die Berührung. Der Ekel ist kein Phänomen der Distanz, sondern eines der Nähe. Etwas nur auf eine gewisse Entfernung zu sehen, erregt selten Ekel – es muß zumindest die Vorstellung einer möglichen Nähe dazukommen. Das Ekelhafte, so Rosenkranz, ist deshalb in der Malerei darstellbar, ohne daß das Ekelgefühl dadurch provoziert würde. Folgerichtig hat der österreichische Autor Robert Menasse in seinem Roman *Selige Zeiten, brüchige Welt* dann auch einen jungen Maler, der geschlagene Schlachten malen wollte, mit Farben experimentieren lassen, die den Geruch der Verwesung in die Nasen der Betrachter treiben sollten. Erst dann können die Bilder der verfaulenden Leichen den Ekel des Kunstfreunds erregen.[16] Erst dort, wo eine hybride Mischung von Lebendigem und Totem als Schleim, als Kot, als Sperma, als ein von Maden durchfressener Leichnam, als Gestank sich uns nähert, nicht nur ins Gesichtsfeld rückt, sondern in die Intimzone der Sinneserfahrung einbricht, reagiert der Organismus mit Ekel.

Der vielleicht noch immer interessanteste Versuch, den Ekel philosophisch aufzuklären, stammt von einem Unbekannten. Im Jahre 1929 veröffentlichte Aurel Kolnai in Edmund Husserls *Jahrbuch für Philosophie und philosophische Forschung* den Aufsatz »Der Ekel«. Ohne streng phänomenologisch sein zu wollen, ist der Einfluß dieses Konzepts dennoch deutlich spürbar. Kolnai ordnet, anders als Rosenkranz, dem er dennoch einiges verdankt, den Ekel den sogenannten Abwehrreaktionen zu: Mißfallen, Haß, Schaudern, Angst, Verachtung. Damit rückt sofort die soziale Dimension des Ekels in den Vordergrund.

Ekel, so Kolnai, ist mehr als gesteigertes Mißfallen, aber weniger und anderes als Haß; Ekel ist nicht reduzierbar auf die physiologische Dimension des Brechreizes, aber er ist körpernäher als alle anderen Formen der Abwehr und Abkehr; Ekel ist deshalb auch etwas anderes als moralische Verachtung und geradezu ein Gegenbegriff zur Angst. Denn in der Angst fühlt sich das Subjekt bedroht und möchte sich aus der Bedrohungszone so schnell als möglich entfernen; keine Angst ohne Fluchtreflex. Im Ekel ist keine Bedrohung spürbar, nur eine unerträgliche Belästigung, und nicht sich selbst möchte man entfernen, sondern das Ekelerregende soll verschwinden. Ist dies nicht möglich, wendet man sich ab. Der Haß andererseits steht insofern quer zum Ekel, als er letztlich die Vernichtung des Gehaßten intendiert; es ist aber auch dieser Vernichtungswille, der das gehaßte Objekt gleichsam nobilitiert: der Gehaßte wird noch im Haß als Gleicher akzeptiert. Ekel aber möchte nicht vernichten, sondern einfach wegwischen: »Als ekelhaft wird immer ein Ding empfunden, das nicht für voll genommen, nicht für wichtig gehalten wird: etwas, das man weder vernichtet noch flieht, sondern vielmehr hinwegräumt.«[17] Nichts verdeutlicht diese These mehr als die Bedeutung folgender Sätze: *Ich hasse dich.* Aber: *Du ekelst mich an.* Und nirgendwo sprach sich die Indignation des Ekels, all seine Unwilligkeit, die reine Geste des Abscheus, die nicht einmal hassen kann, vielleicht deutlicher aus als in dem Stoßseufzer des Zarathustra: »Nicht mein Hass, sondern mein Ekel frass mir hungrig am Leben!«[18]

Ekel ist ein spezifisches Gefühl der Störung. Eigenes Dasein wird durch fremdes, aber an sich wenig bedeutendes Sein irritiert. Das Besondere am Ekel liegt in der Qualität dieser Störung und in der sinnlichen Form, in der sich die Störung vermittelt. Nietzsche hatte davon zumindest eine Ahnung gehabt: »Also: es giebt Ekel-erregendes; je unwissender der Mensch über den Organismus ist, um so mehr fällt ihm rohes Fleisch Verwesung Gestank Maden zusammen ein. Der Mensch, soweit er nicht Gestalt ist, ist sich ekelhaft – er thut alles, um nicht daran zu denken.«[19] Nur allzu gern würden wir in der Moralisierung des Ekels diesen in das Subjekt selbst verlegen und dann denunzieren. Aus der beobachtbaren Tatsache, daß in unterschiedlichen Kulturen Unterschiedliches als ekelerregend empfunden werden kann, daraus, daß man sich unter bestimmten Bedingungen an Ekelhaftes gewöhnen kann, ja, sich Ekel mit Lust mischen kann, haben Psychologen und Kulturrelativisten wie so oft den falschen Schluß gezogen: daß es sich auch beim Ekel um ein Gefühl handle, das durch moralische Erziehung oder entsprechende therapeutische Interventionen wegrationalisiert werden könne. Damit aber war das Nachdenken über die Möglichkeit und Bedeutung des Ekelhaften blockiert.

Tatsächlich stellt der Ekel so etwas wie die Urteilskraft der Intimität dar. Aus der Tatsache, daß es vor allem Geruchs-, Geschmacks- und Tastsinn sind, denen sich die Reaktion des Ekels verdankt, hat Aurel Kolnai gefolgert, daß in der Intimität dieser Sinnesorgane ihre primäre Bedeutung für den Ekel gründet. Alles, was sich primär an Ekelerregendem anbietet – das Übelriechende, Schleimige, Verwesende und Klebrige, die Ausscheidungen und Exkremente, der Abfall und der Schmutz, das »Gekribbel und Gewimmel«[20] von Würmern und Insekten, letztlich das schlechterdings Zudringliche –, ist durch ein Prinzip charakterisiert: Intimität, wo keine Intimität sein soll. Das Ekelhafte ist kein Gegenüber, sondern es schleicht, kriecht und schleimt heran, dringt ein, nistet sich ein, ist ganz nah, am Körper, in der Nase, im Mund; das Ekelhafte ist aber auch das, das den Körper verlassen hat, einmal dazugehörte und nun ausgeschieden ist, der Geruch, die Wärme und Beschaffenheit des Intimen haftet ihm noch an, aber es gehört eigentlich schon weg. Das Aufdringliche schließlich als integrales Moment des Ekelhaften assoziiert dieses mit einer Reihe von sozialen Interaktionen. Schon die mittelalterlichen Bettler präsentierten gezielt ihre Verkrüppelungen, Unreinheiten und Schwären, und die Spender der Almosen beruhigten mit der Gabe nicht nur ihr Gewissen, sondern auch ihre Sinne, denen es nun gestattet war, sich abzuwenden. Es läßt sich nicht leugnen, daß dort, wo Unangenehmes sich aufdrängt, aber aus mehr oder weniger guten Gründen nicht auf Distanz gehalten werden kann, die moralische Denunziation des Ekels gewinnträchtig eingesetzt werden kann.

Die Bestimmung des Ekelhaften durch seinen abstoßenden, weil illegitimen Anspruch auf Intimität bringt es mit sich, daß Ekel überall dort auftreten kann, wo Intimität als solche im Spiel ist, vor allem also in der Sexualität. Sinnlos, den Zusammenhang von Ekel und Sexualität dementieren zu wollen. Er resultiert aus der Nähe-, ja Aufdringlichkeitsstruktur von Sexualität ebenso wie aus der Tatsache, daß die Spuren des Geschlechtsverkehrs in hohem Maße Affinitäten zu den Formen des Ekelhaften aufweisen. Daß das sexuelle Begehren in der Regel imstande ist, die Ekelschranke zu transzendieren, gibt, so könnte man sagen, der Sexualität überhaupt erst ihre spezifische Intimität: Sie gestattet, was ansonsten Ekel hervorriefe. Das mag in der Tat verbinden, wie sonst nichts.

Dort aber, wo das Begehren in sich zusammenfällt, verliert sich auch der Schutz vor dem Ekel. Was der unmittelbaren Begierde noch als Steigerung ihrer Lust erscheinen kann, wird aus der Perspektive des Befriedigten zu dem, was es immer schon war: klebriger Schleim, unangenehmer Geruch, und überhaupt: da ist jemand zu nahe. Das von vielen Liebespädagogen kritisierte Sich-Abwenden nach dem Akt ist oft nichts anderes als das Wiederherstellen jener notwendigen Distanz, die allein die Begierde für einen Moment sistieren konnte, ohne den Ekel zu aktivieren. Was Spinoza dem Begehren schlechthin zuerkennen wollte, dominiert auch die Struktur seiner sexuellen Erscheinungsform: daß, indem das Begehren befriedigt wird, dieses selbst in Überdruß und Ekel umschlagen kann.

Ekel als Störung der Intimität, als Form der Aufdringlichkeit, erlaubt allerdings auch seine weit über die physiologische Basis hinausgehenden metaphorischen Bedeutungen und Erscheinungsformen. Kolnai hatte diese noch unter dem Stichwort »moralischer Ekel« gefaßt und einige Beispiele dafür gegeben. Das reicht vom »Überdrußekel«, dem Ekel am Zuviel einer Sache, über den Ekel, der sich einstellt, wenn »Geistigkeit am falschen Orte« zugemutet wird – »Es ist etwas Ekelhaftes daran, wenn alles auf Erden mit Grübelei, ›Gedanke‹, Rechnerei und Haarspalterei beklebt wird« –, bis zum Ekel vor der Lüge: »Was der Lüge die Note des Ekelhaften einträgt, ist zunächst ihre gleichsam wurm- oder schlangenartig verkrümmte, versteckte Aggressivität«[21], die Lüge dringt ein in die Intimsphäre des Belogenen, ist Falsches in seinem Bewußtsein. Wie groß beim solcherart übertragenen Ekel die Bandbreite moralischer Variabilität auch sein mag – unbestritten bleibt alles mit dem Ekelhaften assoziiert, das sich mit jenen Begriffen fassen läßt, die auch die Primärauslöser des Ekels kennzeichnen: von der öligen Stimme des Schmeichlers bis zur Schleimspur des Kriechers, von der grapschenden Hand des alternden Lüstlings bis zur aufdringlichen Nähe des Bittstellers. Alles, was sich anbiedert, klein macht, um an Nähe zu gewinnen, alles, was sich Intimität erschleicht, kann zum Ekelhaften tendieren, ist disponiert, ekelähnliche Reaktionen zu provozieren. Letztlich ist es vielleicht das Formlose selbst, das als ekelerregend empfunden werden kann, und zumindest Kolnai kannte noch den Ekel vor einem allzu »wuchernden Leben«.[22]

Die metaphorische Beanspruchung des Ekelhaften schlägt an einem Punkt allerdings in Inhumanität schlechthin um: dort, wo nicht mehr spezifische Situationen, Spuren, Merkmale oder Momente als ekelhaft empfunden, sondern Menschen überhaupt nur mehr unter der Perspektive des Ekelhaften wahrgenommen werden. Damit dies möglich ist, müssen Menschen aber ihres Menschseins beraubt und gewaltsam unter die Gattung ekelerregender Substanzen subsumiert werden. Die Propaganda der Nationalsozialisten, Juden als Parasiten und Ungeziefer zu bezeichnen, unterstellte nicht nur, daß es sich hier eigentlich um gar keine Menschen handle, sondern erzeugte auch jene Haltung, die nicht einmal einen vermeintlichen *Feind* bekämpft, sondern einfach will, daß etwas Lästiges, Lebensfeindliches verschwinde, weggewischt werde. In dem Maße, in dem diese Suggestion gegriffen hatte, wurde vermutlich dann das tatsächlich nahezu lautlose Verschwinden der Juden in den Vernichtungslagern des Regimes halbbewußt auch als jener Reinigungsakt erlebt, den die Propaganda versprochen hatte. Die Mobilisierung von Ekelgefühlen gegen Menschen und Menschengruppen stellt so, ethisch gesehen, immer eine besondere Gefährdung dar. Und es war wiederum Nietzsche gewesen, der von dieser Gefährdung genau gewußt hatte, ohne ihrer allerdings immer Herr werden zu können: »Der Ekel am Menschen, am ›Gesindel‹ war immer meine grösste Gefahr ...«[23]

Anmerkungen

1 Friedrich Nietzsche, Sämtliche Briefe, *Kritische Studienausgabe* (KSA), 8, S. 45 und S. 51.
2 Friedrich Nietzsche, *Nachgelassene Fragmente*, KSA 12, S. 321.
3 Friedrich Nietzsche, *Also sprach Zarathustra*, KSA 4, S. 271.
4 Andreas Séché, »Ekel. Wozu soll dieses Gefühl bloß gut sein?«, in: *P. M. Peter Moosleitners interessantes Magazin* 5/1997, S. 80.
5 Baruch Spinoza, *Die Ethik*. Lateinisch und Deutsch. Revidierte Übersetzung von Jacob Stern, Stuttgart 1977, S. 285.
6 Spinoza, *Ethik*, S. 393.
7 Sören Kierkegaard, *Die Wiederholung*, Gütersloh 1979, S. 70 f.
8 Friedrich Nietzsche, *Die Geburt der Tragödie*, KSA 1, S. 57.
9 Arthur Schopenhauer, *Werke* I, Frankfurt/Main 1986, S. 295 f.
10 Friedrich Nietzsche, *Morgenröthe*, KSA 3, S. 57 f.
11 Nietzsche, *Nachgelassene Fragmente*, KSA 9, S. 265.
12 Friedrich Nietzsche, *Ueber die Zukunft unserer Bildungsanstalten*, KSA 1, S. 676.
13 Nietzsche, *Nachgelassene Fragmente*, KSA 9, S. 342 f.
14 Karl Rosenkranz, *Ästhetik des Häßlichen*, Darmstadt 1979 (Reprint der Ausgabe von 1853), S. 313.
15 Jean-Paul Sartre, *Der Ekel*, Reinbek 1963, S. 17.
16 Robert Menasse, *Selige Zeiten, brüchige Welt*, Roman, Salzburg 1991, S. 150 ff.
17 Aurel Kolnai, »Der Ekel«, in: *Jahrbuch für Philosophie und philosophische Forschung* 10/1929, S. 526.
18 Nietzsche, *Zarathustra*, KSA 4, S. 125.
19 Nietzsche, *Nachgelassene Fragmente*, KSA 9, S. 460.
20 Kolnai, »Der Ekel«, S. 535.
21 Kolnai, »Der Ekel«, S. 549 f.
22 Kolnai, »Der Ekel«, S. 544.
23 Friedrich Nietzsche, *Ecce Homo*, KSA 6, S. 276.

Katharina Kaever
Der Schleim des Heuchlers

Nein, eine Todsünde ist die Heuchelei beileibe nicht. Angesichts der heute grassierenden Leidenschaft, Feste aus jedem beliebigen Anlaß zu feiern, Kongresse, Tagungen und Konferenzen zu jedem beliebigen Thema zu veranstalten, über alles mit jedem zu kommunizieren, ist die Heuchelei unabdingbar, um unversehrt aus solchen Ereignissen herauszukommen. Die Möglichkeit, von ahnungslosen Gastgebern neben seinen ärgsten Feind plaziert zu werden, ist einfach zu groß. Es ist ziviler, sich höflich nach dessen letzten Erfolgen zu erkundigen und Freude darüber zu heucheln, als ihm das Steakmesser in den Bauch zu rammen.

Bei Theophrast, dem Vater der Charakterologie, heißt es über den Unaufrichtigen, in dem man leicht den Heuchler unserer Tage wiedererkennt: »Der Unaufrichtige aber ist einer, der mit seinen Feinden zu reden, nicht seinen Haß zu zeigen pflegt. Er lobt die ins Gesicht, die er heimlich angegriffen hat, und äußert sein Mitgefühl, wenn sie ihm im Prozeß unterlegen sind. Er übt Nachsicht mit denen, die schlecht von ihm reden, und gegenüber dem, was gegen ihn gesagt wird.«

Kinder sind schlechte Heuchler, sie müssen erst dazu erzogen werden. Welche Wohltat das sein kann, weiß jeder, der die spontanen Wutausbrüche kennt, mit denen ein kleines Wesen seine unmittelbaren Gefühle ausdrückt. Der Schlag ins Gesicht ist ein unhöflicher Akt, auf den wir schockiert reagieren, nicht, weil uns aggressive Gefühle fremd wären, sondern weil dabei die aufgeschäumte Dämmplatte der Heuchelei jäh weggerissen wird. Sie ist ein notwendiges Produkt des zivilisatorischen Prozesses. In der Barbarei ist sie völlig überflüssig.

Es wäre daher müßig, dieses Phänomen als moralische Frage zu erörtern. Es geht dabei eher um eine physische, oft vorbewußte Abwehrreaktion, ein Unbehagen, das einen beschleicht, wenn man es mit dem Heuchler oder seiner gesellschaftlichen Verklumpung, der Heuchelei, zu tun bekommt.

Der *Paul* leitet heucheln von »hauchen« und des weiteren vom mittelhochdeutschen »ducken« ab. Zu der Körpersprache des Duckens, dieser vornübergebeugten Haltung mit dem nach oben gewendeten Gesicht, greift heutzutage nur noch der Schauspieler in der Rolle des Tartüff. Die Ableitung »hauchen« dagegen ist für unsere Analyse schon interessanter. Wenn man zum Beispiel den Pastoren, die im Fernsehen das Wort zum Sonntag predigen, den Ton abdreht, könnte man sie in ihrer saloppen Kleidung und ihrem modernen Habitus durchaus für Fernsehmoderatoren halten. Läßt man sie jedoch sprechen, verrät sie das Timbre in ihrer Stimme. Es ist immer ein wenig zuviel Pathos, zuviel Trauer, zuviel Freude, zuviel Herzlichkeit, was einen hellhörig werden läßt. Denn die Heuchelei ist zunächst eine akustische Wahrnehmung und der Heuchler ein Meister des falschen Tons. In einem Orchester fällt der halbe Ton zu hoch oder zu niedrig nicht als erstes auf. Es kann eine Weile dauern, bis die Irritation durch einen zarten Mißklang ins Bewußtsein dringt. Einmal identifiziert, spielt sich dieser Ton jedoch in den Vordergrund. Das Gehirn bemüht sich ständig, ihn zu korrigieren und in die Gesamtharmonie einzupassen. Doch die Liebesmüh ist vergeblich, denn ein wesentliches Merkmal des falschen Tons ist seine Impertinenz, mit der es ihm gelingt, das ganze Stück in eine Schräglage zu dirigieren.

Der Heuchler ist immer ein herzensguter Mensch, und er vertritt hohe Ideale. Umgekehrt gilt auch, wo hohe Ideale vertreten werden, ist die Heuchelei nicht weit. Die Gloriole des Heiligenscheins vermag sich unversehens in Scheinheiligkeit zu verwandeln. Denn der Heuchler ist zwar ein guter Mensch, vertritt aber seine Interessen mit geradezu krimineller Energie. Mit der Stimme versucht er den mörderischen Impuls, von dem er beherrscht wird, zu entschärfen, wobei das Wort salbungsvoll auf den Weichmacher hinweist, den der Heuchler als Mittel einsetzt. Die Ekelreaktion seines Opfers ist insofern auch ein natürliches Warnsignal. Was der Heuchler durch das wehrloseste Organ, das Ohr, in das Gehirn seines Opfers schleimt, registriert der Körper, indem er sich ekelt, als das, was es ist, als Attacke. Der Geist von Hamlets Vater faßt seine Erfahrungen folgendermaßen zusammen: »Da ich im Garten schlief ... beschlich dein Oheim meine sichere Stunde mit Saft verfluchten Bilsenkrauts im Fläschchen und träufelt in den Eingang meines Ohrs das schwärende Getränk ... und Aussatz schuppte sich mir augenblicklich wie dem Lazarus, mit ekler Rind ganz um den glatten Leib.«

So wie bestimmte Insekten ihren Fang einschäumen, in einen Nahrungsbrei einspeicheln, so neigt auch der Heuchler dazu, klare Begriffe an den Rändern aufzulösen und sie für seine Interessen verdaulich zu machen.

Die klassische Personifikation der Heuchelei ist der Pfaffe, der wohlgenährt gegen die Völlerei predigt, lüstern die Ausschweifung anprangert und raffgierig um milde Gaben für die Armen bittet. Da, wo das Rettende wächst, das Heil versprochen, die Erlösung erwartet wird, befindet sich auch das Terrain der Heuchelei. Niemand würde hinter der Organtransplantation einen gnadenlosen Krieg vermuten, denn der Gegner wird erst einmal durch die Sprache entwaffnet. Der Eiertanz um den Hirntod verschweigt die Tatsache, daß die Organe quicklebendig zu sein haben. Ein totes Organ ist für Reparaturzwecke unbrauchbar. Übrigens wird Leichenfledderei auch heute noch, wenn sie auf dem Friedhof stattfindet, bestraft. Das bewußtlose Verkehrsopfer wird in einen Spender umbenannt, das Ausweiden seines Körpers als Organentnahme versachlicht, so als entnähme man die benötigte Lunge, das Herz und die Leber fein säuberlich verpackt dem Kühlregal eines Supermarktes. Das Wort Transplantation verweist auf einen völlig unblutigen Vorgang, als gälte es, einen Obstbaum zu pfropfen. Natürlich wird nie von den massiven Geschäftsinteressen gesprochen, die dahinter stehen, nur von den Leiden der ansonsten unheilbaren Kranken, die auf die Organe warten wie auf das Manna, das vom Himmel fällt. Eine Ärztin tröstet eine Nierenkranke, die auf der Warteliste steht, mit den Worten:»Wir hoffen auf Ostern, da soll's schönes Wetter geben.« Gemeint war damit keineswegs, daß die Patientin sich mit dem christlichen Auferstehungsglauben trösten solle, sondern die Hoffnung auf eine Lieferung jugendlicher gesunder Motorradfahrer, die auf dem Gipfel ihrer Lebensfreude hoch unfallgefährdet, vor allem im Kopfbereich, durch die Frühlingslande donnern. Hier hat der Tod eines Rasers doch noch etwas Gutes. Gleichzeitig wird vor dem Mißbrauch gewarnt, als ob es etwas anderes als Organjäger gäbe, die ihr Wild schon so handlich zerlegt haben, wie es auf den Tafeln in den Metzgereien zu sehen ist.

Natürlich bedauert die Lobby der Transplantationsverfechter die mangelnde Spendenbereitschaft und ruft zu mehr Opferfreude auf. Doch siebzig Prozent der Bevölkerung riechen den Braten und stellen sich taub. Die Lobby kontert diesen Eigensinn mit einem typischen Satz des Heuchlers. Sie schreit»Haltet den Dieb!«, wenn jemand gewillt ist, seine doch noch brauchbaren Organe mit ins Grab zu nehmen, und feilscht mit der Verwandtschaft.

Die Begriffe werden so gedehnt und durcheinandergewirbelt, daß einem schwindlig dabei werden kann. Ein Vater, der sein Kind mißbraucht, wird so lange von Elternliebe reden, bis man nicht mehr weiß, was das sein soll. Am Ende stellt sich heraus, daß das Kind mit seinem aufreizenden Gebaren schuld ist. Denn die Verwandlung des Opfers in den Täter ist eines der größten Kunststücke des Heuchlers.

So wie der Heuchler seine kriminellen Interessen gnadenlos verfolgt, so findet sich umgekehrt auch bei den Kriminellen eine erstaunlich große Zahl an Heuchlern. Sie sind im Normalfall sanfte, freundliche Mitbürger, ihre Verbrechen haben eigentlich nichts mit ihnen zu tun, und wie sie jemanden zu Tode gebracht haben, daran können sie sich nicht mehr erinnern. Ein Lügner kann ertappt werden, ein Zyniker hat ein glänzendes Gedächtnis, nur der Heuchler hat nichts mit seinen Aktionen zu tun. Vor allem weiß er immer, was sich gehört, was normal ist und was nicht.

Vor kurzem wurde über einen völlig normalen Überfall mit anschließender Vergewaltigung berichtet. Der Täter verletzte sein Opfer mit einem Messer, bevor er sich über die Frau hermachte. Wahrscheinlich brauchte er dazu seine beiden Hände und legte das Messer aus der Hand. Die Frau bekam es zu fassen und rammte es dem Täter in den Bauch, der daraufhin flüchtete, nicht ohne seinem Opfer zuzurufen: »Du bist ja verrückt!« Recht hat der gute Mann, denn die Frau hätte sich an die Regeln halten, die Polizei rufen und vor allem den Rechtsweg beschreiten sollen.

Nein, eine Todsünde ist die Heuchelei nicht, sondern ein notwendiges Produkt des zivilisatorischen Prozesses. Nur der Einsiedler könnte ihrem Schleim entkommen.

Marko Martin
Wider die willigen Vermittler

EINE POLEMIK

Die Stimmung war zum Zerreißen gespannt im Berliner Haus der Kulturen der Welt. Die deutsche Sektion von CISIA, einer von Pierre Bourdieu in Frankreich gegründeten Hilfsorganisation für verfolgte algerische Intellektuelle, hatte zu einer Podiumsdiskussion geladen. Ein Platz blieb leer – der Chefredakteur von *Le Matin*, der hier sprechen sollte, war am Vorabend in Algier ermordet worden.

Algerisches Botschaftspersonal, das strategisch gut verteilt überall im Raum saß, versuchte in ellenlangen Redebeiträgen, die Politik ihres maroden Regimes als einzige Alternative zum fundamentalistischen Terror hinzustellen. Ohne den geringsten Erfolg übrigens, denn ihre jungen Landsleute im Publikum hatten ein feines Ohr für falsche Töne. Nach jeder offiziösen Verlautbarung sprangen sie auf und konterten den rhetorischen Schwulst mit Fakten, die die Verwandtschaft der ehemaligen Einheitspartei FNL mit der Islamischen Heilsfront offenlegten. Das ging in lebhaftestem Deutsch und Französisch vor sich; da jedoch das wohlmeinende einheimische Publikum zumindest eine der beiden Sprachen nicht zu beherrschen schien, tauchte von dort alsbald der ungeduldige Ruf nach »Mehr Dialog!« auf: »Wir müssen lernen, einander zuzuhören«, mahnte eine Dame, die mit ihrer Uhu-Brille und der schrillen Stimme wie eine mißglückte Melange aus Horst-Eberhard Richter und Regine Hildebrandt ausschaute.

Das war das Stichwort, auf das Abdelkader Sahraouni, Vertreter der Heilsfront in Deutschland, lange gewartet hatte. Mit routinierter Geste verschaffte er sich Ruhe und sprach, die Stirn in obligatorische Sorgenfalten gelegt: »Wir dürfen uns nicht auseinanderdividieren lassen. Der Westen möchte unsere Werte zersetzen, und wir alle, unabhängig von unseren Differenzen, müssen dem entgegentreten. Das heißt: Strukturierung, verstärkte Einheitlichkeit, Einsicht in die Interdependenzen des objektiven Geschehens.«

Das war totalitäres Geschwafel so ganz nach dem Geschmack des bedächtig nickenden deutschen Publikums. Wahrscheinlich hatte es bereits vor 1989 seinen Nachdenklichkeitsriten ausgiebig huldigen können, als unzählige SED- und Stasi-Kader aus der Akademie für Gesellschaftswissenschaften in den Westen ausschwärmten, um den Imperialismus der Amerikaner zu geißeln und zuckersüß für eine »deutsch-deutsche Verantwortungsgemeinschaft, eine Koalition der Vernunft ungeachtet fortbestehender Differenzen« zu werben.

Doch diesmal waren algerische Studenten da, und die hatten wenig Vertrauen in die Vermittlertätigkeit des Herrn Sahraouni. Weshalb, so riefen sie, verweigert der FIS den Frauen das Wahlrecht, weshalb wird in Algerien Mädchen, die das Gymnasium besuchen, die Kehle durchgeschnitten, weshalb werden Rai-Sänger abgeschlachtet, weshalb erklärt man kritischen Intellektuellen den Krieg ... Aber auch darauf wußte der Islamist eine Antwort: »Man darf die Dinge nicht allzu subjektivistisch sehen, obwohl jeder Tote, ich sage das klipp und klar, ein Toter zuviel ist. Aber was hat denn Europa gemacht in all den Jahrhunderten? Ich habe 1953 in Paris demonstriert, und neben mir fielen meine Kameraden durch Polizeikugeln ...« Der FIS-Bonze deutete ein Schluchzen an.

In diesem Moment hielt es einen nicht unbekannten Politikwissenschaftler der Freien Universität nicht mehr auf seinem Stuhl. Er sprang auf, ging an ein Saal-Mikrophon und stammelte erschüttert: »Wir verstehen Sie, wir verstehen Sie.« Die Studenten dagegen skandierten: »Aufhören mit der Ablenkung!« Dazu ein rhythmisches Klatschen voller Hohn über jene Pseudo-Argumente, auf die der linke Universitätsprofessor soeben hereingefallen war. Sein Gesicht zeigte ehrliches Erstaunen.

Ekel vor solchen Menschen? Gewöhnlich stellt Ekel sich ein, wenn irgendein ästhetisches Empfinden verletzt wird. In moralischer Hinsicht hat der Begriff entschieden weniger Aussagekraft, außer – aber seit dem Erscheinen von Sartres *Ekel* ist auch das schmuddelige Le Havre ansehnlicher geworden – man stilisiert den Abscheu zum Moment finaler Erweckung, der endlich unmittelbare und radikale Existenzerfahrung bietet. Also eher ein Gefühl changierend zwischen Degout und Empörung?

»Jetzt heißt es vorsichtig sein. Ekel, ein doppeldeutiges Wort. Ich schmecke es schon auf der Zunge, scheue mich aber noch, es genauer zu benennen. Aber auch das wird geschehen zu seiner Zeit« – so würde sich wohl ein Definitionsversuch im allbekannten Christa-Wolf-Sound anhören. Wahrscheinlich aber rührt der Ekel genau daher, von jener blitzschnell abrufbaren Fähigkeit zum einlullenden Singsang, zum differenzierenden Herumflöten, zum verständnisinnigen Wispern und Augenzwinkern.

Dabei sind die hauptberuflichen Vermittler, die unsere Magenflüssigkeit ins Wallen bringen, keineswegs zynische Monster. Nicht einmal das.

Oft entsprechen sie sogar selbst dem Ideal, das sie sich von allen möglichen Mitmenschen machen – »auf Anhieb sympathisch«, mit dem berühmt-berüchtigten »Sinn für Zwischentöne« gesegnet, haben sie etwas permanent »Hinhörendes«, das sie leider Gottes aber nur dazu verleitet, auch noch den letzten Schwachsinn, noch die tumbeste Lüge mit dem Etikett »fragwürdig im besten Wortsinn« zu adeln.

Stets in schönster deutscher Tradition nach bestem Wissen und Gewissen handelnd und sich solcherart gegen skeptische Nachfrage ziemlich professionell immunisierend, bleiben sie dennoch ein Rätsel. Was bringt wohl, um bei dieser exemplarischen Episode zu bleiben, einen linken Politikwissenschaftler, der sich einige Meriten in der Analyse rechtsradikaler Bewegungen erworben hat, dazu, dem Repräsentanten einer Killerorganisation im vollen Ernst zuzurufen: »Wir verstehen Sie«? Eine totalitäre Ader, westlicher Selbsthaß? Wohl kaum. Eher schon jene allgemein grassierende Naivität, die trotz aller intensiven Beschäftigung mit dem Dritten Reich – die DDR-Diktatur, da »keineswegs vergleichbar«, wurde ohnehin beflissen ausgeklammert – noch immer meint, daß die meisten Brüche und Verbrechen in der Welt auf Mißverständnissen beruhten, auf mangelndem Dialog, falschem Bewußtsein und der Nicht-Lektüre der Klassiker aus der Frankfurter Schule, kurz auf häßlichen, aber läßlichen Fehlern, die sich bei etwas gutem Willen leicht beheben ließen. Sofern man ihnen, den Vermittlern, nur den gewünschten »Vertrauenskredit« einräumte und ihnen ein Mikro in die Hände drückte, um die erhitzten Gemüter nah und fern wieder zu beruhigen. Das Brett, das diese Edelmütigen vor dem Kopf tragen, ist ein Runder Tisch, der permanent tagt.

Wäre es nach ihnen gegangen, hätte wahrscheinlich Karl Poppers Studie nie einen so bös polarisierenden Titel wie »Die offene Gesellschaft und ihre Feinde« tragen dürfen, eher schon »Die partiell offene Gemeinschaft und ihre potentiellen Verbündeten«. Natürlich hinkt der Vergleich – Vermittler, wie sie hier beschrieben werden, gehen nicht ins Exil, und schon gar nicht nach Neuseeland. Sie »harren aus«, »befragen sich vor Ort«, glauben an »behutsame Veränderungen« und »spenden auf unspektakuläre Weise Zuspruch«. Sie mißtrauen, wie 1945 die Literaten Walter von Molo und Frank Thies, dem »Rigorismus der Emigranten«, oder sie schütteln wie nach 1989 die weisen Köpfe über die »Rachsucht der Dissidenten«.

Dabei sind diese Vermittler keine rein deutsche Spezialität, auch andere Länder haben ihre weißen Lämmer, die immer dann beginnen, einvernehmlich zu nicken, wenn irgendwer das Messer wetzt.

Als Vermittler par excellence empfahl sich während des Dritten Reichs etwa Frankreichs Botschafter André François-Poncet, der 1936 sichtlich bewegt feststellte, »wie sehr der Führer sich entwickelt hat seit der Zeit, da er *Mein Kampf* schrieb; eine unvermeidliche Entwicklung zur Mäßigung«.

Völlig besessen vom Kult des Miteinander-Redens glaubt Poncet, durch »häufige Begegnungen mit Hitler« den Diktator domestizieren zu können, und hat selbst nach dem Einmarsch ins Rheinland, der seine Blauäugigkeit eigentlich überdeutlich machen müßte, noch immer frohe Kunde nach Paris zu kabeln: »Man hat den Eindruck der Entspannung.«

André François-Poncets Nachfolger auf dem Botschafterposten in Berlin wurde dann Robert Coulondre, der das erfand, was für heutige Vermittler noch immer eine unverzichtbare Spielmarke ist: die beliebte Unterscheidung zwischen »Falken« und »Tauben«. Armer Hitler, war dieser doch, glaubt man Coulondres Berichten, hin- und hergerissen zwischen den »Falken« Goebbels und Himmler und den »Tauben« Göring und Funk. Wenn das nicht zu Vermittlung, zu versöhnendem Gespräch provozierte ...

Eigentlich müßte jetzt gerechterweise auch Amerika gegeißelt und der Ekel vor dem dortigen Lobbysystem pflichtschuldigst konstatiert werden, schließlich sind Lobbyisten doch geradezu professionelle Vermittler, die die *balance of power* nicht selten ziemlich effektiv aushebeln. Oft sind sie Schurken, die man durchaus hassen kann. Aber verachten? Dafür agieren sie wiederum viel zu ehrlich. Die Maske des Moralisten muß man ihnen gar nicht erst abreißen – sie hatten sie ohnehin nie getragen. Das beliebte »große Ganze« ist Lobbyisten nämlich ziemlich schnurz, das Wohlergehen ihrer Klientel und die Harmonie im eigenen Geldbeutel dafür um so entscheidender. Das macht diese Egoisten berechenbar; wir wollen es ihnen hiermit danken.

Dabei haben nicht wenige unter ihnen durchaus weltumspannende Ambitionen. Armand Hammer, der Erdölmillionär, war einer davon. Was hatte er nicht alles in seinem 92jährigen Leben vollbracht: eine Unterredung mit Lenin, der dem jungen Amerikaner eine Asbestmine im Ural zur Ausbeutung überließ und gleich noch Order gab, die Tscheka gegen etwaige rebellische Arbeiter einzusetzen; geheime Finanztransfers zwischen der Sowjetunion und den USA; durch Bestechungen erhaltene Bohrkonzessionen in Libyen; Spenden zur Vertuschung der Watergate-Affäre; fürstliche Empfänge bei Breschnew. In Deutschland bewunderte man das Windei deshalb natürlich als Friedensengel, als »ehrlichen, blockübergreifenden Makler«, während die vermeintlich naiven Amerikaner viel skeptischer waren und es bei einem knappen *clever, clever* beließen.

Und dabei hatte sich Hammer doch solche Mühe gegeben, auch als Moralist zu reüssieren. Er gründete Stiftungen und vergab Stipendien, sorgte sich in öffentlichen Auftritten um Frieden und Menschenrechte und entblödete sich nicht einmal, seine im Jugendalter versäumte Bar Mitzvah nachzuholen – die Erinnerung an das Dealen mit dem antisemitischen Sowjetstaat sollte ferner, der ersehnte Nobelpreis dafür um so näher rücken. Aber schließlich half alles nichts mehr, in der amerikanischen Öffentlichkeit drangen immer neue Hammer-Skandale ans Tageslicht, der Nobelpreis ging 1989 an den Dalai Lama, und das so eifrig vorbereitete Bar-Mitzvah-Fest mußte ohne die Hauptperson über die Bühne gehen: Armand Hammer hatte zwei Tage vorher das Zeitliche gesegnet.

Eine derartige Panne wäre Manfred Stolpe wohl nie unterlaufen. Freilich hat IM »Sekretär« auch das Glück, in einem Gemeinwesen zu leben, das zivilen Streit nicht kennt, an Ausdrucksmangel und Verdrucksheit leidet und folglich Schwellenüberschreiter, Brückenbauer, Türöffner, Nachdenkliche, und wie dergleichen Vermittler-Pseudonyme noch lauten, wie den Senf zur Bratwurst braucht. Ekelgefühle werden hier nie auftauchen; das Erbrechen bereitende Zusammentreffen scheinbar gegensätzlicher Elemente wie rhetorischer Nunaciertheit und unverhüllten Platzhirschgebarens, protestantischer Zerknirschtheit und professioneller Amnesie, wässriger O-Mensch-Geste und lächelnder Diktaturverharmlosung wird hier keineswegs als unangenehm empfunden. Weshalb auch.

Es gibt jedoch immer wieder Menschen, die mit dem Kopf durch Wand und Tor oder mit den Füßen über Minenfelder und Mauern wollen, um dieser Gemeinschaftsbehaglichkeit zu entkommen. Dann müssen – und das ist wirklich ein Full-time-Job – wieder die Vermittler ran: »Liebe Landsleute, wir bitten Sie, bleiben Sie doch in Ihrer Heimat, bleiben Sie bei uns...«, beschwor Christa Wolf am 9. November 1989 in der DDR-Nachrichtensendung »Aktuelle Kamera« das auseinanderdriftende Staatsvolk – »Ameisenvolk ..., wie es nach allen Seiten auseinandergespritzt, ruchlos seine Identität verleugnend« –, sich doch bitte wieder zur Horde zu sammeln.

Im Grunde muß unseren Vermittlern die Demokratie, »dieser ständige Bürgerkrieg, der nie stattfindet« (Hannes Stein), ein rechtes Greuel sein, rangeln hier doch so viele Interessengruppen miteinander, daß die große Geste der Verständigung und des ewig währenden Ausgleichs, die die Vermittler so lieben, heillos untergeht. Demokratie als die permanente Selbstkorrektur, als ziviler Minimalkonsens, der sich nicht anmaßt, das Gute schaffen zu wollen, aber Möglichkeiten sieht, wenigstens das Schlechte teilweise zu bannen – so etwas ist zu alltäglich, Vermittlertätigkeit auf Azubi-Niveau, als daß es unsere edlen Seelen wirklich ansprechen könnte.

Der Zusammenhang zwischen einem naiven Gutmenschentum und den Präferenzen für totalitäre Systeme, wo Bürger per Zuckerbrot und Peitsche sanft, nett und eindimensional gemacht werden, ist in der Tat frappierend. Wahrscheinlich irrte sich deshalb Winston Churchill, als er den Vermittler als jemanden beschrieb, »der ein Krokodil in der Hoffnung füttert, als letzter verspeist zu werden«. Eher ist er eine der Sumpfblüten, die zwischen den Krokodilen im trüben Wasser äußerst vergnügt herumschwimmen. Lion Feuchtwanger im bewegend-vertrauensvollen Gespräch mit Väterchen Stalin anno 1937 oder Luise Rinser bei Kim Il Sung: »Die Menschen hier in Nordkorea haben so etwas Kindliches, Unerwecktes, blind Vertrauensvolles, sind so bereit, dem Vater zu gehorchen und sich in die große Volksfamilie einzuordnen.« Flugs entstanden deshalb Bücher und Artikel, um den kapitalistisch entfremdeten Menschen im Westen diese Idyllen nahezubringen. Kritisch wird es nur dann, wenn die dortigen kleinen Fische plötzlich beginnen, rebellisch zu werden, und keinerlei Lust mehr verspüren, auch fürderhin noch »unerweckt und blind vertrauensvoll« zu sein.

Kaum hatte sich im Herbst 1989 das Honecker-System aus der deutschen Geschichte verabschieden müssen, meldeten sich die Vermittler erneut zu Wort. Als die Situation noch auf der Kippe stand, als unklar war, ob die Stasi nur prügeln oder auch schießen würde, als in Leipziger Krankenhäusern bereits Blutkonserven verteilt wurden, da waren sie noch auf Tauchstation, denn die ernste Lage schien für großsprecherische Relativierungen in der Tat ungünstig. Manchmal wirkten sie jedoch bereits im Stillen – auf der Gegenseite. Unterzeichneten »Liquidierungspläne« und ließen auf Demonstranten eindreschen wie Hans Modrow als 1. SED-Sekretär in Dresden, der dafür ein paar Jahre später von Pfarrer Schorlemmer, auch er einer unserer treudeutschen Meistervermittler, ein dickes Lob einheimste: »Nicht zuletzt war es Modrows menschliche Integrität und politische Autorität, die den zivilisierten Übergang in die Demokratie ermöglichte.« Das hatten wir bisher nicht gewußt.

Durch das plötzliche Abhandenkommen staatsterroristischer Regimes vor der eigenen Haustür müssen es jetzt freilich auch die Vermittler eine Nummer kleiner machen – sie vermitteln sich nur noch selbst. Da etwa Günter Gaus die DDR nicht mehr schönzureden braucht, stilisiert er nun die eigene Rolle als gesamtdeutscher »Verantwortungsethiker« und fällt nur dann etwas aus der hanseatischen Contenance, wenn er an ein paar klitzekleine, nicht besonders ethische Details erinnert wird. Warum lehnte er in seiner Zeit als ständiger Vertreter der Bundesrepublik in Ostberlin (oder war es umgekehrt?) wohl Robert Havemanns Bitte, für ihn ein wichtiges Manuskript in den Westen zu bringen, so rüde ab? Kurzes Überlegen, ärgerliche Stirnfalten, und dann weiß es auch der Letzte: Weil

120 Marko Martin

es natürlich Wichtigeres zu vermitteln gab als Essays über Demokratie; etwa eine deutsche Verantwortungsgemeinschaft für den Weltfrieden, gegenseitigen Respekt zwischen den verschiedenen Führungsetagen, internationale Erfordernisse ... Natürlich mußte man Gaus zustimmen, denn jeder Vermittler hat hierzulande ein Sympathiebüro, das stets bereitwillig das Gütesiegel »nachdenklicher Unbequemer« ausstellt und den Betreffenden in Talkshows, Zeitungskolumnen und Podiumsdiskussionen hätschelt. Das schmeichelt der Eitelkeit, was aber wiederum in unserer protestantisch geprägten Heuchel-Kultur nur schwerlich eingestanden werden kann, so daß es durchaus notwendig erscheint, von Zeit zu Zeit solche Statements abzugeben: »Ich bin selber Teil der Wüste. Ich bin auch ein Verlorener, ein Betroffener und manchmal ein Kaputter, wirklich ein Kaputter.« Es ist unschwer zu dechiffrieren – hier hatte Friedrich Schorlemmer, der wittenbergische Patient, wieder einmal etwas Existentielles kundgetan. Merke: Vermittler sitzen zwischen allen Stühlen. Auf einem Sessel.

Manchmal rutschen sie jedoch sogar vor lauter Eifer auf dem Fußboden herum. Mit devotem Lächeln im Gesicht und der Karte des Bundeslandes Brandenburg in der Hand. Selbiges veranstaltete Manfred Stolpe während seines China-Besuchs im Februar 1997. »Wenn wir in Brandenburg schon keinen Fünf-Jahres-Plan mehr haben, müssen wir wenigstens beim neuen Fünf-Jahres-Plan Chinas mithelfen.« Da freuen sich die Funktionäre, da knallen die Sektkorken, da kommen Brandenburgs Wirtschaftsmanager angetribbelt, und Bruder Manfred kauert sich auf den Boden, um den Chinesen auf der Landkarte zu zeigen, wo sich sein kleines Ländchen denn befinde. Dort wo man »Ausländerklatschen« als Volkssport betreibt, hätte er zur besseren Orientierung noch hinzufügen können, aber dies wäre nun ganz und gar nicht vermittlermäßig gewesen. Schließlich müssen Geschäfte getätigt und devote Signale ausgesendet werden. »Wir kommen beim Dialog über Menschenrechte nicht als Besserwisser«, beruhigt deshalb IM »Sekretär« gleich vorab die Schlächter vom Platz des Himmlischen Friedens. Vermittler, so lernen wir hier, können nicht nur größenwahnsinnig, sondern auch überraschend bescheiden sein. Meistens aus schlechtem Gewissen, hat doch der, der sich in konspirativen Stasi-Wohnungen Medaillen umhängen läßt, in der Tat wenig Grund, als »Besserwisser« aufzutreten. Dank solch weiser Zurückhaltung, die das Politbüro in Peking sicher schätzen wird, kann man sich sogar gesamtdeutsch nützlich machen und in jenem »kritischen Dialog« mitsummen, den die Bundesregierung orchestriert und der noch die schleimigsten SPD-Arien in Richtung Ostberlin als längst vergessene Chorproben erscheinen läßt.

»Gerade wer aus der jüngsten deutschen Geschichte gelernt hat, sollte vorsichtig sein, andere Völker belehren zu wollen«, tönte Helmut Kohl in Jakarta. Diktator Suharto wird sich gefreut und womöglich gleich noch einmal eine Ladung Waffenmaterial aus alten NVA-Beständen bestellt haben. Vielleicht könnte man mit diesem erprobten Geschütz wieder einmal auf protestierende Studenten feuern oder den Genozid in Ost-timor etwas ankurbeln: aus der Vergangenheit lernen, heißt schweigen lernen.

Dabei müßte man unseren Vermittlern eigentlich Dank sagen, denn ihr Wirken kommt mehr und mehr ohne links- oder rechtsideologische Versatzstücke aus. Früher waren es nur alternative Dritte-Welt-Schwärmer, die sich und der öffentlichen Meinung »angesichts des europäischen Kolonialismus« verboten, die Verbrechen von Pol Pot, Idi Amin, Fidel Castro und anderen Potentanten überhaupt nur zur Kenntnis zu nehmen; mittlerweile aber hat sich das Verständnis-Spektrum überraschend erweitert. Entwicklungshilfeminister Spranger dekretierte etwa im kirchennahen Hamburger *Sonntagsblatt*: »Wenn heute Länder wie China oder Indonesien, die vor 20, 30 Jahren noch jährliche Hungersnöte mit hohen Menschenopfern zu beklagen hatten, sich nicht nur selbst versorgen können, sondern sogar Nahrungsmittel exportieren, haben sie durchaus das Recht, unseren Belehrungen zu widersprechen.« Was für ein Fortschritt, seit Sprangers Parteifreund Strauß feststellte, daß ein Volk, das solche wirtschaftlichen Erfolge wie das deutsche vorweisen könne, doch, bittesehr, das Recht habe, Auschwitz zu vergessen. Seltsam nur, wem in allen diesen Fällen das hochdiplomatische Wort geredet wird: der historischen Amnesie, dem Verdrängen der Opfer und dem Pardon für ehemalige, gegenwärtige und noch potentielle Menschen-schinder.

Nun darf man raten, welches weite Feld in Zukunft vermittelnd sensibel beackert werden wird. Die nächsten Killer, denen man Verständnis andienen könnte, kommen bestimmt. Von Christian Ströbeles Behauptung, Saddam Husseins Raketenangriffe auf Tel Aviv seien eine »zwingende Konsequenz der israelischen Politik« gewesen, bis zu Peter Glotz' abstrusen Balkan-Expertisen, die sogar das serbische Innenministerium in einer Propaganda-Broschüre zustimmend zitieren kann, wurde bereits einiges geboten. Peter Handke, am Massenmord in Screbnica zweifelnd, Annemarie Schimmel im pakistanischen Armeehelikopter Sufi-Verse murmelnd und sich über Rushdies »Blasphemie« echauffierend – man darf sich auf weitere Beispiele weltumspannender Verständnisbereitschaft freuen.

»... eine pfiffige Auswahl an Adressen, die das abendländische Wissen über das geschriebene Wort bis in kuriose Verästelungen zugänglich machen.«
Der Spiegel

96 S., gebunden, DM 29,80 (00975)

»Eine Fundgrube für alle, die das Internet nutzen wollen, um ihrer Liebe zur Literatur zu frönen, und außerdem ein vergnüglicher Leitfaden für Internet-Laien, die befürchten, daß ihnen beim Surfen in diesem geheimnisvollen Netz die Wellen über dem Kopf zusammenschlagen könnten.«
Associated Press
EICHBORN. FRANKFURT.

Irene Ewinkel
De monstris
Deutung und Funktion von Wundergeburten auf Flugblättern im Deutschland des 16. Jahrhunderts
1995. VII, 398 Seiten mit 118 Abb. Kart. DM 132.– / ÖS 964.– / SFr 117.–. ISBN 3-484-36523-4

In der 2. Hälfte des 16. Jh.s wurden in großer Zahl Flugblätter publiziert, die das Auftreten sogenannter Wundergeburten verkündeten. Interpretiert als Zeichen des Zorns Gottes, waren diese Wundergeburten Bestandteil einer bis in die Antike zurückreichenden Vorzeichendeutung, die im 16. Jh. vorrangig von Protestanten angewandt wurde. Die Untersuchung deckt die theologischen Grundlagen für die Auslegbarkeit der Monstra insbesondere vor dem Hintergrund der konfessionellen Streitigkeiten um den Wunderkult auf. Da es für die Gelehrten der Zeit eine Tatsache war, daß sowohl die Ordnung der Natur als auch die der Gesellschaft von Gott vorbestimmt war, wurden die Monstra als göttliches ›Kommunikationsmittel‹ gesehen, um auf Mißstände in der Gesellschaft zu verweisen. Hierbei zeichnet sich im Laufe des Jahrhunderts eine Verschiebung in bezug auf die Adressatengruppen, die mit diesen Deutungen erreicht werden sollten, und damit der gesellschaftspolitischen Funktion der Monstra-Auslegungen ab. Im naturkundlichen Diskurs spielten die Flugblätter über die Wundergeburten als Anschauungsmaterial für Ärzte eine wichtige Rolle. Darüber hinaus bilden die Monstra den Schnittpunkt zwischen der von vielen Medizinern vertretenen aristokratischen Theorie von den natürlichen Ursachen der Mißbildungen und den die Prodigiendeutung formulierenden Theologen, die durch dieses naturkundliche Erklärungsmuster die Grundlage ihrer Deutung und die daraus ableitbaren Forderungen in Frage gestellt sahen. Der Frage, welche Bedeutung die Diskussion um das Entstehen der Monstra besonders für die Frauen der Zeit hatte, wird zum einen anhand der Imaginationstheorie und den daraus ableitbaren Verhaltensmaßregeln, zum anderen im Zusammenhang mit der Diskussion um die Macht der Hexen nachgegangen.

Max Niemeyer Verlag GmbH & Co. KG
Postfach 21 40 · D-72011 Tübingen

Niemeyer

Hans Graßmann
Das Top Quark, Picasso und Mercedes-Benz
oder Was ist Physik?
288 Seiten inkl. Abbildungen. Gebunden.
DM 38,-/öS 277,-/sFr 35,-

Was die Welt im Innersten zusammenhält. Eine Entdeckungsreise durch das Universum der Physik.

Reinhard Kaiser
Getrommel aus dem Terminal

Seit Jahren dringen aus dem Bezirk der persönlichen Computer unabläs-
sig große Wörter und Worte in die Welt – schwer überhörbar und vielen
von denen, die Ohren haben zu hören, ein Greuel. Wolken von Erlö-
sungsversprechen und Freiheitsverheißungen umlagern die Elektronenrechner und ihren wirklichen Nutzen. Die Branche hegt, so gut sie kann,
das weitverbreitete Verlangen nach einem besseren, unbeschwerten Leben, in dem Arbeit und Vergnügen zu einer überglücklichen Einheit
verschmelzen, und schürt Hoffnungen auf gewaltige Gewinne an Geld,
Zeit und Spaß. Der Lärmpegel des Getrommels ist in letzter Zeit noch
einmal deutlich gestiegen – seit der Anschluß an das Internationale Netz
für jeden, der über einen Computer und einen Telefonanschluß verfügt,
möglich und erschwinglich geworden ist.

»Das World Wide Web für alle.«

»Freie Fahrt für den Online-Zug.«

»Surfen ohne Grenzen.«

»Komm ins Land der Abenteuer.«

»Wer nicht surft, bleibt dumm.«

»Gib Gas, ich will Spaß.«

Unter den zahlreichen Fähigkeiten, die der Computer besitzt, gibt es
eine, der, soweit ich sehe, in der Fachliteratur bisher wenig Beachtung
zuteil geworden ist, obwohl ihre Auswirkungen auf den Alltag vielerorts
wahrnehmbar sind und von vielen Zeitgenossen nicht selten als lästig
empfunden werden. Ich meine die Fähigkeit des Computers, eine be-
trächtliche Anzahl derer, die sich mit ihm einlassen, in hartnäckige
Aufschneider und Besserwisser zu verwandeln. In extremen Fällen mu-
tieren umgängliche, bisher durchwegs unauffällige Mitbürger nach einigen mehr oder minder eindrucksvollen Beleuchtungserlebnissen am
Bildschirm zu missionarischen Eiferern, die sich fortan berufen fühlen,
ihre Umgebung (Frauen, Freunde, sogar Fremde) regelmäßig mit Er-
folgsmeldungen und Wunderberichten von ihren Taten am Terminal zu
strapazieren. Wie für die meisten Spielarten von Wichtigtuerei sind Män-

ner offenkundig auch für das digitale Dicketun eher anfällig als Frauen. Aber die Teilhabe der Frauen an den Segnungen der Elektronenrechner und Datennetze ist augenscheinlich in raschem Wachsen begriffen, und es wird sich noch erweisen müssen, ob sie gegen die Verlockung zum Nervensägen, die von den Computern ausgeht, tatsächlich so gefeit sind, wie diejenigen beteuerten, die ich danach gefragt habe.

Das Summen und Dröhnen, das aus dieser Sphäre hervordringt, ist jedenfalls nicht allein und nicht einmal in erster Linie Resultat von Reklameanstrengungen und Publicity. Es schwillt an durch wechselseitige Verstärkung und Widerhall. Kaum haben die Werber ein Lied angestimmt, da fallen die Umworbenen ein und singen mit. Daher die besondere Klangfarbe dieses Chors, der sich wie kein anderer darauf versteht, jedes hohe Lied mit einem noch höheren zu überbieten. Inzwischen laufen die Glücksverheißungen auf nichts Geringeres hinaus als die rapide Annäherung an jenen Seinszustand, den die Menschheit bisher einigen ihrer Götter vorbehalten hatte: Allwissenheit, Allmacht, Allgegenwart. Und die Gemeinden in aller Welt nehmen das Evangelium begierig auf. Mit vielen ihrer Versprechungen und Lobpreisungen würden die Propheten und Hohenpriester, die Gurus und die Träumer nur Unglauben, Skepsis, Kopfschütteln ernten, wenn ihnen nicht eine übereifrige Glaubensbereitschaft entgegenschlüge, wenn nicht viele von denen, an die sich ihre frohe Botschaft richtet, sogleich begännen, mitzuträumen, mitzuprahlen, mitzupreisen und den Mund so voll zu nehmen wie nur eben möglich.

»Jetzt sind wir so weit, daß jede Tankstelle, jeder Kiosk und jeder Zigarettenautomat seine eigene Web-Site hat. Jede Person der Erde kann sich selbst darstellen und auch jede Firma«, verkündet frohgemut ein deutscher Programmierer, der es in Kalifornien weit gebracht hat – und der Abstand zwischen seiner These und den Tatsachen ficht ihn nicht an.[1] Ein Professor der Erziehungswissenschaft und Informatik an der Berliner Humboldt-Universität, der sich eigentlich vorgenommen hat, den Nutzen des Internets für die Wissenschaftler zu ergründen und abzumessen, gerät unversehens ins Schwärmen. Mit dem »Netz der Netze« sieht er plötzlich das Ende aller Fragen und eine neue Ära der prompten Antworten heraufziehen: »Es gibt kaum ein Problem, für das nicht irgendwo eine Lösung existiert, die man – im Wissenschaftsbetrieb des Internets die Regel – kostenlos erhalten kann.«[2] Da unter solchen Bedingungen kostspielige Bücher natürlich überflüssig sind, erweckt der Professor, vom eigenen Glaubenseifer hingerissen, auch gleich den Eindruck, als würden Bücher schon gar nicht mehr geschrieben und gedruckt, als seien sie der Vollkommenheit des Internets soeben erlegen: »Während in den vergangenen Jahrhunderten das menschliche Wissen in Büchern festgehalten und in Bibliotheken gesammelt wurde, wird heute das Welt-Wissen zusammengefaßt in derzeit ca. 6000 großen Datenbanken, ist hervorragend strukturiert und indiziert, so daß beliebig kombinierbare Abfragen in Sekundenschnelle die Antwort liefern.«[3] Vermutlich würde der Verkünder dieser Botschaft, wenn man ihn näher befragte, einräumen, daß er ein wenig übertrieben habe. Aber was treibt ihn dazu, zu übertreiben? Und warum lassen es die Netz-Literaten, die über ein Düsseldorfer Rechenzentrum ihren Kollektivroman »Spielzeugland« glücklich ans Internet gekoppelt haben, nicht dabei bewenden, alle Welt zum Mittun einzuladen? Warum halsen sie ihrem Projekt auch noch die Absicht auf, eine Wende in der Literaturgeschichte herbeizuführen? »Uns geht es darum, mit ganz unterschiedlichen Leuten einen Multimediatext zu entwerfen und damit eine neue Ära der Literatur einzuleiten.«[4]

Mit den technischen Träumen hat die Menschheit im Laufe der Jahre und Jahrhunderte eine sonderbare Erfahrung gemacht. Verglichen mit ihren Freiheits- und Friedensträumen sind unverhältnismäßig viele dieser technischen Träume in Erfüllung gegangen. Im Zuge dessen, was man den technischen Fortschritt nennt, ist oft sogar auch das noch zustande gekommen, wovon die Menschheit, wie man so sagt, gar nicht zu träumen wagte oder sich nichts träumen ließ. Vielleicht ist es diese Erfahrung mit der technischen Phantasie, aus der mancher von denen, die sich heute im Bunde mit den Triebkräften des technischen Fortschritts sehen, eine Lizenz zum Träumen ableitet – zu einem unverfrorenen Drauflos-Träumen, das sich gegen Einwände oder Widerspruch durch Übertreibung und Großmäuligkeit am besten glaubt wappnen zu können.

»Die digitale Technologie kann wie eine Naturgewalt wirken, die die Menschen zu größerer Weltharmonie bewegt«, erklärt ein amerikanischer Prophet der totalen Digitalisierung, der im übrigen die Heraufkunft cleverer Autos, intelligenter Toaster und vernetzter Kühlschränke verheißt.[5] Und der schon zitierte deutsche Wahlkalifornier gelangt angesichts der Fülle von Bildschirm-Angeboten aus aller Welt zu einer Neubestimmung der geistigen und körperlichen Identität des Internet-Nutzers: »Brauchen wir Arme und Beine, um noch jemand zu sein? Eigentlich doch nicht, oder?«[6]

Wem Trommeln und Hupen, flache Träume und halbleeres Gerede auf die Nerven gehen, dem wird in der Sphäre der Elektronenrechner und der Datennetze an vielen Plätzen übel mitgespielt. Über den Phrasen von gestern türmen sich die Superlative von heute und nutzen sich im Handumdrehen ab. Vergleichsweise leicht können sich des allgemeinen Klamauks jene Verständigen erwehren, die beschlossen haben, sich den Computer und alles, was mit ihm in Verbindung steht, um jeden Preis vom Leib zu halten. Sie können die erste und einfachste Maßregel befol-

gen, die mein Gesundheitsbrockhaus[7] für den Umgang mit Allergien bereithält:»Kennt man das Allergen, kann man es meiden.«
Wer sich jedoch auf die Hilfen und Dienste, die der Computer zu leisten vermag, eingelassen hat und sie, wie es sich oft ergibt, nach einigen Tagen der Irritation nicht mehr missen möchte, der kommt nicht so leicht davon. Ihm hilft jene Grundregel nicht weiter. Er kennt das Allergen (oder lernt es bald kennen) und kann es dennoch nicht meiden. Zu gründlich und weiträumig ist die Umgebung des möglicherweise auch nützlichen Geräts, das er sich ins Haus geholt hat, kontaminiert. Deshalb kann es geschehen, daß er sich bald in der Lage des bedauernswerten Bäckers wiederfindet, von dem in meinem Gesundheitsbrockhaus ebenfalls die Rede ist: Das Mehl, aus dem dieser Bäcker seine Brötchen backen will, verursacht ihm juckende Bläschen an Händen und Armen. Den Beruf müßte er wechseln, um der Plage zu entgehen. In solchen Fällen von berufsbedingter Allergie rät der Gesundheitsbrockhaus zu einer anderen Therapie: Desensibilisierung – Gewöhnung an das Allergen durch steigende Gaben in hoher Verdünnung. Dem Bäcker mag dieses Verfahren helfen. Aber als Mittel gegen allergische Reaktionen im Umfeld der Computer ist es völlig ungeeignet. Steigende Gaben von allergenem Floskelschrott mit dem Ziel einer langsamen Gewöhnung an den ubiquitären Unfug liefen, in welcher Verdünnung auch immer, auf nichts anderes als Abstumpfung und Selbstverblödung hinaus.
Was aber hilft dann? Nur Abschalten und Ausstieg?
Vielleicht hilft auch ein anderes Verfahren – das Gegenteil von Desensibilisierung: Schärfung des Gespürs für die innigen Beziehungen zwischen den digitalen Rechnern und den dröhnenden Wörtern, zwischen Datenbank und Flachsinn. Mehr als die Ratschläge des Gesundheitsbrockhaus taugt gegen die Bäckerkrätze im Kopf vielleicht der bekannte Tip von Kant: den Mut haben, sich des eigenen Verstandes zu bedienen – dergestalt, daß dieser Verstand auch dann nicht aussetzt, wenn man das persönliche Elektronengehirn einschaltet.

Anmerkungen

1 Kai Krause, in: *TV-Today/Online* 2/1997, S. 24.
2 Peter Diepold, »Elektronische Informationsdienste für Wissenschaftler am Beispiel des Internet«, *http://www.educat.hu-berlin.de/publikation/gib2.html*
3 Ebd.
4 *http://www-public.rz.uni-duesseldorf.de/~karlowsk/spiel.html.*
5 Nicholas Negroponte, *Total digital*, München 1995, S. 279.
6 Kai Krause in: *planet. das internet magazin*, 5-6/1996, S. 32.
7 Eine ältere Ausgabe (1979), aber tauglich.

Ina Hartwig
Nackter Mercedes

»Gehen Sie jetzt nach Hause zu Ihrer Frau und ruhen Sie sich aus, während auf den Autofriedhöfen der Gummi raucht und die Autogenschweißanlagen ihren eigenen Schweiß absondern. Das Blech stöhnt, und die stählernen Eingeweide aus den Wunden der Autos, die einst mehr geliebt wurden als die Frauen, die sie mit Zweitarbeit verdient haben, quellen hervor. Aber eins noch: Lassen Sie sich ja nicht von Ihrem Geschmack leiten, denn, eher als Sie sich's versehen, ist ein neues Modell auf dem Markt, das nur auf Sie, auf Sie und sonst keinen gewartet hat!« Elfriede Jelinek, *Lust*

Auf den Seiten 4/5 des Magazins *Der Spiegel* vom 23. Juni 1997 befindet sich eine brandneue Mercedeswerbung für ein brandneues Mercedesmodell. Irgendetwas an dieser Werbung ist ekelhaft. Nur was?

Die Frau: Die linke Hälfte der Doppelseite wird von einer nackten jungen Frau ausgefüllt. Sie hat ihre Beine sitzend angewinkelt, umfaßt mit dem linken Arm beide Knie, während der rechte Arm schräg auf das rechte Knie gestützt wird und ihre Brüste verdeckt. Am oberen Rand der Fotografie ist der Kopf leicht angeschnitten. Auch das Gesäß ist nicht zu sehen. Wo ihr Geschlecht sein müßte, verläuft ein grauer Streifen, in den ein Werbetext hineingesetzt wurde. Ihre Augen sind unaufdringlich dunkel geschminkt und blicken direkt in die Kamera.

Der Mann: Der männliche Konterpart der nackten Frau ist ebenfalls jung, makellos, vielleicht Anfang zwanzig. Er befindet sich auf der rechten Hälfte der Doppelseite. Um ein Vielfaches kleiner als sie, steht er hinter dem neuen Mercedesmodell, auf der Höhe der Fahrertür. Auch er ist nackt. Aber auch seine Nacktheit ist nicht aufreizend inszeniert. Sein Haar ist dunkel, kurz, sauber geschnitten, gescheitelt, wirkt dennoch nicht schneidig. Von der Hüfte abwärts wird sein Astralleib von dem Auto verdeckt, so daß nur sein muskulöser Torso zu sehen ist. Mit anderen Worten, sein Geschlecht wird vom Werbe*objekt* verdeckt, das der Frau vom Werbe*text*.

Das Auto: Das Auto ist leer. Es wurde schräg von vorne fotografiert und steht in einem undefinierbaren Raum. Der rechte Scheinwerfer ist dem Betrachter zugewandt, das ganze Automobil nimmt etwa das untere Drittel der rechten Seite ein. Obwohl der nackte Mann an der Seite der Fahrertür steht, scheint er mitnichten im Begriff zu sein, in das Auto einzusteigen oder gar wegzufahren. Während die Lippen der Frau leicht rosa schimmern, wurden am Nummernschild des Autos die Abgas- und TÜV-Plaketten rot beziehungsweise rosa eingefärbt: Diese subtile Analogie verleiht dem Nummernschild gewissermaßen die Funktion des Lippenstifts. Und das soll wohl andeuten, daß das Auto (neben der Frau) die zweite Geliebte des Mannes sei.

Wirklich nur die zweite? Eine Beziehung zwischen dem Mann und der Frau dieser Mercedeswerbung wird nicht nahegelegt. Sie sehen sich nicht an, lachen nicht, sie teilen auch keine soziale Situation. Vermutlich sind sie nicht einmal zusammen fotografiert worden. Wenn sie etwas verbindet, dann allein – das Auto. Der orthodoxe Freudianer würde natürlich einwenden, die Frau liebe am Auto doch immer nur den Mann. Richtiger scheint aber, daß die Frau das Auto auch ohne den Mann liebt beziehungsweise lieben können soll. Insofern ist sie nicht die Geliebte des Mannes, sondern, wenn überhaupt, dann die des Autos.

Das Nummernschild ist übrigens nicht nur rot markiert (»Lippenstift«), es trägt auch einen blauen Tupfer, der mit der Liebessemantik nichts zu tun hat, statt dessen ein politisches Bekenntnis impliziert: Am linken Rand befindet sich, wie bei den neueren Nummernschildern üblich, das kleine Europa-Logo mit dem Sternenkranz und dem D für Deutschland.

Der Raum: Wo befinden wir uns? Hier fährt kein kerniger Abenteurer durch imposante Einsamkeiten im Licht der untergehenden Sonne; hier sitzt keine sexy Dame am Steuer, ihrem Ampelnachbarn vielversprechend zulächelnd; keine patente Hausfrau erfreut sich der praktischen

Vorteile ihres soliden Automobils; keine glückliche Familie wird durch die Gegend kutschiert von einem um die Sicherheit seiner Lieben besorgten Vati. Wir befinden uns demnach weder in einer Landschaft, noch auf der Straße, noch in einer sonstigen Alltagssituation. Das Arrangement wirkt im Gegenteil eher abstrakt. Dieser Eindruck entsteht unter anderem eben durch die Nichtdefinition des – gänzlich eckenlosen – Raums. Nur indirekt läßt er sich erschließen, und zwar über die Schatten und die Farbe.

Die extreme Homogenität der Doppelseite muß an der Einheitlichkeit der Farbe liegen; die »Beziehung« zwischen Mann und Frau hält das Ganze jedenfalls nicht zusammen, sie existiert ja nicht. Also die Farbe: Von links bis rechts, von oben bis unten ist das seltsame Trio (Frau, Auto und Mann) in ein grünstichiges Metallicgrau gefaßt, das sich über den Hintergrund genauso wie über den Vordergrund erstreckt, über die Karosserie des Automobils ebenso wie über die nackten Körper der beiden Models. Grundlage der gezielt eingefärbten Collage sind offenbar (mindestens zwei) Schwarzweißfotografien, die dann – etwa für den Schattenwurf – bearbeitet wurden, wahrscheinlich am Computer. In der Mitte der Doppelseite, im Knick, erreicht die metallische Einheitsfarbe ihren höchsten Helligkeitsgrad, der nicht ganz symmetrisch, doch relativ gleichmäßig zu den rechten und linken Rändern hin wieder abnimmt.

Die dunkelsten Stellen sind die Augen der Frau (links oben) und der Spoiler des Autos (rechts unten). Der Mann ist zu klein, um mit diesen beiden Objekten visuell konkurrieren zu können. Es sieht so aus, als sei die Helligkeit exakt dort technisch hergestellt worden, wo die meisten Schatteneffekte gewünscht waren: in und unter der Autokarosserie, auf der Haut der Models, hinter der Schrift, die über dem Auto an einer imaginären, nur durch Schatten erahnbaren Rückwand schwebt: »CLK / SPORTSWEAR / FOR MEN AND WOMEN«.

Der schwebende Werbetext – in englischer Sprache – ist etwas kleiner als der Frauenkopf und erinnert ein bißchen an den Ausstellungsraum eines noblen Autohauses. Im übrigen setzt die Werbung stillschweigend voraus, daß der Betrachter gar keine Sehnsucht nach einer konkreten, lebensnahen Situation verspüre. Eines allerdings ist klar: Es handelt sich um einen *Innen-*, keinen Außenraum. Darin ist es weder hell noch dunkel, sondern schattig. Das Licht ist künstlich – wie im Fotoatelier. Was immerhin bemerkenswert ist, da ja das Autofahren in der Regel immer noch auf der Straße praktiziert wird (und das wird dann im Werbetext im grauen Streifen auch gesagt: »Endlich gibt es sie, die Haute Couture für die Straße«). Dennoch wird das Auto in einen Innenraum gestellt; einen Innenraum, der so gedämpft kühl wirkt wie ein durch Klimaanlage temperiertes Büro.

In diesem Raum muß niemand schwitzen, das ist sein »körperliches« Versprechen – ebensowenig wie man in diesem *Auto* schwitzen muß. Aus der Tatsache, daß hier ein Innenraum – kein Außenraum – das Mercedes-Gefühl vermitteln soll, läßt sich noch mehr ableiten, nämlich: Es gibt gar keinen Außenraum der Mercedeswelt. Und das ist durchaus als weiteres Versprechen zu begreifen. Die Straße wird nur aus dem Inneren des – klimatisierten, sicheren – Autos wahrgenommen. Auf die Straße bewegt sich der Mercedesfahrer (oder die Mercedesfahrerin) nur im Schutz des luxuriösen Automobils, im Schutz der »Haute Couture für die Straße«, abgeschirmt vom Mob, vom Chaos, vom Schmutz. Der künstliche, abstrakte Raum, der das Auto in dieser Werbung umgibt, ist also in Wahrheit der teure, hygienische Innenraum des Mercedes.

Der Werbetext: Am unteren Rand befindet sich, wie erwähnt, ein über beide Seiten laufender grauer Streifen. In ihn ist der Werbetext eingelegt. Er läuft in schlichter, schwarzer Serifenschrift über fünf Spalten: »Endlich gibt es sie, die Haute Couture für die Straße. In den Ausstattungen ›Sport‹ und ›Elegance‹; als CLK 200, als CLK 230 KOMPRESSOR oder CLK 320 V6. Aber egal, für welches Modell Sie sich entscheiden, dank Sidebags, Gurtstraffern mit integrierten Gurtkraftbegrenzern und dem Bremsassistenten fühlen Sie sich in jeder Saison wohl. Und um zu verhindern, daß jemand heimlich Ihr Lieblingsoutfit ausleiht, gibt es das neuartige Fahrberechtigungssystem ELCODE serienmäßig. Die Schau beginnt am 14.6.97 bei Ihrem Mercedes-Benz Vertriebspartner. Kommen Sie doch vorbei. Mehr Infos unter 01 80/2 23 36.«

Daneben, in der rechten unteren Ecke, eine Zeichnung des mythischen Sterns und der Schriftzug »Mercedes-Benz«. Der zweite, schon zitierte Schriftblock schwebt über dem fotografierten Auto. Mit seinem in großen Lettern an die imaginäre Wand geworfenen »CLK« erinnert er an das Logo des erfolgreichsten Unterwäsche-Designers der Welt: »CK«.

Die nackten Mercedes-Models brauchen allerdings keine Unterwäsche. Denn das Auto selber kleidet sie. Wenn nämlich der neue Mercedes die »Haute Couture für die Straße« sein soll beziehungsweise »Sportswear for men and women«, so wird damit gesagt, das Auto sei – *Kleidung*.

Allerdings darf man darauf hinweisen, daß es sich offenbar um sehr unterschiedliche Kleidung handelt; einmal um »Haute Couture«, also exklusive Schneiderkunst, einmal um praktische »Sportswear« für Männer und Frauen, und zum dritten um ein »Lieblingsoutfit« – was wiederum nach Freizeit und Feierabend klingt.

Das macht insgesamt drei Kleidungsarten (»Haute Couture«, »Sportswear«, »Lieblingsoutfit«), drei Sprachen (französisch, englisch, deutsch), zwei Automodelle (»Sport«, »Elegance«) in drei Ausführungen (»CLK 200«, »CLK 230 kompressor«, »CLK 320 V6«). Es ergeben sich demnach folgende Zuordnungen:

a) »Haute Couture«, »Elegance«, französisch
b) »Sportswear«, »Sport«, englisch
c) »Lieblingsoutfit«, – , deutsch

Die Modelle »Elegance« und »Sport« decken die Bereiche Abendveranstaltung und Fitneß ab. Was fehlt, ist die Kategorie *Arbeit*. Daher die Leerstelle in der c-Reihe. Wenn hier jemand arbeitet, dann nicht der Mercedesbesitzer, sondern sein Auto: Das Wort vom »Bremsassistenten« veranschaulicht es. Und was die Sprachenvielfalt angeht, deren deutliche Englisch-Tendenz durch den großen Schriftblock manifestiert wird, ist fraglich, ob sie wirklich auf das Europa-Bekenntnis des Nummernschildes abhebt. Denn dieses Englisch ist wohl kaum das der Briten, die sich ja auch erst seit kurzem offiziell europafreundlich äußern. Gemeint ist vielmehr das Englisch der Wirtschaftsmacht Amerika, also das Amerika des Dollars. Mit dem amerikanischen Dollar wird inzwischen selbst in Moskau gezahlt. Es ist *auch* die Währung der Mafia.

Die Haut: Warum müssen das weibliche und das männliche Model dieser Werbung nackt sein? Die Frage beantwortet sich zum einen durch den *Text*: Sie müssen nackt sein, damit der neue Mercedes sie – teuer, praktisch und bequem – »kleiden« kann. Selbstverständlich ist Kleidung hier metaphorisch gemeint und soll auch so verstanden werden: Nur wenn die Models nackt sind, wird klar, daß sie nichts anderes auf dem Leib brauchen als – richtig! – den neuen Mercedes.

Aber das ist nicht die ganze Botschaft. Sie wird überlagert von einer gewichtigeren, *bildlichen* Semiotik – der der Nacktheit: Sofort fällt ins Auge, daß die Haut der Models mit der Haut des Mercedes identisch ist – dieselbe Farbe, dieselben Schatten, dieselbe Glätte, kurz, dieselbe Oberfläche. Gewiß, die Frau hat einen weniger muskulösen Körper als der Mann, daher wirkt sie noch glatter, auch weniger potent, allerdings durchaus androgyn. (Sie ist wenig üppig, hat nicht den notorischen Blondschopf, statt dessen unspektakulär halblanges, mit Gel aus der Stirn gestrichenes mitteldunkles Haar.) Vom Kopfhaar abgesehen, sind die Körper von Mann und Frau haarlos – glatt.

Keine Tätowierung, kein Schmuck stört die Hautoberfläche. Das heißt aber, daß deren Körperästhetik sich von der aktuellen Modefotografie, etwa in der Zeitschrift *Vogue*, extrem unterscheidet, die ja mit dem Trash – der Ästhetik des Schmutzigen – vertraut umgeht: Verwuseltes Haar, ein blau geschlagenes Auge, Anspielungen auf Schwulenpornographie, Tatoos oder dreckige Füße werden gezielt kokett eingesetzt.

Für die Mercedeswerbung hingegen stand offensichtlich die Kosmetikwerbung Pate, in der es hauptsächlich auf die Sauberkeit, die porentiefe Reinheit der Haut ankommt. So auch hier: Unser weibliches Model wirbt für ein deutsches Luxusautomobil, mit dem sie die metallisch glänzende Hautoberfläche teilt. An einer Stelle fließen Modelhaut und Mercedesnacktheit sogar ineinander: auf der Motorhaube, in der sich der männliche Oberkörper spiegelt.

Teilen Auto und Mensch also *einen* Körper? Die Nacktheit von Frau und Mann ist in der Tat dieselbe wie die Nacktheit des Mercedes, der wiederum – sage einer, Werbung sei nicht dialektisch – Kleidung sein soll. Man müßte aber wohl korrigieren: Nicht Kleidung soll das Auto sein, sondern Panzerung, nämlich gegen die schmutzige, bedrohliche Außenwelt. Vertuscht wird dabei eine fleischlich-menschliche Nacktheit zugunsten einer symbolischen Haut.

Das Geld: Hat diese symbolische Oberfläche nicht dasselbe silbrige Schimmern wie deutsche Banknoten? Sie hat. Und sieht die Doppelseite nicht selber aus wie ein Schein? Sie tut es. Wäre der Mercedes-Raum also nicht nur Atelier und klimatisiertes Büro, sondern auch Tresor? Ja, wird doch der einzige Kontakt zur Außenwelt, zur *Straße*, in einem Euphemismus verschlüsselt, hinter dem sich nichts anderes als Angst verbirgt – Angst, bestohlen zu werden: »Um zu verhindern, daß sich jemand heimlich Ihr Lieblingsoutfit ausleiht, gibt es das neuartige Fahrberechtigungssystem ELCODE serienmäßig.« Heimlich ausleihen ... Was soll das? Will man die Angst, beklaut zu werden, zensieren, also verstecken, also nicht zugeben? Oder soll damit angedeutet werden, Autodiebstahl sei einem eigentlich gar nicht so fremd, man stehe mit ihm auf Duzfuß? Soll damit am Ende augenzwinkernd angedeutet werden, nicht jeder Mercedesfahrer sei lupenrein? Komme an sein Geld jedenfalls nicht nur mit ehrenwerten Mitteln? Ist das viele Geld, das für das Auto bezahlt wird, am Ende schmutzig?

Der Ekel: Der Preis des nackten Mercedes kommt in der Werbung nicht vor. Wer ihn erfahren will, muß unter der genannten Telefonnummer anrufen. Die Frage, wieviel das Automobil der Werbung koste, wurde mündlich allerdings nicht beantwortet. Der Preis wurde nicht *ausgesprochen*. Statt dessen schickte man einen Prospekt, dem eine Preisliste beigefügt ist: 55 890 DM (für den CLK 200) beziehungsweise 78 085 DM (für den CLK 320) müssen allein für die Grundausstattung bezahlt werden. Die diversen Sonderausstattungen, wie beheizbarer Sitz, Klimaanlage, Polsterung in Leder, Scheinwerferreinigungsanlage etc., erhöhen den Preis um mehrere Tausend Mark. Kurzum: Wer den neuen Mercedes kaufen will, muß reichlich Geld haben. Was bedeutet dieses Geld? Der Prospekt verrät: »Schön, einen Wagen zu fahren, der die Lebenseinstellung zur Geltung bringt.« Und was bringt die Lebenseinstellung besser zur *Geltung* als *Geld*? (Man beachte den phonetischen Gleichklang.) Geld allerdings, über das man nicht *spricht*. Soll also das Schweigen über Geld die Geltung reinigen?

Sigmund Freud hatte einen unter Zwangsvorstellungen leidenden Patienten, der ihm grundsätzlich die saubersten, scheinbar unbenutzten Geldscheine überreichte. Wie fast alle seine Patienten entstammte er dem Wiener Bürgertum und war wohlhabend genug, um sich eine analytische Kur bei dem Professor leisten zu können. »Als ich einmal bemerkte«, schreibt Freud, »man erkenne doch gleich den Staatsbeamten an den nagelneuen Gulden, die er von der Staatskasse beziehe, belehrte er mich, die Gulden seien keineswegs neu, sondern in seinem Hause gebügelt (geplättet) worden. Er mache sich ein Gewissen daraus, jemand schmutzige Papiergulden in die Hand zu geben; da klebten die gefährlichsten Bakterien daran, die dem Empfänger Schaden bringen könnten.«

Das Zitat entstammt den »Bemerkungen über einen Fall von Zwangsneurose« (1909), auch bekannt als »Der Rattenmann«. Der von Bakterienangst gepeinigte Staatsbeamte ist allerdings nicht identisch mit dem Rattenmann, jenem Offizier, der von der durch Freud weltberühmt gewordenen Zwangsidee gequält wurde, in seinen After würden sich Ratten verbeißen. Das zwangsneurotische Bügeln von Geldscheinen erwähnt Freud, um einen Zusammenhang zu belegen, der (nicht *nur*) für die Zwangsneurose des Rattenmanns äußerst relevant sei: den Zusammenhang von Geld und Kot.

Gerade die besonders sauberen und ordnungsliebenden Personen, davon war Freud überzeugt, hätten ein perverses Verhältnis zum Schmutz. Daß damit nicht unbedingt der Schmutz der Exkremente, sondern auch moralischer Schmutz gemeint sein konnte, war für den auf Symbolisierungen spezialisierten Psychoanalytiker klar.

Die symbolische Mercedeshaut ist ebenso zwangsneurotisch sauber und glatt wie jene gebügelten Geldscheine. Sie ist unberührt von den Zeichen der Arbeit, des Abenteuers, der Sexualität, der Familie, der Armut, der Ungerechtigkeit, der Ausbeutung. Das Soziale existiert nicht. Das Menschliche existiert nicht. Alle Spuren der Herstellung wurden getilgt, kein Ölfleck, nirgends. Es existiert nur die absolute (physische *und* moralische) Hygiene. Man könnte auch sagen: die absolute Hysterie in bezug auf den Schmutz seiner selbst. Es ist die Rigorosität, mit der der Schmutz verbannt wird, die diesen nackten Mercedes so ekelhaft macht.

DAIDALOS
Architektur Kunst Kultur

Heft 65 September 1997

Der Hain
Das kleine Wäldchen im urbanen Rahmen
Sakralisierung des ausgegrenzten Raumes
Chronik der Darmstädter Mathildenhöhe
Reformidee und tatsächliche Nutzung
Ian Hamilton Finlay
Martha Schwartz, Yves Brunier
Daniel Libeskinds Garten
für das Jüdische Museum
Vertikale Gärten für New York
Der Musenhain und das Idyll
Ludovisi-Gärten und Bosco Parrasio
Urbane Götter-Haine in Japan
Die Moschee als gebauter Hain
Architektur der Erkennenden

Im Jahresabonnement (4 Ausgaben) 184 DM. Für Studenten 140 DM. Leseproben
erhältlich. Bestellungen bitte an:
Bertelsmann Fachzeitschriften GmbH, Postfach 120, 33311 Gütersloh.
Telefon: (05241) 80–2165, Fax: (05241) 73055.
Redaktion: Schlüterstraße 42, 10707 Berlin.
eMail: DAIDALOS@BauNetz.de. Telefon: (030) 88 67 18 – 80/81,
Fax: (030) 88 67 19 66

Boris Groys
Außerirdische, Vampire & Co.

DIE RETTUNG DES HÄSSLICHEN DURCH DIE KUNST

Eine verbreitete Meinung sagt uns, daß die Kunst früher schön war, aber in diesem Jahrhundert häßlich geworden ist. Diese Meinung wird von vielen Kunsttheorien gestützt, die beweisen wollen, daß in unserer Zeit die Kunst, wenn sie ernsthaft sein will, häßlich sein muß. So stellt Karl Rosenkranz in seiner schon in der Mitte des 19. Jahrhunderts geschriebenen *Ästhetik des Häßlichen* fest, daß das Häßliche das Subjektive und Individuelle darstellt, das nicht bereit ist, sich dem Schönen, verstanden als das Allgemeine, zu unterwerfen. Daraus folgt aber, daß die Kunst der Neuzeit, die sich dadurch definiert, daß in ihr sich die Selbstbehauptung der freien Subjektivität vollzieht, dazu verurteilt ist, häßlich zu werden. Wohlgemerkt behauptet Rosenkranz nicht, daß das Häßliche eine künstlerische Geltung beanspruchen kann, weil es uns jetzt, da wir dabei sind, subjektiv, frei, individuell usw. zu werden, zu gefallen beginnt. Eine solche Entwicklung bedeutete bloß einen Wandel im öffentlichen Geschmack: Was früher häßlich war, scheint heute schön zu sein.

Nein, das Häßliche bleibt häßlich, es mißfällt uns nach wie vor – aber gerade deswegen müssen wir dem Häßlichen einen prominenten Platz in unserer Kunst einräumen, weil dadurch die Wahrheit der Subjektivität gegen ihre Vereinnahmung durch den schönen Schein verteidigt wird. So geraten wir unter einen eigentümlichen Zwang: Um zu zeigen, daß wir subjektiv sind, müssen wir unsere Kunst gegen unseren subjektiven Geschmack produzieren, weil dieser Geschmack uns auf eine fatale Weise mit der Allgemeinheit verbindet. Nur diejenige Kunst ist unter diesen Bedingungen relevant, die gegen den eigenen – und nicht nur gegen den gesellschaftlichen – Geschmack des Künstlers gemacht wird. Der Künstler stellt häßliche Dinge dar, nicht weil sie ihm gefallen, nicht weil sein Geschmack anders wäre als der Geschmack der Gesellschaft, sondern weil er keine andere Möglichkeit hat, sich in seiner Subjektivität zu behaupten, als seinem subjektiven Geschmack zu widersprechen. Und wenn die Gesellschaft dem Künstler folgt und mit der Zeit das, was er als häßlich präsentiert hat, schön zu finden beginnt, fühlt sich der Künstler betrogen und »vereinnahmt«, denn sein Werk verliert seine Bedeutung, indem es seine Häßlichkeit verliert. So ist der Künstler der Moderne gezwungen, immer weiter zu gehen und ständig eine noch häßlichere Kunst zu produzieren, damit der Subjektivität ihre künstlerische Repräsentation nicht verlorengeht.

Die Bewegung der Avantgarde wird in dieser Perspektive, die im wesentlichen auch von der Ästhetik der Frankfurter Schule vertreten wird, als Protest gegen das Schöne, als Bewegung der zunehmenden Häßlichkeit verstanden. Dieser Protest gegen das Schöne im Namen der Subjektivität ist sicherlich durchaus nachvollziehbar, wenn er vor dem Hintergrund der Ästhetik des deutschen Idealismus gesehen wird, die eine innere Verbindung zwischen Schönem und Allgemeinem herstellt. Das Schöne ist für Kant das, was der ästhetisch gebildete Common sense als schön anerkennt, und für Hegel die hierarchische Unterordnung des Partikularen unter das Ganze. Dadurch bekommt das Schöne eine gewisse terroristische Schärfe, für die wir besonders nach unseren Erfahrungen mit totalitären Regimen empfindlich sind. So schreibt gerade Rosenkranz noch völlig naiv und mit vollem Ernst: »Nehmen wir z. B. unsere Erde, so würde sie, um als Masse schön zu sein, eine vollkommene Kugel sein müssen. Das ist sie aber nicht. Sie ist abgeplattet an den Polen und geschwellt am Äquator, außerdem auf ihrer Oberfläche von der größten Ungleichheit der Erhebung. Ein Profil der Erdrinde zeigt uns, bloß stereometrisch betrachtet, das zufälligste Durcheinander von Erhebung und Vertiefung in den unberechenbarsten Umrissen. So können wir auch von der Oberfläche des Mondes nicht sagen, daß sie mit ihrem Gewirr von Höhen und Tiefen schön sei ...« (*Ästhetik des Häßlichen*, 1853, S. 15)

Die Menschheit war in der Zeit, als dieser Text entstanden ist, von der Möglichkeit der Raumfahrt technisch noch weit entfernt. Trotzdem erscheint das Subjekt der ästhetischen Betrachtung hier im Geiste eines amerikanischen SF-Films als Außerirdischer, der mit einem Raumschiff aus dem All kommt und das Aussehen unseres Sonnensystems ästhetisch-kritisch beurteilt. Falls dieser Außerirdische den gleichen ästhetischen Geschmack hat wie wir, muß er leider zu einem für uns traurigen Schluß kommen: Unsere Erde und ihre unmittelbare Umgebung sehen nicht gut aus. Eine entsprechende Korrektur, die aus der Erde eine schöne Kugel machen würde, könnte sich allerdings für die Menschheit als unangenehm erweisen. Das Schöne wird gefährlich, wenn unser eigenes ästhetisches Urteil gegen uns angewendet wird, wenn wir, statt Subjekte dieses Urteils zu sein, zu seinen Objekten werden.

Selbstverständlich möchten wir das Schöne betrachten – und nicht das Häßliche. Das Häßliche möchten wir vielmehr aus unserem Blickfeld entfernen. Aber wir haben zugleich den Verdacht, daß wir selbst auch nicht so besonders schön aussehen, so daß, wenn wir von anderen mit der gleichen Strenge ästhetisch beurteilt werden, wie wir die uns präsentierten Bilder beurteilen, nur wenig Chancen für eine Anerkennung haben. Die Wende zum Häßlichen hat also einen bestimmten, wenn man will, einen psychologischen Grund: Wir gefallen uns selbst ästhetisch nicht. Die Ästhetisierung des Häßlichen ist die Selbstästhetisierung gegen den eigenen Geschmack. Wir beginnen, uns mit dem Blick des Anderen zu sehen, und versuchen, diesem Blick unsere eigene Häßlichkeit als ästhetischen Wert zu präsentieren, damit dieser Blick uns akzeptiert und weiter leben läßt, damit er vielleicht ein ästhetisches Gefallen an der Erde findet, wie sie ist, und davon absieht, sie zu einer richtigen Kugel zu machen.

Die moderne Kunst der Häßlichkeit ist nicht für uns, nicht für unsere Betrachtung bestimmt, sondern allein für den Blick des Außerirdischen, von dem wir hoffen, daß er einen anderen Geschmack hat als wir und uns nach anderen ästhetischen Kriterien beurteilen wird, als wir selbst es tun. Der fremde Gott, der Außerirdische, der mit seinem Raumschiff auf der Erde landet, ist der einzige legitime Besucher unserer Museen. Die dort exponierten Bilder bitten ihn um Gnade. Deswegen sind wir auch bereit, immer mehr Häßlichkeit in unseren Museen zuzulassen. So haben wir das Gefühl: Wenn sogar *das* zugelassen wird, werden vielleicht auch *wir* zugelassen. Die Avantgarde, verstanden als Suche nach dem Häßlichen, ist also keineswegs Ausdruck einer Subjektivität, die nach ihrer freien Entfaltung strebt, sondern Ausdruck einer Angst vor dem Urteil des Anderen. Es handelt sich weniger um eine Einladung zur ästhetischen Betrachtung als um die Rettung der Dinge vor dem negativen ästhetischen Urteil. Wir nehmen an, daß das Schöne ohnehin imstande ist, sich im Leben zu behaupten – und zu überleben. Das Häßliche dagegen muß durch die Kunst, durch das Museum gerettet und geschützt werden.

Die Kunst ist in unserer Kultur tatsächlich der Ort, an dem immer noch aufbewahrt wird. Die sogenannte Realität aber ist die Summe all dessen, was vergänglich ist, was untergeht, was verbraucht, entsorgt und wiederaufbereitet werden muß. Allein die Kunstinstitutionen retten einige wenige Dinge des Lebens vor diesem Schicksal: hier ein altmodisches Pissoir, dort einen Fetteck. Diese Rettungsaktionen beziehen sich sicherlich nur auf wenige, ganz bestimmte Gegenstände. Aber sie enthalten ein Versprechen für die anderen, ähnlichen Gegenstände, ihrerseits gerettet zu werden – ein Versprechen, von dem man zwar nicht weiß, ob es je eingelöst wird, das aber trotzdem ein Versprechen bleibt. Der Gott des Christentums hat den Menschen versprochen, daß sie gerettet werden, indem er sich in Menschengestalt gezeigt hat. So wird auch den verschiedenen Pissoirs und Fettecken das ewige, museale Leben versprochen, indem die Kunst sich in den entsprechenden Gestalten zeigt. Gerade dadurch, daß die Kunst des Ready-made, die diese Strategie am radikalsten verfolgt, die Dinge des Lebens nicht zusätzlich verschönert oder verhäßlicht, sondern sie so aussehen läßt, wie sie sind, so daß zwischen einem Kunstwerk und einem einfachen Ding kein visueller Unterschied entsteht, verspricht die Kunst den Dingen die Rettung. Das Ready-made ist Christus für die Dinge. Die moderne Kunst ist die Fortsetzung der christlichen Mission mit anderen Mitteln. Die Kunst inkarniert sich als dieses oder jenes Ding, wie Gott sich als Mensch inkarniert hat. Und das Kunstmuseum ist der Ort, wo sich diese Inkarnationen zeigen – wie früher die Kirche ein solcher Ort war. Die christliche Rettungsaktion erweitert sich dadurch vom Menschen auf seine materielle Umgebung.

Eine solche Rettungsaktion ist sicherlich in erster Linie religiös-ethisch motiviert. Sie darf nicht einem bestimmten Geschmack folgen und das Schöne bevorzugen. Darin liegt der Grund für die Zulassung des Häßlichen. Aber: Das Häßliche zu bevorzugen, wäre ebenfalls ungerecht, unmoralisch, unfromm, denn das ethische Urteil bleibt in diesem Fall weiterhin – wenn auch negativ – vom ästhetischen Urteil abhängig. Genauso wie die Dinge daran unschuldig sind, daß sie häßlich aussehen, sind sie auch daran unschuldig, daß sie schön aussehen – man darf sie also nicht dafür bestrafen. Die Auslegung der Avantgarde als Suche nach dem Häßlichen, Unvollkommenen, Zerrissenen, Bösen usw., die sich vor allem durch den Einfluß der Frankfurter Schule so verbreitet hat, verkennt also die eigentliche Logik der neueren Kunstentwicklung, denn diese Logik ist überhaupt nicht von der ästhetischen Opposition schön vs. häßlich bestimmt. Vielmehr konstituiert sich die moderne Kunst durch die radikale Suspendierung jeglichen ästhetischen Urteils. Wahrscheinlich ist es diese Gleichgültigkeit dem ästhetischen Urteil gegenüber, was die Menschen an der modernen Kunst am meisten irritiert. Deswegen ziehen viele es vor, die moderne Kunst als häßlich auszulegen, weil damit der Anschein erweckt wird, daß die Kunst zumindest negativ auf unseren Geschmack reagiert und in diesem Sinne immer noch »unsere Kunst« bleibt. Die Kunst ist aber nicht unsere Kunst. Wenn sie unsere Kunst wäre – wie könnte sie uns das Versprechen geben, uns zu retten? Unsere Kunst, die unserem Geschmack folgte, würde uns nicht schön finden. Die Kunst ist für uns nur dann interessant, wenn sie den Blick des Anderen manifestiert, wenn sie dem ästhetischen Urteil des Anderen folgt, wenn sie das Schöne vom Häßlichen nicht unterscheidet und an allem gleichermaßen Gefallen findet.

Und in der Tat funktioniert die Relation »alte Kunst gleich schöne

Kunst, moderne Kunst gleich häßliche Kunst« gar nicht. Viele Kunstwerke der Moderne, die wir in unseren Museen antreffen, scheinen uns durchaus schön zu sein, einige häßlich und viele neutral, alltäglich, ästhetisch unmarkiert. Gerade die radikalsten Strömungen der historischen Avantgarde, wie Suprematismus, De Stijl oder Bauhaus, haben strenge geometrische Formen verwendet, die sogar im konventionellen Sinn durchaus schön sind – oder zumindest dem klassischen Schönheitsideal zugrunde liegen. Die spätere Kunst verwendet vielfach Alltagsästhetik, die ab und zu ziemlich hübsch aussieht. Der Ästhetik des Häßlichen entspricht nur eine gewisse expressionistische Kunst, aber gerade beim Expressionismus handelt es sich keineswegs um einen konsequent modernen künstlerischen Ansatz.

Außerdem hat sich die emanzipatorische Wirkung der expressionistischen Ästhetik, geschichtlich gesehen, als ziemlich begrenzt erwiesen. Hegel konnte sicherlich immer noch denken, daß das Ganze wahr und schön ist. Adorno konnte denken, daß das Ganze zwar schön, aber falsch ist. Uns scheint das Ganze weder wahr noch falsch, aber auf jeden Fall ziemlich häßlich zu sein. Das Kunsthäßliche zu produzieren bedeutet also für ein Individuum nicht mehr, einen Widerstand gegen den schönen Schein zu leisten, sondern sich in den herrschenden häßlichen Schein einzufügen. Wie Slavoj Žižek zu Recht feststellt, ist »das Ding«, als häßliches Zeichen des Unbewußten, Exzessiven, Fremden, heutzutage ins Zentrum des Systems gerückt: »In der Postmoderne vollzieht sich also eine Art Perspektivenwechsel: Was in der Moderne als subversiver Rand erschien, als Symptom, in dem die verdrängte Wahrheit der ›falschen‹ Totalität zum Vorschein kommt, unterliegt nun einer Verschiebung in das innerste Zentrum, den harten Kern des Realen, den die verschiedenen Symbolisierungsversuche vergeblich zu integrieren und zu ›domestizieren‹ versuchen.« (*Grimassen des Realen*, 1993, S. 158)

Unter diesen Umständen einen Widerstand zu leisten, bedeutet vielleicht, auf dem Schönen zu bestehen. Und in der Tat interessieren sich viele Künstler heutzutage für die Rhetorik des Schönen. Aber vor allem macht sich die Wendung zum Schönen und zum Heroischen im Film bemerkbar, der sich seit langem eingehend mit dem Anderen beschäftigt hat. Vampire, häßliche Außerirdische, ekelhafte Gespenster und Monster aller Art bevölkern seit jeher die Leinwand. Das Verhältnis zu ihnen änderte sich aber mit der Zeit. Zuerst wurden sie meistens als dunkle, irrationale, unbewußte Kräfte dargestellt, gegen die es zu kämpfen galt, weil sie zu einer rationalen Kommunikation unfähig waren. Danach begann aber eine große Versöhnung mit den Kräften des Anderen und Unbewußten, denen zunehmend eine höhere Intelligenz zugeschrieben wurde. »Star Wars« und »E. T.« markieren den Höhepunkt dieser Entwicklung:

Sofern die Menschen das Häßliche, das Andere akzeptieren, erklärt sich das Andere seinerseits bereit, die Menschen zu akzeptieren.

Das Hollywood dieser Jahre hat ein ganzes Pantheon neuheidnischer Halbgötter produziert vom Typ Terminator 1, ET, Robocop usw., die sich in die menschlichen Angelegenheiten auf der Seite des Guten einmischen und damit Sympathie für das Andere, für das Noch-nicht-ganz-Menschliche oder vielleicht für das Schon-Übermenschliche erzeugen. Wie die Halbgötter der archaischen Zeiten, so sind auch diese neuen virtuellen Halbgötter aus Zitaten aller Art zusammengesetzt, wobei die Kulturtradition, die moderne Technik und die Tierwelt mit postmoderner Unbekümmertheit als gleichwertig behandelt werden. Dieses Pantheon hat Hollywood übrigens zu dem gemacht, was es heute ist, denn die Halbgötter der Leinwand, gerade weil sie unmenschlich sind, haben sich als fähig erwiesen, alle menschlichen inklusive der politischen und kulturellen Grenzen zu überwinden. Der internationale und transkulturelle Erfolg des amerikanischen Kinos der letzten Jahrzehnte hat seinen eigentlichen Grund in der Tatsache, daß es sich in seinen wichtigsten Filmen, im Unterschied etwa zum europäischen Kino, nicht um Menschen handelt.

Schon in den Filmen von David Lynch oder David Cronenberg wird die Lage aber zunehmend komplizierter. Das Andere bleibt in ihnen anziehend und faszinierend, es treibt mit uns ein kompliziertes Spiel der Verführung, aber es entgeht uns und läßt sich nicht begreifen. Trotz aller unserer Bemühungen scheint das Andere uns keine unmißverständlichen Zeichen seiner Zuneigung zu geben. Vor allem auf Filme dieser Art bezieht Žižek seine Analyse. Nun scheint unsere Kultur allerdings mit der Zeit zu einer noch unangenehmeren Einsicht zu kommen: Das Andere haßt uns und will unsere Vernichtung. Alle unsere Versuche, den Blick des Anderen zu übernehmen und das Häßliche symbolisch zu bannen, sind gescheitert. Wir bleiben immer noch zu eindeutig ästhetisch definiert für den Blick des Anderen. Und das gefällt ihm nicht. Es scheint sinnlos, auf seine Gnade zu warten. Es bleibt nur eins: für das menschlich Schöne zu kämpfen.

So wünschen die Außerirdischen in »Independence Day« allein die totale Vernichtung der menschlichen Rasse. Sie wollen keine Museen besuchen, und sie wollen keine Filme sehen, in denen das Andere, wie sie selbst es sind, dargestellt ist. Sie wollen die Erde ohne Menschen. Sie sind nicht mehr die netten Außerirdischen, auf die wir gehofft haben: Sie sind uns selbst zu ähnlich und in ihrem ästhetischen Urteil genauso unerbittlich wie wir. Aber nicht nur Außerirdische, sondern auch andere Andere sind anders geworden, als sie früher waren. Vor allem Vampire sind unversöhnlich geworden.

Vorbei sind die Zeiten, in denen schwarz gekleidete, gebildete und erotisch aussehende Vampire im melancholischen postexistentialistischen Look ihre verführerischen Zynismen von der Leinwand aus verbreiten konnten. Für das Massenpublikum war ein Vampir schon seit längerer Zeit die letzte, wenn auch dämonisch-häßliche Verkörperung der aristo-kratischen Hochkultur im demokratischen Milieu der Lebenden. Nicht zufällig kleidete sich die New-Yorker Kunstszene jener achtziger Jahre so, als wäre sie gerade aus der Gruft gestiegen. Das Vampirische ist das unsterblich Elegante, das exquisit Andere, von dem man besonders gierig eine Anerkennung erwartet. Im letzten Film von Robert Rodriguez, »From Dusk till Dawn«, werden aber die armen Vampire auf eine extrem grausame Weise massenhaft vernichtet – und zwar so, daß diese Orgie der Vernichtung kein Mitleid mit den Opfern erzeugt. Die Vampire sind des Mitleids offensichtlich deswegen nicht mehr würdig, weil sie ihrerseits nicht mehr bereit sind, den Menschen zu lieben – auch wenn diese Liebe früher den Menschen in einen Vampir verwandelte. In »From Dusk till Dawn« bleibt von dieser vertrauten erotischen Dimension nichts mehr übrig. Statt dessen zeigen die Vampire einen unbändigen Haß auf den Menschen – einen Haß, dem nur die reine, heldenhafte Gewalt entgegen-gesetzt werden kann. Der Film von Rodriguez inszeniert einen Triumph des ästhetischen Humanismus, der alles Inhumane in einem Paroxysmus der Gewalt auslöscht.

Fast alle menschlichen Helden des Films von Rodriguez unterliegen allerdings im Kampf und werden selbst zu Vampiren, weil sie nicht den Willen zur reinen Vernichtung des Anderen haben, weil sie sich andere Ziele setzen und für andere Einflüsse empfindlich sind als für die absolute Entschlossenheit, ihr ästhetisches Urteil gewaltsam durchzusetzen: »To get the job done«. Nur zwei bleiben übrig. Wie Apollo (mit Lichtstrah-len) und Artemis (mit Pfeil und Bogen) vernichten diese beiden Helden in »From Dusk till Dawn« die heidnische Welt des alten Hollywood – und gehen am Ende sicherlich deswegen auseinander, weil sie, mytholo-gisch gesehen, Bruder und Schwester sind. Hier werden die antiken Mythen von den neuen Göttern in Menschengestalt beschworen, die die Welt von der Herrschaft des Unmenschlichen befreien sollen. Dazu trägt auch ein militant verstandenes Christentum bei; das Kreuz wird im Film konsequenterweise als Waffe benutzt.

Aber was verteidigen die Helden des Films so erbittert? Wenn die Helden von Sylvester Stallone und Bruce Williams oder wenn Indiana Jones in den Kampf gegen das Andere und Unmenschliche ziehen, dann bekommen sie zunächst einen moralisch gerechtfertigten Auftrag: mei-stens müssen sie jemanden oder etwas retten. Die Helden von Rodriguez sind aber prinzipiell unmoralisch. Sie vertreten und verteidigen keine

Prinzipien, Ziele, Werte oder Inhalte. Das einzige, was sie verteidigen und retten wollen, ist die schöne Form des menschlichen Körpers als solche, insofern diese Form durch den Angriff der Vampire von einer Verwandlung in das Andere bedroht wird. Wie ein Mensch auszusehen ist für die Helden des Films der oberste Wert, weil sie den Menschen offensichtlich nur noch ästhetisch, als eine bestimmte Licht-Schatten-Gestalt auf der Leinwand, definieren können. Der Kampf, den die Helden von Rodriguez führen, ist ein ästhetischer Kampf. In diesem Kampf sind sie bereit, alle und alles zu vernichten – und fühlen sich dabei durch die Schönheit ihrer eigenen Gestalt genügend gerechtfertigt. Das Schöne mobilisiert hier sein ganzes terroristisches Potential, weil es weiß, daß es vom Anderen keine Gnade mehr erwarten kann.

Nun ist dieser Kampf aber nicht nur erbittert, sondern auch von Anfang an verloren, weil das Ganze, wie gesagt, häßlich ist. Am Ende des Films wird die riesige Zikkurat gezeigt, die ins Unendliche wächst und von Miriaden von Vampiren bevölkert ist. Der Sieg der Helden war illusionär. Das Unendliche kann nicht besiegt werden. Das Ganze bleibt häßlich. Diese ironische Wendung, mit der der Film endet, relativiert – und entschuldigt damit – den Vernichtungswillen der Helden, indem sie auf die Endlichkeit des Schönen verweist. Das Schöne wird als das ontologisch Ohnmächtige gezeigt: Seine Durchsetzung ist unmöglich, auch wenn sie mit der letzten terroristischen Härte durchgeführt wird. Der totalitäre Versuch der ästhetischen Beherrschung der Welt scheitert an der unendlichen Häßlichkeit der Totalität. So läßt sich das Schöne in seiner neuen Ohnmacht erneut und ironisch genießen.

Ein solcher Genuß war früher übrigens dem Häßlichen vorbehalten. So schreibt Rosenkranz, daß wir das Häßliche dann genießen können, wenn es sich in seiner Ohnmacht als das Komische zeigt – und letztlich erweist das Häßliche sich immer als komisch, weil das Ganze schön sei. Nun haben sich die Verhältnisse umgedreht. Jetzt wird das Schöne als das Komische, d. h. als endlich-ohnmächtig ironisch, legitimiert. Der Schönheit wird verziehen, wenn sie nicht ernst, sondern witzig, lustig, funny auftritt – und die Kunst läßt sie so auftreten. Dadurch entgeht die Kunst erfolgreich dem Verdacht, dem ästhetischen Urteil immer noch zu folgen und eine Diskriminierung, wenn nicht zugunsten des Schönen, dann zumindest zugunsten des Häßlichen zu praktizieren. Um uns, ob wir schön oder häßlich sind, vor der ästhetischen Verurteilung zu retten, muß sich die Kunst, wie gesagt, jenseits des ästhetischen Urteils etablieren. Damit stellt sich die Kunst übrigens eine unendliche Aufgabe, die jedes Reden über das Ende der Kunst als voreilig ausweist.

Harald Eggebrecht
Ekeltöne

Eine Frage der Einsicht

»Singen Sie schön?« fragt der alte Meister Celibidache mit listigem Lächeln. Die junge Frau hat ihr kleines Schwarzes angezogen, die Perlenkette schimmert um den Hals, die Frisur umrahmt aufs Vorteilhafteste ihr Gesicht, das für den großen Moment auf Hochglanz geschminkt, geschnatzt und wieder aufgesatzt ist. Nur die Augen hinter der großglasigen, eleganten Brille sind angstvoll weit aufgerissen, als sie unter der furchtbaren Frage erbleicht. »Ich weiß nicht«, kommt es fast tonlos aus ihrem Mund.

»Wenn Sie es nicht wissen, gehen wir ein großes Risiko ein«, fährt Celibidache erbarmungslos fort, »nichts ist nämlich quälender, als jemanden nicht schön singen zu hören.« Eben noch strahlende Diva, sieht sie jetzt eher wie ein Häufchen Elend aus. »Ich habe mich aber gut vorbereitet.« – »Dann los! Wir verlassen uns auf Sie!«

Natürlich geschieht, was geschehen muß: die Sängerin schreit fast vor Anspannung, versucht krampfhaft den großen Ton, der aber schmerzhaft mißlingt. Die menschliche Stimme als Folter. Die Zuhörer ziehen die Köpfe ein, als wollten sie mit den Schultern die Ohren schützen, Celibidache sieht die Frau geradezu erschrocken an, so häßlich scharfe, gepreßt kreischende Laute gibt sie von sich.

»Danke, danke! Haben Sie gehört, daß meine Frage berechtigt war?« Die Unglückliche nickt verstört. Es entspinnt sich ein Dialog über das, was sich die Vorsingerin unter Gesang vorstellt. Da tauchen Opernheroinen en masse auf, die sie alle einmal darstellen will. Sie erzählt von ihren bisherigen Lehrern, die sie zum Star machen wollten, weil ihr Stimmpotential zu größten Hoffnungen Anlaß gebe. Nur habe sie bisher beim Probesingen kein Glück gehabt, da seien Intrigen im Spiel und . . . »Nein, das liegt nicht an Intrigen, sondern daß Sie sich an Aida und Turandot verloren haben, an Callas glauben und andere. Sie sind fehlgeleitet. Wenn Sie wirklich singen wollen, müssen Sie sich von all diesem Talmi befreien, der mit Musik und Gesang nichts zu tun hat.« Sie beginnt nach dieser Ermahnung von neuem, wird sofort unterbrochen und nun in einem allmählichen Prozeß an ihre tatsächliche Stimme herangeführt. Sie ist klein, eher lyrisch und sanft. Jetzt klingt die ganze Frau, sie beginnt sich selbst zu lauschen, ihr eigenes Organ zu spüren. Das Pressen und Schreien verschwindet und damit auch die Abwehr der Zuhörer. Plötzlich lächelt sie. Befreit.

Eine Frage der Empfindlichkeit

Auf der Ebene der Geräusche wird jeder seine jeweiligen Lieblingsekeltöne benennen können. Für manche gibt es nichts Bösartigeres als das Kratzen von Metall auf Porzellan, wie es Kinder gern mit der Gabel auf dem Teller tun: ein in den hintersten Winkel der Gehörschnecke hineinstechendes Krietzen. Andere schaudert's, wenn einer genußvoll seinen Finger so lange zieht, bis ein knarzendes Ploppen vernehmbar wird, wenn sich das Fingerglied aus der Gelenkfassung löst. Wieder andere ertragen es nicht, Zähneknirschen, Schmatzen oder Schnarchen miterleben zu müssen.

Preßlufthammer, Zahnbohrer, Kreissägen oder Rasenmäher erwecken Wut, Verzweiflung, Angst, lassen an Flucht oder Mord denken. Mechanischer Lärm dieser Art zerstört jede Konzentration, macht aggressiv. Um damit fertig zu werden, sucht man das Heil in der Anpassung, als sei das Hämmern, Bohren, Sägen und Mähen ein Teil von einem, eine unabwerfbare Last, mit der man sich arrangieren muß. Durch solchen Fatalismus gelingt die Reizabstumpfung.

Manche Moped- und Motorradfahrer lieben es hingegen, mit dem größtmöglichen Krach auf sich (Potenz und Testosteron) aufmerksam zu machen, indem sie den Auspuff aufbohren und die Motoren manipulieren. Wenn sie dann auf ihren bedrohlich röhrenden und knatternden Maschinen die Straßen hinunterjagen und die Menschen zusammenzucken, sich schutzsuchend ducken, genießen sie die Macht ihrer nervenzerfetzenden Töne.

Auch Disco, Techno und andere rhythmische Geräuscherzeugungen setzen auf die Brutalität der Lautstärke, die jeden Widerstand bricht. Eine Art rauschhafter Betäubung im wahren Sinne des Wortes setzt ein. Die Körper zucken unter der Wucht der Schallwellen, die Häute von Magen und Darm, Bindegewebe und Zwerchfell erzittern unter dem Anprall der dröhnenden Beats, während das Gehör nur noch wie ein schwer angeschlagener Boxer reagiert, der deckungslos in den Seilen hängt. Ein hoher Prozentsatz der Discofreaks und Walkmanbenutzer gilt bereits in jungen Jahren als hörgeschädigt mit der Perspektive auf zunehmende Ertaubung. Dennoch wird die Vergewaltigung durch rhythmisierten

Lärm lustvoll erfahren von denen, die den warnenden Schmerz im Ohr gewissermaßen überhören und das eigene Wort nicht verstehen wollen und müssen. Kein Folterer, der nicht auch mit Gehörterror arbeitete. Gehirnwäsche durch die Wiederholung des Immergleichen, das sich so ins Gedächtnis eingräbt. Übrigens funktioniert, cum grano salis, nach diesem Prinzip sogar unser aller Schallplatten- und CD-Gebrauch, bei dem wir, ohne es richtig zu merken, die Spontaneität des aktiven Hörens aufgeben zugunsten einer Sklerotisierung unseres Aufnahmevermögens, das heißt, nicht gegenwärtig Erklingendes frisch wahrzunehmen, sondern nur das stets schon Vergangene jeder Aufnahme wiederzuerkennen und sich darin wohl zu fühlen. Auch das Erlernen eines Instruments erleben Unbeteiligte eher als Marter: Während der Übende seine Fortschritte freudig registriert, wird es selbst Freunden und Verwandten schwer, das Rauf und Runter der Tonleitern, die unermüdliche Repetition der schwierigen Stellen, das Schaben falsch gezogener Bogenstriche oder die verbeulten Klangergebnisse fehlerhaften Lippenansatzes bei Bläsern zu ertragen. Auch bedeutendste Musik wird beim Üben in scheinbar sinnlose Einzelteile zerrebelt. Da aber außer Lernendem und Lehrendem niemand sonst etwas davon hat und haben soll, hilft nur Schallschutz.

Töne, bei denen sich der Ekel vor ihnen in Entsetzen verwandelt, bietet jeder Krieg in unendlicher Intonationsvielfalt: Geschützdonner, das Detonieren der Granaten, Pfeifen der Querschläger, Rattern der Maschinengewehre, das Aufstöhnen der Getroffenen, Wimmern der Verwundeten usf. Noch heute fahren beim Aufheulen einer Sirene jene Menschen zusammen, denen sie auf ewig Hölle, Tod und Verderben der Bombennächte verkündet. In früheren Zeiten sollten Gesänge und klingendes Spiel Kriegern und Soldaten beim Angriff die Angst vor dem Kampf austreiben und umgekehrt die Feinde entmutigen. Ungezählt die Western, in denen der Kriegsschrei der Indianer das Blut in den Adern der Siedler gefrieren läßt und in denen das Trompetensignal der heranstürmenden Kavallerie den Belagerten Rettung, den Belagerern aber in seiner ekelhaften Munterkeit schmachvolle Niederlage verheißt.

Eine Frage des Gebrauchs

Das Zeitalter der technischen Reproduzierbarkeit hat uns nicht nur die Jingle-Kultur beschert, nach der jedes Waschmittel, jeder Schnaps, jede Bank eine Erkennungsmelodie hat, sozusagen einen musikalischen Paß. Die unbegrenzte Wiederholbarkeit macht auch aus vielleicht liebenswerten Ohrwürmern bald hassenswerte Quälgeister. Sie werden zu unausrottbarem Ungeziefer im Haushalt des Hörgedächtnisses. Und es gibt keinen wirklichen Schutz gegen sie. Denn abgesehen von ihrer Zuchtstätte Werbung in Radio, Fernsehen und Kino fallen sie auf Anrufbeantwortern, in Kaufhäusern, in Restaurants, auf Märkten und bei Straßenmusikanten über den Ahnungslosen her: Hier ein Beatles-Song, dort »Kein schöner Land ...«, da garniert ein Stückchen Miles Davis das banale »Leider ist gerade niemand zu Hause«, im Hauseingang krächzt einer, den Guitarrenkoffer als Bettelnapf vor sich, »I can get no satisfaction«, aus der Apotheke fließt ein Schwall »schöne blaue Donau«, im Lift säuselt Joao Gilberto »Bossa nova«, in der Eckkneipe ruckt der Tango »Jalousie«. Nichts unangenehmer, als, wie es einem seit spätestens 1968 häufig geschieht, den Folkloren der Dritten Welt ausgesetzt zu werden, weil die diversen Kampflieder, Meditationsmusiken, Gamelan- oder Koto-Klänge immer mit Bekenntniseifer des Vorführenden verbunden sind. Selbst bei größtem Mißbehagen ringt man sich meist zu braver Anhörhöflichkeit durch.

Vernutzt, verschlissen, ruiniert und kaum mehr zu heilen: Selbst wenn Alfred Brendel Beethovens »An Elise« spielt, kann er dieses kleine Klavierstück nicht mehr in die Welt integraler Kunst zurückholen. Der Beginn von »Also sprach Zarathustra« von Richard Strauss hatte stets schon den Charakter auftrumpfenden Pomps, immerhin soll da, laut Programm, die Sonne aufgehen. Doch seitdem die Kraftgeste dieser Musik dazu dient, im Stammlokal die Sperrstunde anzuzeigen, oder zum Auftrittsritual von Boxern und Bodybuildern gehört oder im Kaufhaus zur Vorstellung eines neuen Dampftopfmodells ertönt, hat diese eigentlich imponierende Akkordauftürmung ihren heroischen Effekt an vulgäre Verfügbarkeit verloren. Tschaikowskis 1. Klavierkonzert, Mozarts »kleine Nachtmusik«, Vivaldis »Jahreszeiten«, Mahlers »Adagietto« aus der 5. Symphonie – die Reihe läßt sich beliebig fortsetzen – erzeugen, so hemmungslos ausgebeutet, Überdruß. Der Gedanke liegt nahe, Symphonien, Sonaten, Instrumentalkonzerte und Chorwerke unter Kuratel zu stellen, um sie vor weiterer Ausplünderung zu bewahren und sie wieder in ihrer Seltenheit und Einzigartigkeit erleben zu können. Denn sonst wird das wohlklingend Prägnante peinlich: »Das kann ich nicht mehr hören!« Am schlimmsten gelang Joseph Goebbels solche Indienstnahme von Musik, als er »Les Préludes« von Franz Liszt ein für allemal zur Kennung der Reichswochenschau herabwürdigte. Die naiv monumentale Pracht der Lisztschen Musik ist seitdem unweigerlich von Breker-Adlern verdunkelt und vom Staccato großdeutscher Kriegsberichterstatter verekelt. Seinem horrenden ideologisch verbrämten Antisemitismus und der dementsprechenden Verehrung durch Hitler und sein »tausendjähriges Reich« hat es Richard Wagner zu danken, daß seine Musik vielen unmittelbare Übelkeit bereitet und in Israel verboten ist.

Regulierende Eingriffe hat es in der Geschichte der Musik immer wieder gegeben, allerdings eher satztechnischer Art. Beispielsweise gegenüber nicht unbedingt abscheulichen, aber wegen ihrer mangelnden Eindeutigkeit problematischen Intervallen. Bis ins 16. Jahrhundert hinein galt die Terz nur als unvollkommene Konsonanz, wurde auf Konzilen über ihre gefährliche Sinnlichkeit debattiert. Der Tritonus (ein Intervall von drei Ganztönen) wurde schon im alten Griechenland möglichst umgangen und galt im Mittelalter als *diabolus in musica*, dessen Gebrauch verpönt war, dennoch wegen seiner besonderen Spannung auch damals verwendet wurde. Bach benutzte ihn gerne, wenn von Tod, Sünde, Klage die Rede ist. In Mozarts »Don Giovanni« erscheint der Komtur im Klanglicht des Tritonus, in Webers »Freischütz« beleuchtet er die Wolfsschluchtszene bengalisch, in Wagners »Rheingold« ist der spätere Drache Fafner mit einem Tritonus-Motiv charakterisiert. Das Ekelhafte kann also reizvoll werden, wenn es die Neugier weckt, den Lustschauer des Tabubruchs auslöst, harmlose Harmonie durch Spannung elektrisiert. Komponisten wie der fleißige, durchaus hervorragend begabte Max Bruch aber können durch ihren Hang zu unentwegter Konsonanz in siruppartigem Wohlklang enden, der, je nach Ausdauer, jedem irgendwann als sentimentaler Pfropf im Ohr klebt. Man denke an das in allen Wunschkonzerten dieser Erde bis zum Erbrechen präsentierte Adagio aus seinem 1. Violinkonzert. Der Mann hat bis in dieses Jahrhundert hinein gelebt, ein knorrig konservatives Überbleibsel der Plüsch- und Pleureusenzeit, deren Staub so deutlich auf seiner Musik liegt.

Eine Frage der Emanzipation

Seitdem Arnold Schönberg die Gleichberechtigung der Dissonanz forderte und dementsprechend komponierte, gelten seine Stücke im ganzen als Ekeltöne für jene, die ihr Opern- oder Philharmoniker-Abonnement den Nachkommen zu vererben pflegen. Während der Meister selbst ganz national frohlockte, er habe mit der Zwölftontechnik die Vorherrschaft der deutschen Musik für die nächsten hundert Jahre gesichert, reagierte das bürgerliche Publikum entsetzt. Selbst heute, da Schönberg längst ein Klassiker der Moderne ist, kann man in den Gesichtern des Durchschnittspublikums die Anstrengung sehen, mit der es den Widerwillen gegen soviel Dissonanzenherrlichkeit bekämpft. Von Beginn an wird eine solche »Katzenmusik« auch politisch der umstürzlerischen Verschwörung verdächtigt, obwohl Schönberg ganz Konservativer war. Sein Antipode Strawinsky mußte erleben, daß es 1913 bei der Uraufführung des »Sacre du Printemps« zu rechtsgerichteten Tumulten kam. Lange Zeit wurde diese Ablehnung neuer Musik durch das Publikum von den Schülern und Kennern gewissermaßen als Ritterschlag gewertet. Und daß sie in Diktaturen strikt verboten worden ist oder als nihilistischer Formalismus denunziert wurde mit meist fürchterlichen Konsequenzen für Komponisten und Ausführende, hat, adornitisch gesprochen, ihren Wahrheitsanspruch bestätigt.

Die Konzert- und Opernbesucher wollten nicht aufgestört werden in ihrer feisten Ruhe, heißt es, sie verweigerten sich der Progression der Kunst, wollten nur kulinarisch genießen oder sich amüsieren. Für sie gebe es Kunst nicht als Auseinandersetzung mit, sondern nur als Flucht aus ihrer jämmerlichen Realität. Adorno hat dieses Plädoyer in der *Dialektik der Aufklärung* brillant vorgetragen und sah die Künste in der Kulturindustrie widerstandslos aufgehen. Dabei attackierte er neben Kino, Radio und Fernsehen auch den Jazz. Als ob da etwas in ihm übrig geblieben wäre von jener heftigen bürgerlichen Abwehr, das sei doch Negermusik aus der Gosse, die einem nicht gefallen dürfe, weil man sich sonst gemein mache. Abstiegsängste artikulieren sich da neben blankem Rassismus. Auch Adorno formuliert in seiner Kritik unterschwellig die Furcht vorm Verschwinden der bildungsbürgerlichen Vorkriegswelt und ihrer Werte mit, denen er, wie verdeckt auch immer, verpflichtet blieb. Mit der erstaunlichen Arroganz des auf diesem Gebiet wenig Kenntnisreichen schmäht er Jazz als synkopierte Nachahmung, als Unterhaltungsgenre, das letztlich nicht mehr als eine Art Tanzmusik ist, ihm also zuwider. Dagegen Bach, Beethoven, Schönberg ... Eine Argumentationslinie, an der entlang die Debatten um Neue oder außereuropäische Musik, um Rock und Pop, um die Rückkehr zu einem neuen Expressionismus, einer neuen Sinnlichkeit in der Musik bis jetzt geführt werden. Daß Jazz heute im internationalen Musikbetrieb nahezu eine elitäre Nischenexistenz fristen muß für ein Spezialistenpublikum, zeigt, wie wenig Adornos Kritik mit dem Jazz als vielfältiger, vielschichtiger und auch emanzipatorischer Musik zu tun hatte und wieviel mit den – ästhetisch wie politisch selbst höchst widerwärtigen – Ekelgefühlen wohlsituierter mitteleuropäischer Bürger.

Eine Frage des Genies

Ekeltöne bleiben im allgemeinen Ermessenssache. Dann aber gibt es einen Hörsturz, und der Betroffene vernimmt im Ohr ein Rauschen oder Pfeifen oder Kreischen oder Flöten oder ... Tinnitus heißt der wahre

Ekelton. Denn der Leidende wird das Klingen und Tönen, das nur er wahrnimmt, nicht mehr los, es begleitet ihn Tag und Nacht. In Spezialkliniken müssen die Kranken lernen, sich mit diesem lebenslangen Gehörinsassen einzurichten, ihn auszuhalten, ihn allmählich zu überhören und ihm damit nur ein Schemendasein im Bewußtsein zu gestatten. So sollte es sein.

Aber der Komponist Friedrich Smetana wußte 1874 noch nichts von solchen Therapien, als sich bei ihm eines Tages ein Ton bemerkbar machte, den er nicht abschütteln, nicht abstellen, nicht wegdenken konnte. Zwei Jahre später schrieb er sein zweites Streichquartett c-Moll und gab ihm den Titel »Aus meinem Leben«. Am Höhepunkt des Finales bricht der vitale musikalische Satz plötzlich ab, und die 1. Geige läßt in die schockartig einsetzende Leere ein hohes a als Flageolett, spitz wie eine Nadel, erklingen. Es ist jener teuflische Ton, der den Komponisten ununterbrochen peinigte, dem bald die Ertaubung folgte und der Smetana schließlich in Wahnsinn und Tod trieb.

Indem Smetana jedoch seinen Tinnitus, dieses hohe a, in seiner Musik ausstellte und damit für alle hörbar machte, erwarb er ihm einzigartige Unsterblichkeit.

PRIVAT «WIE ZWEI EISBERGE», POLITISCH DAS PERFEKTE PAAR. DIE LEGENDE VON JACK UND JACKIE.

Alan Posener
John F. und Jacqueline Kennedy
160 Seiten inkl. Abbildungen.
Gebunden.
DM 34,-/öS 248,-/sFr 31,50

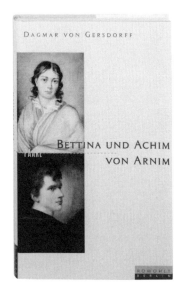

IHR WAR DIE EHE EIN «MARTERBETT», ER ENTDECKTE DAS «GLÜCK DER EINSAMKEIT». EIN FAST ROMANTISCHES PAAR.

Dagmar von Gersdorff
Bettina und Achim von Arnim
208 Seiten inkl. Abbildungen.
Gebunden.
DM 34,-/öS 248,-/sFr 31,50

Ingomar von Kieseritzky
Aus dem Tagebuch eines Panphobikers

Mitte Januar

Alles wird schlimmer, aber der große Entschluß zu dieser einen bestimmten Art von Salvation war schon zu Weihnachten so unumstößlich wie kein anderer. Es wäre eine Willensleistung erster Güte gewesen, hätte es geklappt, aber es ging aus vielen Gründen nicht – Widerwillen, psychisch, und Widerstand, physiologisch. Wie ich weiß, brauchen die anderen Menschen gar keinen Entschluß, auch nicht das tröstliche Bild eines siegreichen Deliriums, sie schaffen es einfach so, ohne nennenswerte Willensleistung. Aber es gibt keinen anderen Ausweg und keine andere Rettung, ich muß Alkoholiker werden. G. Keller war einer, Poe war einer und Beethoven wohl erst recht, massenhaft viele waren es, und alle haben es geschafft. Freilich ist da ein Punkt, eine Art Hindernis, eine lästige Naturbarriere – ich vertrage partout keinen Alkohol, gleichgültig welcher Klasse von geistigen Getränken, unabhängig von Feuer, Farbe und Gehalt. H., dessen maroder Magen alles verweigert, wurde durch die Lektüre einer Apothekerzeitung zum erfolgreichen Alkoholiker. In dem Artikel stand, regelmäßiger Weingenuß – aber rot, nicht weiß! – sei gut für die Herzkranzgefäße, demontiere das schlechte Cholesterin, beuge dem Infarkt vor, die sog. Antioxydantien erledigten gewisse Schadstoffe, und das Blut verklebe dann auch nicht mehr so schnell. Seitdem H. mehr als nur regelmäßig trinkt, schlummert immer mal wieder das Prinzip Hoffnung in ein paar Relativsätzen seiner kulturpessimistischen Prosa, und er fügt sich mit der Rasierklinge nur noch sonntags blutige Wunden zu. Habe leider vor Bier unüberwindlichen Widerwillen, der bis zur Grenze des Ekels geht, soll aber in hohen Dosen verläßlich abstumpfen. Cognac erzeugt Übelkeit und Sodbrennen.

17. Januar

Das erste Experiment ist mißlungen. Hatte beim Weinhändler einen teuren Bordeaux gekauft, eine Empfehlung, einen Château Doisy – Védrines, deuxième cru, gottlob, und ich trank, meinen inneren Befehlen folgend, Glas nach Glas. Zuerst passierte gar nichts, nur die Angst vor Explosionen verminderte sich, mein Tremor ging ein bißchen zurück, die Kopfschmerzen blieben konstant, Cephalgien unklarer Genese, wie Dr. G. immer sagte, der erwartete Stupor, der die gereizten Sinne und das nervöse Hirn betäuben sollte, blieb leider aus.

In der Nacht spülte mich eine schwarze Wolke von Übelkeit ans Klosettbecken, und ich gab die teure Flüssigkeit wieder von mir. Die sog. »niederen Sinne«, wie Kant einmal sagte, sind leider noch geschärfter als üblich.

In dieser hoffnungslosen Lage ging ich zu meinem Internisten und Allergologen Dr. G., der auch Allergiker war, ich wußte aber nicht, wogegen, um ihn um Rat zu fragen. Ich hätte natürlich auch zu meinem Analytiker gehen können, Dr. F., aber der war ein Phobiker, freilich ein larvierter, und auf die wiederum reagiere ich ein wenig allergisch. Ich sagte zu Dr. G., ich wolle Alkoholiker werden, vertrüge aber leider keinen Alkohol.

Das sei eine schlechte Voraussetzung, sagte er, ob ich mir nicht eine andere Sucht oder ein weniger kontraindiziertes Laster aussuchen wolle? Ich blieb in diesem Punkt fest und sagte, es müsse die Alkoholkarriere sein, die man zu Hause betreiben könne. Dann stellte mir G. die Warum-Frage, während sein linkes Auge unaufhörlich zuckte. Auf seiner linken Wange hatte er ein blumenkohlähnliches, korallenrotes Mal, das näßte. Ich sei extrem ängstlich, sagte ich, litte unter diversen Affekten und allergischen Reaktionen, fürchtete mich vor allem und jedem, also vor Tier und Mensch, der Umwelt, der Gesellschaft etc. und sähe nur in den Delirien des systematischen Alkoholgenusses eine gewisse Zukunft.

Das sei alles nichts Ungewöhnliches, sagte Dr. G. Ein Mensch, der auf diese Zeit und ihre Gesellschaft nicht mit Hostilitäten, Allergien, Pusteln, Idiosynkrasien, Schuppenflechten, Animositäten, Erstickungsanfällen, Phobien und Neurosen auf dem Fundament diffuser Angst reagiere, sei anomal oder, wie die meisten, pervers.

Pflegen Sie Ihre Neurosen, rief Dr. G., mit dem rechten Lid zuckend, kultivieren Sie Ihre allergischen Reaktionen und suchen Sie vielleicht die lehrreiche Gesellschaft anderer Phobiker, suchen Sie den Gedankenaustausch mit ihnen!

Ich habe, sagte ich, wie mein Analytiker Angst und Abscheu vor anderen Menschen.

Mehr als begreiflich, sagte Dr. G., sei diese Homilophobie, ob ich auch unter der Angst vor dem Alleinsein, der Einsamkeit, litte?

Die Monophobie, sagte ich stolz, sei für mich ein Fremdwort, wie auch z. B. die Angst vor Bärten.

Keine Pogonophobie, murmelte Dr. G. in seinen Bart.

Zum Schluß fragte ich, wie man meinem Alkoholproblem beikommen könne.

Da helfe nur eine Maßnahme, sagte G., ich müsse vor der Konsumption eine Büchse Ölsardinen zu mir nehmen. Im übrigen sei der Alkohol keine gute Lösung, denn die Welt bestehe – gerade an Katertagen – aus einem chaotischen Ensemble von Unverträglichkeiten ganz unerschütterlicher Persistenz. Setzen Sie sich Alltagsreaktionen aus, sagte er, überprüfen Sie Ihre Reaktionen und Gegenreaktionen und finden Sie die Unterschiede heraus! Der Mensch ist auch in seiner Schwäche ein distinktionsfähiges Wesen.

Noch immer Januar, aber nahe am Ende

Fest entschlossen, meine Restkapazitäten und die mageren Willensressourcen für die phänomenale Idee des Alkoholismus (eine Art Rechtfertigung) ins Feld zu führen, war ich gezwungen, meinen Analytiker C. zu besuchen, koste es, was es wolle. Ich bestieg sogar ein öffentliches Verkehrsmittel, eine Straßenbahn, nachdem ich zu Hause mühsam die Grundlage für diese ekelhafte Exkursion geschaffen hatte – eine Dose entgräteter Ölsardinen, solche ohne Rückgrat, und danach zwei Gläser Armagnac; ach, viele Leute, viel Enge, viel Gestank, und die Handschuhe nützen gegen Hyperpopulation wenig; auch viel Schweiß. Am unangenehmsten sind mir die undefinierbaren Gerüche, wahre Miasmen. Bekam prompt, gemäß den Gesetzen der inneren Apparatur, wieder einen Herpes an der Oberlippe links. Derart ausgestattet, betrat ich behutsam schwankend die Praxis des Dr. C. und klopfte dreimal an die mit Leder gepolsterte Tür; jeder Patient hatte ein anderes Klopfzeichen. Nach drei Minuten durfte man eintreten. In der Zeit hockte sich Dr. C. in einen schwarzen Kasten auf einen Küchenstuhl und machte von innen die Klappe zu.

Sind Sie's, fragte er verdrießlich, und ich bestätigte. Seit vier Jahren vertrug C. den Anblick seiner Patienten nicht mehr. Ich hätte gern gewußt, welche edlen Neurosen der Doktor heimlich pflegte.

Irgend etwas stank so vor sich hin, und mir wurde noch ein bißchen übler. Ich öffnete das Fenster, da schrie C. aus seinem Kasten, seiner *silence box* in freien Minuten, nehme ich an, ich solle das Fenster wieder schließen wegen der Pollengefahr. Dabei sind Pollen Natur, die eigentliche Gefahr aber geht vom Menschen aus.

Ich hasse Atopiker, sagte ich und schlug mit der Faust auf den Kasten.

Sehr gut, sagte Dr. C., eine ungeplante Interaktion, sind Sie mit den Ekelreaktionen weitergekommen?

Ich erwiderte, ich hätte moralische Skrupel, aber technische auch, denn der Ekel als solcher sei eine so feine, sensible und edle Empfindung, der ich wegen meiner Schwäche und Ängstlichkeit nicht recht gewachsen sei. Ich müsse im Augenblick mit Empfindungen in kleineren Formaten auskommen. Deshalb hegte ich nur einen matten, aber andauernden Widerwillen gegen alles.

Alles sei zu viel, sagte C. streng, man müsse immer eine Wahl treffen, auf »alles« könne man nicht angemessen reagieren. Ich sagte, ich wolle ja überhaupt nicht mehr reagieren. C. sagte, ich wisse nicht, was ich wolle, ich sei ein hypersensibler Vollidiot oder Angstlusttyp, der lediglich Probleme bei der Verarbeitung exogener Reize überwinden müsse. Die Gefahr, sagte ich zur Kiste, gehe vom Menschen aus, ich hätte wieder einen Herpes. Da erhob Dr. C. ein großes Geschrei, aber unartikuliert. Ich wartete ruhig ab. Der Choleriker in C. litt immer nur an kurzen Anfällen.

Beschreiben Sie, sagte er nach einer Weile, Ihr Problem, aber fassen Sie sich extrem kurz.

Ich zog mein Notizbuch zu Rate und sagte, ich litte ganz ungemein, aber nicht diffus, wie Dr. G. behaupte, ich ertrüge meinen Anblick im Spiegel nicht mehr, ich finge an, meine Stimme zu verabscheuen, dabei neigte ich zum Selbstgespräch, weil ich nicht gesellig sei, ich begänne, mich vor meinen Sprechakten zu ekeln, und ich ertrüge keine Zeitungen, Filme oder TV-Bilder mehr, kurz, Informationen; und gegen Morgen wachte ich mitunter tränenüberströmt auf, ängstlich wie ein Feldhase sei ich sowieso, das sei schon alles.

Du lieber Himmel, sagte C. in seiner Kiste, und deshalb kommen Sie extra in die Praxis? Wegen dieser Allerweltslappalien belästigen Sie mich? Sammeln Sie alle Symptome und klassifizieren Sie sie, die Herstellung einer gewissen Ordnung schafft immer eine gewisse Klarheit. Sie müssen sich darüber klar werden, worunter Sie wirklich leiden, worauf Sie animos bis panisch reagieren und vor allen – in welcher Form. Entwickeln Sie mehr Distanz, bei Ihrem lediglich guten Ansatz zu einer Neurasthenie – die völlig normal ist –, wird's einmal eine hübsche Neurose. Ob ich Alkoholprobleme hätte?

Ich repetierte die Geschichte, die ich schon Dr. G. vorgelegt hatte.

Die künstliche Betäubung oder Abstumpfung, sagte C. zu meiner Überraschung, sei eine ganz vorzügliche Idee, ich solle es mit Cocktails versuchen, müsse aber gleichzeitig mit dem Rauchen anfangen, nur die kombinierten Gifte wirkten erfolgreich.

Ich dankte ihm sehr für seinen Rat.

Mir war immer noch übel. Im Kasten war es still, Dr. C. schien keinen Sprechakt mehr zu planen, oder er war mit dem Konzept noch nicht fertig. Dann ertönte ein Würgegeräusch in der Kiste, ich stürzte zum

Waschbecken und gab die Ölsardinen und die beiden Armagnacs von mir.

Auf dem Weg zur Tür – Dr. C. hockte stumm in seiner Kiste und wartete ergeben auf den Asthmaanfall, der ihn zu überfallen pflegte, wenn ihn ein Proband verließ – hob ich eine Ecke des Perserteppichs auf, und da lag eine verzweifelt gekrümmte sandfarbene Wurst. C. machte auch Aversionstherapien, und sie war da einfach vergessen worden.

Abends, spät
Wenn die Leidensreagibilitäten keine Form haben, müssen dann die Reaktionen auf sie eine haben? Und wenn, welche zum Teufel? Immer neue Probleme. Der Herpes blüht und gedeiht.

30. Januar
Habe mir systematisch alle Leidenspunkte, Reaktionen und Gegenreaktionen notiert, danach mit Cocktails experimentiert. Im Kopf ein bißchen durcheinander, aber sonst wohlauf. Zigaretten sind ein teures Laster, die erste schmeckt jeden Tag scheußlicher, später geht es dann. Der Cocktail ist ein Mischgetränk, eine bunte Sache, sehr schmackhaft und hoffentlich bekömmlich. Habe nach einem Lehrbuch gemixt, zuerst einen Manhattan, der aus Wermut, Canadian Whisky und einer kleinen Dosis Angostura besteht; die Ölsardinen, des Doktors Präventivmaßnahme vor dem Cocktail, gingen immer nur schwer runter. Aber es muß sein, dienen die portugiesischen Sardinen doch einer großen Sache.

Den Manhattan bei mir behalten, maßvolles Triumphgefühl, darauf einen Rusty Nail, Scotch Whisky und 5 cl Drambuie, blieb auch bei mir, ohne zu klagen.

Der nächste Morgen war eigentümlich – die gleichen Symptome wie immer: Übelkeit, Schwindel, Globus-hystericus-Abstürze, Schweißausbrüche, ein blühender Herpes, Unterlippe, Tremor etc. – aber jetzt hatten sie eine Ursache, den Alkohol.

Nach den zwei ersten Cocktails auf Ölsardinen mixte ich mir alle dreißig Minuten einen neuen – einen Rob Roy, dann einen Whisky sour, dem ein Gimlet folgte, denn auch der Gin ist ein feines Getränk und wirkt. So untersuchte ich Ursachen und Wirkungen und hielt spät abends wegen des Stupors im Hirn sogar TV aus, Nachrichten. Der Papst hat sich beim üblichen Erdkuß an einer Glasscherbe die Oberlippe zerschnitten, ein Gerontophiler hat eine Greisin hinter einer Telephonzelle vergewaltigt, Waldbrände in Spanien.

Und, liebes Tagebuch, es ergab sich keine Animosität, ich trank, ich schaute zu, ich hatte Distanz, während die Cocktails ihre Arbeit verrichteten.

Ein Problem bleibt – wo ist die Verträglichkeits- oder die Unverträglichkeitsgrenze. Bin entschlossen, mir einen Meßbecher zu kaufen, das minimiert das Problem ganz entschieden.

Will morgen das Haus verlassen. Im Supermarkt (Schutzmaske und Handschuhe!) Ölsardinen, Gordon's Gin und Whisky besorgen. Auf dieser gesunden Grundlage (bislang ohne Beschwerden) H. besuchen, um zu sehen, wie seine Alkoholkarriere im Augenblick aussieht.

1. Februar

Den Besuch bei H. hätte ich unterlassen sollen, wie man überhaupt den Umgang mit Allergikern oder Atopikern besser meidet. Sein Anblick, wie er da auf Alufolie in seinem mit Alufolie ausgeschlagenen Zimmer auf dem Alufolienpuff saß, erinnerte mich stark an Angelica kurz nach dem Ausbruch ihrer Hautkrankheit, die eine waschechte periorale Dermatitis war, also im Gesicht rote Knötchen, vor allem um den Mund und die blauen Augen. H. litt im Gesicht, wo sonst, das konnte ich selbst auf Distanz sehen, an einem sogenannten Rhinophym, das heißt, seine einstmals zarte, sensitive Nase hatte sich in einen geschwollenen Kolben verwandelt, weil die Talgdrüsen seiner Nase wegen eines Mittelchens verrückt spielten.

Zuerst tauschten wir Höflichkeiten aus, so über die Produktion oder Nicht-Produktion, denn er schrieb an einem Buch über die »Gewalt in der modernen Gesellschaft« und war noch im schönen Stadium des Sammelns und Sichtens; und illustriert sollte es auch sein, vom Pariser Katzenmassaker bis zu den letzten Genoziden.

Kommst du denn vorwärts, fragte ich.

H. sagte, ich sei ein Volltrottel, wie er voranschreiten könne, wenn man mehr als zehn entzündete oder entzündliche Herde am Körper habe, innen und außen; aber er habe schon einen Platz im Flugzeug nach En Bodek gebucht, das sei ein idyllisches Plätzchen am Südende des Toten Meeres, wo Extrematopiker wie er kuriert würden, natürlich zu horrenden Preisen.

Dann zeigte ich ihm eine Flasche Malt-Whisky, zwölf würdige Jahre alt, und er verschmähte meine Gabe – obwohl ich zwei sterile Gläser mitgebracht hatte – und sagte, er vertrage keinen Alkohol mehr. Mein Gott, dachte ich, wie kann man reinen Alkohol nicht vertragen, Bier oder Wein sind kontraindiziert und schon wegen der großen Menge dem Metabolismus nicht zuträglich, aber bei den geistigen Getränken macht es eben nicht die Quantität, sondern die Klasse und die Qualität.

Aber ging's dir, fragte ich, unter Alkohol nicht wesentlich besser?

Sicherlich, sagte H. traurig, das Gefühl der Freiheit war groß, ich konnte wildfremde Menschen beleidigen, und als Betrunkener hat man immer einen Schutzengel, der einen weich fallen läßt. Ach, und alles fing mit einer Pollenallergie an, ganz harmlos, sagte mein Arzt. Wußtest du, daß es über 20000 Allergene gibt? Und ich leide, wie Proust übrigens, unter Hausstaub.

Bist du, fragte ich, mal hinter die Ursachen deiner polymorphen Allergien gekommen, systematisch, meine ich?

H. sagte, er sei schon lange nicht mehr zu einem halbwegs systematischen Denken über seine Zustände gekommen, sein Körper habe die Zwangsherrschaft übernommen und denke für ihn, der nun keinen Unterschied mehr mache zwischen wahllosen und/oder unsystematischen Beobachtungen seines Körpers.

Ach, traurig klang das, und ich empfand ein gewisses Mitleid, blieb aber auf Distanz. Was er da an somatischen Zeichen setzte, war bestimmt nicht ansteckend, aber meine Bazillophobie duldete keine Nähe. In Mitteleuropa, sagte H. und hustete heftig, gehen über 30000 Mikrosporen pro Quadratzentimeter nieder – es ist immer wie ein feindliches Bombardement. Nach diesem Satz entschleimte er umständlich seine Nase.

Mein Arzt, sagte H., ein ganz wunderbarer Diagnostiker – kam durch einen Bienenstich ums Leben –, sagte mir einmal, Ursache aller Kontaktstörungen sei der westliche Lebensstil oder das Reizstoffbombardement der chemischen Industrie – aber das ist nur die halbe Wahrheit.

Ich bat um die ganze.

Ich sag's dir, sagte H., während er eine nässende Stelle unter seiner Achsel, interessante Flecken insgesamt, mit einem seidenen, wohl nicht allergenen Tuch tamponierte, es ist die moderne Zeit schlechthin, der Mangel einer funktionierenden Ethik, das Fehlen von privaten Moralen, die entsetzliche Bilderflut, die Gewalt und endlich die Beschleunigung, sodann liege es an der Hyperproduktion, von allem immer zuviel und das Zuviele immer überflüssig, wie seine widerlichen Zeichen, Pusteln und Symptome – alles Reaktionen und Gegenreaktionen, aber worauf?

Aufs Leben vielleicht, sagte ich automatisch, das heißt, ich wollte sagen, ich hatte intendiert zu sagen »aufs Leben vielleicht«, aber es kam nur eine dünne, leicht verwaschene Version heraus, die so klang wie »aulehm verleich«, was wieder bedeutete, daß ich durch den Konsum von dem alten Malzwhisky die Kontrolle verloren hatte.

Was hast du gesagt, fragte H. mehrmals; seine Flecken leuchteten auf seiner fischbauchweißen Haut.

Es blieb bei dieser einen Ungelenksamkeit beim Sprechen, ab da sprach ich ganz langsam wie in einer schweren logopädischen Stunde.

Das ist doch kein Leben mehr, sagte H., in einem schlecht möblierten Kosmos voller Unverträglichkeiten, Schmerzen etc., aber es gebe gottlob schlimmere Schicksale.

Wir lebten beide ein bißchen auf.

Wer, fragte ich prononciert, und wie schlimm welches Schicksal?

Paß auf, sagte H., ein wirklich teilnahmsvoller Erzähler schlimmer Fälle, Prof. Bandini, Mailand, Zeichentheoretiker, ein Bild von Mann, ein wahrer Latin lover, ein Dante-Kopf, verliebt sich in eine wunderschöne Frau, und beim ersten Liebesversuch besteht sie auf einem Präservativ.

O Gott, sagte ich.

In der Tat, sagte H., B., arglos, auf Sicherheit bedacht, füge sich ihrem Wunsch, insgesamt eine höchst befriedigende Vereinigung, aber dann Quaddelbildung am Penis mit anderen allergischen Zeichen im Gesicht, viele Schmerzen, lebe jetzt entliebt und sehr zurückgezogen.

Ich fragte, ob er auch an einer Latex-Allergie laboriere.

Wo ich denn hindächte, fragte H. weinerlich, wozu er denn wohl noch ein Präservativ brauche in seinem jämmerlichen Zustand.

Da mochte er recht haben. Da ich die Fragen vergessen hatte, die ich ihm stellen wollte, nahm ich meine halbe Flasche unter den Arm und wollte mich verabschieden.

Geh noch nicht, sagte H., weißt du, was das Fatale ist an diesen Allergien? Es sind ja Zeichen, die der Körper auf Störungen aussendet, und er wird recht haben, ich kann ihm da nicht widersprechen. Aber er habe das Gefühl, man müsse sich *andere* Allergien leisten, zum Beispiel auf idiotische Verhältnisse, Geschmacklosigkeiten oder grenzdebile Subjekte; wovor ich mich denn am meisten ekelte?

Schwer zu sagen, sagte ich, heute früh sei ich aufgewacht, in der Nase den Geruch nach Zucker, Urin und verbrannter Leber.

Wie es denn jetzt rieche, fragte H. aufmerksam.

Nach Cortisonsalbe, Urin und verbrannter Leber, sagte ich wahrheitsgetreu, wie es meine Art ist. Man muß die Dinge so sehen, wie sie sind, das ist meine Meinung.

Laß mal einen Leberstatus bei dir machen, sagte H. zum Abschied.

So bald werde ich ihn nicht mehr besuchen; geistig stark depraviert, ist er im Gespräch nicht mehr ergiebig, und recht betrachtet, sind fremde Allergien auch nicht so besonders interessant.

Zu Hause regenerierte ich mich notdürftig, schlief exzessiv und gedachte des Rates Dr. G.s, mich Alltagssituationen auszusetzen, um die Ängste zu besiegen vor fremden Gerüchen, aggressiven Auren und den Co-Subjekten, die überall präsent sind.

3. Februar

Ich muß mich den Alltagssituationen aussetzen, Dr. G. wird recht haben, man kann nur durch die direkte Beobachtung und Anschauung der Lei-

den anderer etwas lernen, vorausgesetzt, man erfreut sich der Bekanntschaft anderer Leidender, die da allergisch reagieren oder sich (mit einem
düpierten Gewissen) herzlich ekeln und an ihrer Leidenskasuistik ba-
steln, Gründe und Folgen, Ursachen und Wirkungen usw.

A. aufsuchen. Litt noch vor zwei Jahren an einer stattlichen Hydro-
phobie. Behauptet, seine Mutter habe ihn als Baby in kochendes Wasser
getunkt.

Vielleicht auch Ö. lohnenswert; litt unter rätselhaften Depressionen,
an verwickelten inneren Qualen, die er niemandem mitteilen konnte,
dabei ein guter Kunsthistoriker, Spezialist für die sog. Orientalisten des
18. und 19. Jahrhunderts. Vielleicht interessante Entwicklung.

Oder L., der Schulfreund, der schon im Kindergarten derart lärmemp-
findlich war, daß er in Tränen ausbrach, wenn man laut sprach. Wie wohl
die Folgen einer solchen Hypersensibilität lebenstechnisch aussehen mögen?

Mehr Fälle dieser Art habe ich nicht in petto; vielleicht wäre ein Besuch bei Sonja nützlich, die Katzenhaare nicht vertrug; aber ich weiß
nicht, eine Katzenhaar-Allergie führt – außer zu den bekannten Symptomen – eigentlich zu nichts, und man könnte sich den Besuch ersparen,
allerdings ist sie auf ihre Weise sehr hübsch, sollte sie die Katzen abgeschafft haben.

Nach einer Büchse Ölsardinen und zwei Daiquiris – im Februar ist der
Rum dran –, im Flachmann 20 cl Rum und Cointreau, war ich, so dachte
ich, der Außenwelt gewachsen. Meine Ängste waren nahe am Einschla-
fen. Zu L., dem Rumorphobiker, fuhr ich allerdings mit dem Taxi und
hoffte, er leide nicht unter einer ansteckenden Krankheit.

4. Februar
Konnte an L. nichts studieren, was ich nicht schon gewußt hätte. Er litt
an so gut wie gar nichts mehr, auch nicht unter dem Lärm, weil er vor
zwei Jahren überfallen worden war, in der S-Bahn, und der Kerl hatte
ihm mit beiden Händen gleichzeitig Ohrfeigen verpaßt, auf jedes Ohr je
eine, also symmetrisch, mit aller Kraft, so daß seine Trommelfelle ge-
platzt waren, ab da, schrie L., war Ruhe im Karton.

Hätte man, schrie ich zurück, nicht durch eine Operation –

Wozu, schrie L., der die Bewegungen meiner Lippen studiert hatte,
himmlische Ruhe, keine schwachsinnigen, groben Geräusche mehr,
keine lästigen, häßlichen Stimmen, die an meinen Nerven schabten, im
Fernsehen nur Bilder, auf ihre Weise auch blöd, aber wenigstens ruhig,
und wozu braucht man überhaupt Ohren, diese überflüssigen Organe.
Das alles sprach er so laut, daß mir der Schädel dröhnte. Ich weiß nicht,
aber früher, im Kindergarten oder in der Schule, als er sich noch die

Ohren zuhielt, um den Lärmzumutungen zu entgehen, hatte er mir besser gefallen.

Vielleicht ließ sich seiner Geschichte etwas Nützliches abpressen, dachte ich und fragte, wie es ihm früher ergangen sei mit seiner Lärmphobie, ich kannte den technischen Ausdruck nicht.

Was hier Phobie heiße, schrie L., er habe von jeher allergisch auf Lärm aller Art reagiert, in der Form von Wutanfällen.

Sieh mal einer an, dachte ich voller Achtung, das ist ja auch eine Möglichkeit. In der Form richtiger Wutanfälle, warum nicht? Wie denn die Formen so beschaffen sein müßten, und ob er leiser sprechen könne? Das tat er dann. Es war schon eine Leidensgeschichte vor dem Verlust der Trommelfelle; er hatte umziehen müssen und stritt sich mit nächtlichen Waschmaschinen, ignoranten Mitmietern, schreienden Kindern, auf die er mit Urin gefüllte Plastiksäcke warf, er führte Prozesse, na, zum Schluß war die Geschichte seines Kampfes gegen die Zumutung doch ein bißchen eintönig.

Bist du verheiratet, fragte ich nach einem großen Schluck aus meinem Flachmann. Das Geschrei griff mich an.

Aber ja, schrie L., auch sie ist stocktaub, und wir verstehen uns prächtig, der menschliche Blick sagt mehr als tausend Worte, und im Bett fallen alle lästigen Körpergeräusche einfach weg, kurz, ganz idyllische Stille allüberall und immer.

Mochte L. in Frieden leben. Ich beschloß, H. die Geschichte anzuvertrauen für seine Arbeit über die Gewalt in der Gesellschaft, und wie sie einmal positive Folgen zeitigt, was ja selten ist.

Fuhr mit dem Taxi wieder nach Hause. In des Abends Stille mixte ich mir einen innovativen Cocktail auf Rumbasis und spürte mit unverzerrten Sinnen wieder einmal einen veritablen Ekelherpes reifen, den vierten Ekelherpes in dieser Woche. Kaum verschwand einer, tauchte ein anderer wieder auf, als wollten sie mich, genährt von einer Quelle, nicht verlassen. Immerhin eine tröstliche Konstante in ihrer Verläßlichkeit.

10. Februar, Wochentag der hl. Scholastika, vielleicht ein gutes Omen
Muß die Alkoholrationen ein bißchen herabsetzen oder zu Wodka übergehen. Rum ist schädlich fürs Gedächtnis. Habe tatsächlich den wichtigsten Fall eines »Reaktionsschemas« vergessen, den lieben, alten P., ein sanfter Mann, der Tiergeschichten schrieb, wenn er nicht gerade an seinem Syndrom doktern ließ.

Wie konnte ich nur P. vergessen, der von uns allen, mochten es Atopiker, Phobiker oder Zwangsneurotiker sein, die angemessenste Reaktion an den Tag legte. Mißfiel ihm etwas, und ihm mißfiel beinahe alles auf der Welt, empfand er den zartesten Anflug einer Zumutung, ein winziges, kaum lokalisierbares Unbehagen an Subjekt oder Objekt etc., dann, Gott, so war's damals, mußte er sich übergeben; er kotzte einfach, man kann auch sagen, P. ergoß sich ein bißchen, zuerst heimlich in ein Taschentuch, später kühner, mit Geräusch und auch offensiver.

Normalerweise ist so ein Vomitus, wie ich eruierte, ein Reflex, aber man muß was im Magen haben; P. zeigte auch mit leerem Magen, daß seine Reflexe funktionierten. Sein Arzt sagte, er leide unter einem Vomitus hystericus. Den Ausdruck »leiden« lehnte P. schon damals ab. Wenn man so reagiere wie er, dann leide nicht er als Individuum, sondern die Umgebung. Seine prompten Ekelreaktionen waren unausdenkbar delikat; er vomitierte blitzschnell – nur ein Beispiel: wenn er den Schatten einer Coca-Büchse auf einer Plastiktischdecke sehen mußte, aber niemals beim Anblick des Schattens einer Orange auf Damast, und dieses Beispiel umfaßt nur die Sphäre des Ästhetischen. Worauf er sonst mit dem bekannten Reflex mühelos und flüssig reagierte, könnte man nur in der Form eines Stich- und Schlagwortkataloges erfassen, kurz, er war eine Naturbegabung, unsere schwächlichen Reaktionen und Gegenreaktionen waren dagegen der reine Scheißdreck. Dieses machtvolle Beispiel muß in meine Sammlung, koste es, was es wolle. Freilich, ich muß mich präparieren und einen besonderen Cocktail mischen, der meine Sprech- und Reaktionsfähigkeit nicht sabotiert.

Man sollte vielleicht vorher den Depressiven besuchen, den Kunsthistoriker Ö., der sich von der herrschenden Welt nur durch Spaziergänge in den Bildern David Roberts' erholen konnte; nur er könnte mir sagen, ob eine Depression die larvierte Form einer Generalallergie ist oder ob eine Generalallergie die vitalste Form einer Depression ist.

Ach, ich habe noch immer nicht den ultimativen Cocktail bei so vielen ungelösten Fragen. Muß diese heiligen Definitionsprobleme nüchtern lösen, aber die Angst ist groß.

11. Februar

Endlich! Der ultimative Cocktail ist kreiert. Das Gesöff ist so vehement, daß es alle Angstreaktionen komplett lahmlegt, man ist eine Zeitlang wie vor den Kopf gestoßen, bleibt aber recht aufnahmefähig. Eine schöne Reaktionshemmung tritt ein.

Eine Postkarte von H. ist angekommen. Er schreibt von seinem Kurort En Bobek am Toten Meer, die Handschrift ist so winzig wie Fliegendreck:

> Lieber K. 55 Grad Hitze, nehme jeden Morgen Solbäder, am Nachmittag liege ich wegen des Asthmas auf Salzhalden. Nächste Woche Therapie bei Dr. Fausi in der Klinik Sa'ada. Dort komme ich Tag und Nacht unter eine bromidhaltige Dunstglocke, dazu gibt es eine

Hydrolysat-Diät, scheußlich. Meine individuellen Unverträglich-keitsreaktionen haben sich leicht vermindert. Dr. Fausi sagt, mir fehlten (sic!) alle immunologischen Grundlagen. Immerhin haben hier die Umweltreize ein extrem niedriges Niveau, was einen gewis-sen Ausgleich schafft. Werde wohl für immer hierbleiben. Lese gerade eine Monographie über John Ruskin; dem ging es in der Hochzeitsnacht exakt so, wie es mir mit Linda erging – entsetzliche Angstlust beim Anblick des weibl. Genitals, dann Ausschlag.

Viele Grüße aus En Bobek.

Ich verbrannte H.s Karte für alle Fälle und wusch mir dann mit alkali-freier Seife mehrmals die Hände. Man weiß ja nie. Muß meine Reaktions-schemata in Relation zu den Alkoholdosen exakt aufschreiben; ist der Stupor erst einmal da, ist es meistens schon zu spät. Die Umgebung reagiert übrigens »allergisch« auf mich, man grüßt mich nicht mehr. Das ist ein Teilerfolg.

12. Februar

Schon wieder eine Postkarte von H.

Mein bester Panphobiker K., habe entzückende Dame kennenge-lernt, sie ist Pflaumenatopikerin und hat eine chronische Schuppen-flechte an der (unleserlich), ist aber eine Seele von Mensch, der tief empfindet. Hast du schon deine wahren Anxiolytika gefunden?

Grüße vom Toten Meer, H.

13. Februar

Meine Cocktails sind die effizientesten Anxiolytika, die je ein General-verstörter eingenommen hat. Freilich dem Organismus soll's schaden, aber gottlob hat die Leber keine Nerven wie unsereiner. Ja, die Nerven. Das Lesen fällt in diesem stumpfsinnigen Zustand auch flach, aber was soll's. Was habe ich früher gelesen, massenhaft viel habe ich gelesen, auch angsteinflößendes Zeug, wenn ich so im Lektürenkanon blättere, weil ich mir immer jedes Buch aufgeschrieben habe, den Titel und sowas, wenn es erledigt war. Bilz habe ich gelesen, z. B. einen Aufsatz, der hieß »Die Intention zur motorischen Verkürzung und zur Elevation der Extremitä-ten im Angsterleben«, das war vielleicht ein Aufsatz, niederschmetternd war der, andere wieder tröstlich und auch von Bilz, wie der über den sog. Vagus-Tod. Habe nachgeschlagen, der Vagus ist der Zentralnerv für alle Funktionen des Systems, und in Situationen auswegloser Angst unter-bricht er alle Regulationen, so daß man nicht mehr funktioniert, das heißt, man ist tot. Beschrieb dann Experimente mit wilden Ratten, die sofort in einem tiefen Faß ertranken, weil sie merkten, daß ein Weiter-leben keinen Zweck hat. Ja, das Sinnlose; was habe ich früher gelesen, natürlich auch Sinnloses, wie den Psychoanalytiker Fenichel, und der Aufsatz hieß auch richtig und produktiv irgendwie »Die kontraphobische Einstellung«, aber ich muß ihn noch einmal nüchtern lesen, damit ich begreife, was er mit den »vorphallischen Phasen« bei der Angstproduktion des Subjekts meint. Mir geht es blendend, im Mündlichen ist meine Elaborationsfähigkeit herabgesetzt, aber was soll's, mit wem sollte ich schon sprechen. Bin jetzt ganz wunderbar abgestumpft, die Ängste sind weg; nüchtern sammelt sich dann wieder, besonders gegen Morgen, die alte, hinterhältige Scheiße, dann muß ich ausspucken; zu fürchten ist freilich auch eine gewisse Abstumpfung gegen die Betäubung durch die Cocktails.

14. Februar

Im Revier ist ein neuer Arzt aufgetaucht und hat seine Praxis aufgemacht. Er heißt Finriß und ist Heilpraktiker. Im Augenblick sind meine Reaktionen auf Objekte, Subjekte und die ganze Umgebung so herabgesetzt, daß ich ihn konsultieren könnte.

15. Februar

Was für ein Diagnostiker, Denker und Mensch, dieser Finriß!

Er ist Allergiker, Phobiker und praktizierender Alkoholiker, aber mit Wodka, nicht mit Cocktails. Er hat einen schweren Tremor, aber beim Sprechen zittert er nur wenig; und seine Sätze stehen wie eine Eins. Ich sei, sagte er, nachdem ich ihm die paar Stichpunkte der Leiden genannt hatte, kein souveränes Subjekt mehr, sondern nur ein Substitut. Man müsse, sagte er, erst einmal Ordnung schaffen. Worauf ich denn allergisch, phobisch, animos oder antipathisch reagierte?

Auf, sagte ich, so gut wie alles.

Ob ich Alkoholprobleme hätte, fragte er.

Nicht mit meinen Cocktails, sagte ich, weil ich bei den Mischungen sehr streng und quasi wissenschaftlich vorginge.

Dann stellte er seine letzte Frage mit einem tiefen Ernst, auf die er, noch bevor ich antworten konnte, einen Schluck Wodka aus einem Reagenzglas nahm – ob ich mich leicht ekelte?

Leicht, sagte ich, leicht sei gar kein Ausdruck, ohne die Cocktails im Leibe hätte ich schon angesichts dieser Frage, ob ich mich leicht ekelte, sofort einen Herpes gekriegt, vor lauter Ekel.

Aha, sagte Dr. Finriß und fragte, welche Shaker man benutzen solle, um derart wirkungsvolle Getränke zu kreieren.

Ich benutze seit dem dritten Manhattan immer einen Shaker aus Titan. Wir tranken schweigend. Es war eine friedliche Minute, totenstill, draußen trieben ein paar Schneeflocken.

Man müsse, sagte Finriß, über Allergien und die allergische Reaktion schlechthin ganz anders nachdenken; zuerst sei da die Welt, auf die man reagieren müsse, dann Subjekte, Situationen und Handlungen, und das alles sei auf eine ganz furchtbare Weise miteinander vermengt und verknüpft. Die meisten Menschen litten unter ihren Funktionsstörungen, dabei sei gerade ein Ausfall der Funktionstüchtigkeit ein Zeichen geistiger Gesundheit, mithin eine erzgesunde allergische Reaktion.

Ach, es war eine Sternstunde mit diesem Doktor, der mit dem Feuer des Wodkas sprach.

Und dann die Ängste, sagte Finriß, wer in dieser Welt angstlos lebe, sei ein Volltrottel, ein sensorisch und cerebral amputierter Idiot. Eine Strategie gebe es für schwache Gemüter, die sich allzuleicht ekelten, eine Ekelkur – Methodus per nauseam –, während dieser langwierigen Kur müsse man diverse Ekel künstlich hervorrufen, um den Generalekel zu beseitigen.

Das sei nicht meine Absicht, sagte ich, denn ich wolle mich ja ekeln, was bleibe einem denn, wenn man sich nicht mehr von Herzen ekeln könne!

Dann wurde er plötzlich unruhig und sagte, er habe keine Zeit mehr, weil er eine Patientin erwarte. Mit der Cocktail-Therapie solle ich ruhig fortfahren, aber es wäre nicht unklug, sich ein Haustier anzuschaffen, einen kastrierten Kater vielleicht oder einen alten Ara mit einem reichen Wortschatz.

15. Februar
Gehe kaum noch außer Haus. Habe mir einen Graupapagei gekauft, ein Weibchen, das nur einen Satz sagt, einmal morgens und einmal abends: Hoch die Tassen!

Beobachte aus der Ferne meine Lieblingsallergiker, die Phobiker und ihre Neurosen. Finriß sagt, das spontane Vomitieren meines Freundes P. bei geringstem Anlaß, beim unscheinbarsten Reiz, sei eine sog. Zwangshandlung. Glaube ich nicht. Habe P. auf der Straße, in einem Museum und einmal, mit 23 cl Daiquiri im Kanal, auf einer Vernissage beobachtet. Mein Gott, was für ein stolzes Bild, wenn er da schreitet, den Kopf im Nacken, das Taschentuch aus Seide an den Lippen, hin und wieder mit einem Würgereflex wollüstig kämpfend, die große Masse hinter sich läßt; es ist ein nahezu erhabener Anblick, mit welcher Würde und Delikatesse er seinem unstillbaren Ekel nachgibt. Mögen uns die höheren Instanzen einmal im Leben die wahren und wirklichen allergischen Reaktionen schenken, aber ich weiß schon, nichts fällt einem in den Schoß, man muß sie, wie alles, erwerben, dazu sind wir auf der Welt.

Christiane Grefe
Wir Quaddelmonster

EINE KLEINE SUMMENTHEORIE DER ALLERGIE

»Mama, kannst du mich abholen?« Das ist der Satz meiner Kindheit. Gequält stieß ich ihn am Telefon hervor, durchbrochen von tiefem, vergeblichem Luftholen: bei Spielnachmittagen mit neuen Freundinnen, auf Kindergeburtstagsfesten, später auf Parties mit richtigen Jungs. Endlose kribbelige Vorfreude – und dann leider mal wieder Keuchen, Krampf und Beklemmung. Asthma. Verzweifelt versuchte man, es zu ignorieren, so lange wie möglich, vielleicht ging es ja wieder weg? Bis es die Brust so fest zuschnürte wie der Panzer einer Ritterrüstung. Und das bloß, weil sich ein Meerschweinchen im Kinderzimmer tummelte, weil an den Kleidern der Mitschüler noch Pferdehaare vom Reitunterricht klebten oder Heuschnupfenzeit war. Resigniert sank ich ins Auto, ließ die gefäßerweiternde Spritze beim Hausarzt über mich ergehen und fand, ich sei ein armer, einsamer Outcast.

Doch zugleich etwas Besonderes; mit den unberechenbaren Anfällen von Atemnot oder den juckenden Hautekzemen ließ sich auch schon mal Eindruck schinden. Zum Beispiel im Sportunterricht: Wenn die anderen beim Hundertmeterlauf wieder mal einen peinlichen Vorsprung zu ersprinten drohten, dann kam mir mein Manko – »tut mir leid, ich *kann* einfach nicht« – durchaus gelegen. Die Sportlehrerin reagierte großzügig, weil erschreckt. Denn Allergien waren damals, in den sechziger Jahren, vielen ganz unbekannt, selten, ein Exotikum.

Davon kann keine Rede mehr sein. In so gut wie allen westlichen Ländern haben die Unverträglichkeitsreaktionen vielmehr derartig zugenommen, daß die alle Frühjahre wieder zu Anfang der Pollensaison erscheinenden Zeitschriftenartikel mit Begriffen wie »Epidemie« und »Zivilisationsseuche« ausnahmsweise kaum übertreiben. Auch wenn die Zahlen im einzelnen anfechtbar sind, weil man sich in verschiedenen Jahrzehnten und Ländern jeweils auf andere Allergie-Definitionen, zudem bald auf Selbstauskünfte, bald auf Krankenkassendaten, bald auf Bluttests bezieht – die Tendenz ist bei allen Studien gleich: Um das Achtzehnfache sei die Zahl der Heuschnupfenpatienten seit 1926 angestiegen, geben Schweizer Wissenschaftler an. In den USA wurden doppelt so viele Allergiepatienten wie vor 25 Jahren gezählt, insgesamt 40 Millionen. Schwedischen Studien zufolge verdoppelt sich die Zahl gar alle zehn Jahre. Und in der Bundesrepublik trifft es laut Bundesverband der Betriebskrankenkassen mittlerweile jeden Vierten, also rund 20 Millionen; am häufigsten Kinder, deren Immunsystem sich erst noch aufbaut. Das ebenso heftig beworbene wie wissenschaftlich umstrittene Prüfsiegel »Für Allergiker geeignet«, das Teppichböden, Luftreinigern oder Staubsaugern für teures Geld zugesprochen wird, scheint sich zu lohnen: der Markt ist groß.

Zwar geht es wohl in der Mehrheit der Fälle, etwa bei leicht vermeidbaren Muschelunverträglichkeiten oder Kontaktekzemen, um vernachlässigbare Zipperlein. Doch schon mehrwöchiger Heuschnupfen mit Triefnase und -augen und Nebel im Kopf kann ganz schön quälen und sich langfristig zu gefährlichem Asthma auswachsen. Chronische Ekzeme rauben den letzten Nerv und kränken, oft schon in der Kindheit, nachhaltig die Seele. Und Nahrungsmittelallergien schaukeln sich im Wechselspiel mit den als Folge der tobenden Abwehr auch häufiger auftretenden Infektionen zu immer komplexeren Immundefekten hoch – die wieder neuen Krankheiten Vorschub leisten. Immerhin jeder zehnte Allergiker fühlt sich durch seine Symptome im Alltag behindert. Für viele Bäcker, OP-Schwestern oder Photolaboranten bedeutete die Allergie schon das berufliche Aus.

»Alles Vererbung« – so zucken viele Ärzte die Achseln. Und richtig ist, daß die Bereitschaft des Körpers, jenes in der klassischen allergischen Reaktion teuflisch agierende Immunglobulin E nicht nur bei krankmachenden Angreifern, sondern auch bei harmlosen, ja gesunden Stoffen »überschießend« zu bilden, sich in bestimmten »atopischen« Familien häuft. Auch mein Vater hat Neurodermitis und Pferdeasthma, die Mutter Heuschnupfen: *Chromosomen sunt omen*. Doch woher dann die massenhafte Ausbreitung?

Immerhin berichten Ärzte, bei immer mehr Patienten lasse sich eben keine genetische Vorgeschichte mehr dingfest machen. Neben den IgE-vermittelten werden ständig weitere, möglicherweise gar nicht genetisch bedingte Unverträglichkeitsreaktionen entdeckt. Während bisher die These galt: »Ab 40 läßt's nach«, gab der Münchner Allergie-Experte Johannes Ring dem Magazin *focus* staunend zu Protokoll, daß sich in seiner Praxis zunehmend auch Siebzigjährige mit Ersterkrankung einfänden. Und nicht nur daran sieht man, daß die – im übrigen ziemlich verbreitete – Allergiedisposition keineswegs virulent werden *muß*. Es muß also zur Veranlagung noch etwas hinzukommen, das die Abwehrreaktion des Körpers auf Protest und Ausflippen umschaltet.

Etwas? Nachgewiesen sind eine Menge solcher Einflüsse, und bis auf die hormonellen – Pubertät und Wechseljahre – kommen sie alle von außen und prasseln materiell oder metaphorisch auf Leib und Seele herab. Keineswegs zufällig boomt eine Krankheit, die sich an den Grenzen des Organismus abspielt: an der Haut, den Nasen-, Mund- und Darmschleimhäuten, der Lunge, also jenen Flächen, die mit faszinierend komplexen Waffen die physische und psychische Identität abschirmen und verteidigen sollen. Offenbar gelingt das immer öfter nicht mehr, offenbar geht allzu vielen allzu viel unter die Haut: Normen, Widersprüche, immer schnellere Veränderungen, Optionen, Bilder, Umweltgifte, Lärm, Geschmäcker. Reizüberflutung. Überdruck – echt too much. Dafür, daß die Menschen also auch auf die Gesellschaft allergisch reagieren, sprechen nicht zuletzt die Ergebnisse einer aufsehenerregenden Ost-West-Studie, derzufolge das Problem in der DDR erst nach der Wende richtig aufkam, mit ständig steigenden Patientenkurven – eine »kuriose Spätfolge der Einheit«, wie der *Spiegel* befand; ein mitten im Körper ausgetragener Systemwechsel. Er zeigt sich vor allem auf folgenden Erfahrungsfeldern:

– Seit eh und je wird psychischer Druck, vor allem Angst, als Allergieauslöser beschrieben. Einerseits handelt es sich natürlich um ganz subjektiven Seelenschmerz, den sich jeder selbst zufügt oder zufügen läßt: Alle Allergologen kennen aus ihrem Lehrbuch jene Szene, in der der Asthmatiker Marcel Proust quälend die Nähe-Distanz-Katastrophe beim Gutenachtkuß seiner Mutter schildert. Andererseits aber scheint mir das Entstehen so einer verlassensangstgeprägten Beziehungskluft zwischen Müttern und Kindern gerade heute gesellschaftlich sehr begünstigt: Kaum ein Erwachsener fühlt sich doch für anderleuts Kinder zuständig; Freunde, Verwandte, Nachbarn fehlen von Anfang an als verläßliche Gegengewichte, die die Psychodramatik der ganztägig symbiotischen Mutter-Kind-Beziehung entlasten könnten. Sie ist so atemberaubend wie Versagensängste, Zukunftsängste, Arbeitsplatzängste es sein können – glücklich, wer es schafft, sie nicht »an sich ranzulassen«.

– Natürlich wirkt sich auch der kleine Bruder des Seelenleids, der als unangenehm empfundene Alltags-Streß, negativ auf das Immunsystem aus. Und damit auf die Allergieentstehung beziehungsweise auf die Intensität der Symptome. Doppelbelastung, Erfolgsdruck, Leistungsdruck von der Schule bis zur Rente, der ständige Identitätswechsel, den Männer und Frauen in ihren oft einander widersprechenden sozialen Rollen am Arbeitsplatz und zu Hause hinkriegen müssen – wer schafft es bei all dem, sich abzugrenzen mit einem »dicken Fell«? Bereits Kinder werden doch ganz im Gegenteil früh auf labile Außenorientierung konditioniert: räumlich wie zeitlich läßt man ihnen immer weniger Freiheit, verbaut ihren Alltag durch frühe Terminplanung, Förderterror und Medien, deren schnell wechselnden, oft widersprüchlichen Vorbildern sie kaum zu entsprechen vermögen. Und in dem Maße, in dem die mentalen Reize sich dabei häufen, verschwinden die sinnlichen, was sich auch immunologisch ausdrückt: Ärzte empfehlen bereits, die lieben Kleinen »öfter mal in Natur und Dreck« statt immer nur im mit Teppichboden ausgelegten Innenraum spielen zu lassen, damit sich die Abwehr in der Auseinandersetzung mit Krankheitserregern schulen kann.

– Daß Umweltschadstoffe die allergische Reaktion begünstigen, ist in unzähligen Studien belegt. Sie tun dies auf zweierlei Art: indem sie durch ihre spezifische Wirkungsweise oder einfach wegen ihrer Vielfalt die Schleimhäute vorschädigen und so das Immunsystem überfordern – oder indem sie selbst zum »Allergen«, also zum allergieauslösenden Stoff werden. Von 30 000 Chemikalien im Umlauf – jedes Jahr werden es mehr – sind nach wie vor nur die wenigsten auf ihre toxischen Wirkungen oder ihr Allergiepotential untersucht. Geschweige denn auf die Folgen ihres Zusammenwirkens; in Konsumgütern aber kommt ein Inhaltsstoff selten allein.

Als eines der stärksten Allergierisiken ist indes, aktiv wie passiv, das Rauchen überführt. Gefolgt vom Verkehr: daß dessen spezifische Emissionen die Allergiewahrscheinlichkeit erhöhen, hat nach zahlreichen Untersuchungen in den verschiedensten Ländern zuletzt wieder das Umweltforschungszentrum Leipzig bestätigt. Nachgewiesen ist auch, daß ein hoher Ozongehalt der Luft sowohl die Reaktion in der Nase als auch die allergene Wirkung der Pollen verstärkt. Gerade beschrieben Forscher einen neuen, indirekten Effekt: Je höher der CO_2-Gehalt der Luft, desto schneller vermehren sich Pilzsporen, auf die viele allergisch reagieren. Vor allem auf den Autoboom wird denn auch die plötzlich ansteigende Allergiekurve in den neuen Bundesländern zurückgeführt. Dort kamen die Luftschadstoffe vor der Wende in erster Linie aus den weit verbreiteten Kohleöfen und -kraftwerken und riefen – auch nicht besser – Bronchitis hervor. Jetzt darf sich Ost wie West gleichermaßen darauf freuen, daß bis zum Jahre 2050 noch ein Drittel mehr Fahrzeuge durch Deutschland brausen sollen.

– Einen Teil der Allergieauslöser nehmen wir als Zusatzstoffe im Essen zu uns, unverzichtbare Bestandteile jener industriellen Lebensmittelherstellung und -verteilung, deren charakteristischer Widerspruch – Vielfalt und Monotonie – sich für Allergiker im immergleichen Anfall auflöst: Einerseits leben wir nicht mehr von einfachem Brot mit Speck oder lokalen, saisonalen Früchten und Gemüsen, sondern von den verschiedensten Nahrungsmitteln aus der ganzen Welt, von Thai-Gewürzen, Erdnußbutter, Tortillas und Mangos plus Emulgatoren, Stabilisatoren und

Geschmacksverstärkern, wobei das Immunsystem kaum mehr mitkommt – vor allem das der Kinder. Gleichzeitig aber tauchen bestimmte Nahrungsmittel immer wieder auf: Soja, Milcheiweiß, Weizen, auch da, wo man sie überhaupt nicht vermutet, wie in Würsten oder Saucen. Das fördert die allergische Sensibilisierung. Denn die richtet sich gar nicht so oft auf exotische Stoffe wie auf solche, mit denen man besonders häufig in Kontakt kommt. Allergenvermeidung, die wichtigste Therapiemöglichkeit, wird durch die Allgegenwart bestimmter Zusätze ebenfalls erschwert. Und um so mehr, wenn erst die Gentechnologie global zum Einsatz kommt: Schimmelpilz- und Fischgene im Gemüse, Sojapflanzen, die die Erbanlagen der Paranuß enthalten – am Ende blickt keiner mehr durch. »Wir müssen endlich begreifen, daß Nahrung etwas Fremdes und nicht per se gut ist«, sagt der Mediziner und Psychologe Arnold Hilgers – den Satz muß man sich erst einmal auf der Zunge zergehen lassen.

Die Suche nach den unmittelbaren Allergieauslösern ist schon kompliziert genug, oft bleibt sie ergebnislos. Aber die Ursachen dafür, daß die Krankheit überhaupt ausgebrochen ist, lassen sich im Einzelfall noch schwerer dingfest machen. Beides führt nicht nur bei Patienten, sondern auch bei Medizinern gern zu ideologischen Deutungen: »Ökochonder«, die ihr mit klassischen Tests oft nicht erklärbares Ausgeliefertsein pauschal auf Umweltgifte zurückführen, werden ebenso pauschal einer »modernen Form der Hysterie à la Charcot« bezichtigt, von der angeblich »vor allem sozial isolierte Adepten der Single-Kultur« betroffen seien – so Wissenschaftler bei einem Kongreß über Umweltallergien. Während umgekehrt etwa die Zeitschrift *Politische Ökologie* kritisierte: »Wenn die naturwissenschaftlich orientierte Diagnostik nach ihren Maßstäben keine harten Daten erfassen kann, dann wird das Problem in ein anderes Fachgebiet entsorgt: die Psychologie.«

Dabei läßt sich der Streit womöglich mit dem ebenso diffusen wie die Realität genau beschreibenden Begriff »multifaktorielles Geschehen« schlichten: Nicht Psyche *oder* Umweltschadstoffe *oder* Streß, nicht Elektrosmog, die Wohnung an der Ausfallstraße, die Scheidung der Eltern *oder* eine früh beginnende und damit besonders lang anhaltende Saison blühender Gräser allein, sondern erst alles *zusammen* schwächt die Abwehr. Meine schlimmste Allergiephase ließ sich zum Beispiel weitgehend auf einen kränkenden Don Juan zurückführen, der log und betrog wie eine Karikatur aus dem feministischen Bilderbuch. Doch wäre ich in jenen Wochen nicht gleichzeitig zwischen Beruf und Privatleben über sechshundert Kilometer hin und her gependelt, völlig unsicher in einer neuen Stadt, dann hätte ich den Kerl vielleicht auch so überlebt. Erst wenn von allem zu viel zusammenkommt, läuft das Faß über. Das allerdings ist in der sich ständig beschleunigenden, mobilen Konsumgesellschaft immer öfter der Fall.

Für diese Summentheorie spricht auch, daß so gut wie jeder Allergiker Phasen herrlicher, vollständiger Symptomfreiheit kennt. Zum Beispiel immer wieder in den Ferien, wenn die Außenreize auf ein Minimum heruntergeschraubt sind. Bei mir dauerte eine dieser Phasen volle 18 Jahre. Und so weit waren damals Atemnot und Nesselsucht der Kindheit aus meinem Gedächtnis verschwunden, daß ich, als mir eines Morgens ein merkwürdig rot verquaddeltes Wesen aus dem Spiegel entgegenprustete, ziemlich lange brauchte, ehe mir bewußt wurde, wie vertraut dieses Monster mir doch war.

Horst Kurnitzky
Das Fremde meiden

I.

Die epidemische Ausbreitung von Allergien und Asthma legen die Vermutung nahe, daß es sich um Stellvertreterkonflikte handelt. Ein emotionaler oder sozialer Konflikt, fehlende Zuneigung oder Aggressionen werden auf eine physische Ebene übertragen. Allergiker wie Asthmatiker richten die Aggressionen, die zur Abwehr von Angriffen auf ihre eigenen Lebensmöglichkeiten notwendig wären, gegen sich selbst. Anstatt rational zu handeln, einer Aggression angemessen zu begegnen, weichen sie aus. Sie entwickeln Allergien. Der asthmatische Husten wird zur sprachlosen Reaktion auf eine eingebildete oder reale Feindseligkeit und gefährdet die eigene Gesundheit. In den industrialisierten Gesellschaften haben sich Asthma und Allergien zu einer Epidemie entwickelt, deren Opfer in einem bedenklichen Ausmaß zunehmen. Mehr als 20 Prozent der Bevölkerung leiden zur Zeit an derartigen Symptomen. Asthma bronchiale zählt neben den Herz-Kreislauf-Erkrankungen schon zu den häufigsten Todesursachen, ein Phänomen, das zu gesellschaftlichen Konflikten, Gewalt und Aggressionen vermutlich in enger Beziehung steht. Angst, Abwehr und Autoaggression erscheinen im selben Symptom – in der Allergie.

Als der Wiener Kinderarzt Clemens von Pirquet Anfang dieses Jahrhunderts das Kunstwort prägte, wollte er damit eine auffällige Überreaktion charakterisieren. Der Begriff Allergie, gebildet aus dem griechischen Wort *allos*, »anders«, und *ergon*, »Verrichtung«, sollte eine abweichende Reaktion des Immunsystems bezeichnen, eine Überreaktion, die bis zum anaphylaktischen Schock, also zum Kreislaufstillstand führen kann. Verursacht werden allergische Reaktionen in der Regel durch Gräser und Pollen, Haare, Federn, Pilze, Staub, durch alles, was durch die Luft wirbelt und eingeatmet wird. Sie können aber auch durch Hautkontakte mit Produkten aller Art provoziert werden, selbst durch etwas, das nur in der Einbildung des Allergikers existiert. Die Tatsache, daß sie bald auf diese, bald auf jene Substanz reagieren, die Allergene also wechseln, und daß selbst Phantomreaktionen nicht ausgeschlossen sind, Allergiker sich ihre

Allergene sozusagen aussuchen oder gar erfinden können, weist die Allergien und das Asthma bronchiale als psychosomatische Leiden aus. Sie werden durch äußere Reize ausgelöst, ihre Ursachen und die Schubkraft der Reaktion kommt jedoch aus dem Individuum selbst. Allergien sind endogene Reaktionsbildungen, die sowohl mit der Lebensgeschichte des Individuums als auch mit der Kulturgeschichte der Gesellschaft, in der es lebt, in Verbindung stehen.

Alexander Mitscherlich[1] zufolge sind es die mangelhafte Geborgenheit, die fehlende Sicherheit und das verschwindende Vertrauen in den zwischenmenschlichen Beziehungen, also der Verfall der libidinösen Objektbeziehungen und die Verwahrlosungstendenz der Intimsphäre, »die Verdrängung der inneren Sozialbezüge«, die zu vermehrter Ausbildung von Allergien Anlaß geben. Die Pathogenese der Allergien wie des Asthma bronchiale geht bis in die frühe Kindheit zurück, in eine Zeit, in der Kinder Feindseligkeiten noch nicht angemessen begegnen können; so antworten sie mit den ihnen zur Verfügung stehenden Mitteln: Ausschlag und Husten. Viele Allergiker sind der Auffassung, daß ihre Mutter sie nie wirklich geliebt habe. Der Mangel an Liebe wird als Strafe empfunden, auf die das Kind mit Selbstbestrafung reagiert. Eine Aggressionsumkehr. Geht es mir schlecht, geschieht's dir recht. Allergien auslösende Allergene sind Stellvertreter, die den Aggressor ersetzen und selber wieder ersetzbar sind. Erst durch unbewußte Assoziationen und Bedeutungsstiftungen werden Stoffe zu Allergenen und bekommen ihren pathogenen Charakter. Der Kampf um Liebe und Zuneigung tobt auf der Haut oder äußert sich in erstickendem Husten. Allergiker führen vor, was ihnen geschieht: Gewalt, der sie sich nicht entziehen können und die sie sich selber antun. Seht her, meine Wunden! Der Entzug von Liebe und Zuneigung löst Ängste aus, die den Kern der Persönlichkeit berühren, bis sie dem Individuum schließlich die Luft zum Atmen nehmen. Sie ersticken. Helfen kann nur noch die schützende Einheit mit dem geliebten Objekt: die Mutter – nicht die reale Mutter, sondern ihre idealisierte Gestalt.

Allergien sind Angstreaktionen auf eine lebenbedrohende Situation. Von Sigmund Freud stammt die These, daß das Trauma der Geburt ein Angsterlebnis ist, auf das sich jede weitere Angst immer wieder bezieht.[2] Schon das Wort Angst deutet es an. Es ist die Enge, die die Luft nimmt oder aus der der Mensch heraustritt, wenn er nach der Geburt selber atmen muß. Eine Erfahrung, die auch Patienten machen, wenn sie nach einer Herzoperation von der Herz-Lungen-Maschine getrennt werden. Die Angst, die sich einstellt, wenn das Individuum aus der Geborgenheit der Mutter oder der Maschine entlassen wird, reproduziert sich auch auf der Ebene der Gesellschaft. Von Allergien betroffen sind insbesondere

174 HORST KURNITZKY

Individuen, die aus einem Kollektiv als bewußtes Individuum heraustre-
ten: Einzelgänger oder von der Gesellschaft Ausgestoßene. Sie machen
dieselbe Erfahrung. Die mangelnde Solidarität wird als feindliche Aggression empfunden, auf die sie allergisch reagieren.

Als Angstreaktion auf mangelnde Solidarität, fehlende Geborgenheit,
Vertrauensverlust und den Verfall der libidinösen Objektbeziehungen
stehen die Allergien in enger Beziehung zu einer Reihe sozialer Reaktionsbildungen. Was in den ersten Lebensjahren das Schutzbedürfnis und
orale Formen der Befriedigung, sind später sexuelle und erotische Be-
dürfnisse, die nicht befriedigt werden können, weil die Realisierung
libidinöser Objektbeziehungen in einer »oversexed« und zugleich de-
sexualisierten und enterotisierten Gesellschaft nicht möglich ist. Wo es
keine Subjekte gibt, Individuen sich als Subjekte nicht realisieren können, gibt es auch keine Liebesobjekte. Sie werden verdrängt, unterdrückt
oder zurückgestoßen. Die Abwehr, mit der das Individuum auf alles
Fremde reagiert, gilt eigentlich einem tabuierten Triebziel aus nächster
Nähe. Das beweist der aggressive Sprachgebrauch. Der Ekel vor Insekten
und Ratten, der im xenophobischen Anfall auf Fremde übertragen wird,
folgt nur dem, was das Tabu befiehlt. Das »Du sollst nicht« wird zum
»Ich will nicht«. In der Umkehr mit emotionaler Schubkraft versehen,
konstituieren sich Ekel und Abwehr. Das Fremde zu meiden, wo möglich zu vernichten, steht im selbstzerstörerischen Effekt dem Asthma
nicht nach.

Im Reich der ödipalen Konkurrenzsituation, wo der Kampf ums
Überleben, zur allein gültigen Maxime erhoben, keine anderen Verhältnisse zwischen den Individuen mehr zuläßt als den Krieg aller gegen alle,
ist die Regression auf phallische Assoziationsformen in Banden und Ma-
fias für das Individuum ein Ausweg, um nicht im Kampfgetümmel
unterzugehen. Es gibt sich als Individuum auf, um in der Gruppe zu
überleben. Wie bei der Allergie, wo das Individuum, anstatt der Aggression zu widerstehen, diese gegen sich selbst wendet, um so in der
Gesellschaft mitzuspielen, gibt das dem Konkurrenzkampf ausgesetzte
Individuum seine libidinösen Wünsche auf und regrediert zum gewaltbe-
reiten Bandenmitglied, das auf alles dreinschlägt, was ihm fremd ist: seine
eigenen, ihm selbst entfremdeten Wünsche. Anstatt zu widerstehen und
ein befriedigendes Leben im Austausch mit allen anderen Individuen zu
realisieren, leitet das Individuum die Aggression, die es erfährt, auf seine
Mitmenschen ab. Seinen eigenen Ausschluß nimmt es hin und zum Vorwand, andere auszuschließen. Was die Xenophobie für die Gesellschaft,
ist die Allergie für das Individuum: eine selbstzerstörerische Antwort auf
Liebesverlust, Triebverzicht und Exklusion.

2.

Die zunehmende Aggressivität und Gewaltbereitschaft scheint ein Phänomen zu sein, das sich jedem Versuch der Eindämmung mit den Mitteln einer demokratisch legitimierten staatlichen Gewalt entzieht. Richtet sich die Gewalt gegen Fremde, kann sie jederzeit die nötige Zustimmung aus der Bevölkerung bekommen. Der öffentliche Applaus Schaulustiger beim Abfackeln ganzer Wohnblocks, in denen Ausländer wohnen, läßt daran keinen Zweifel. Ziel der Aggression sind nicht etwa Sklavenhändler und Unternehmer, die billige Arbeitskräfte aus den Armenregionen der Welt auf den heimischen Arbeitsmarkt werfen, Aggressionsobjekt sind die Sklaven selbst, durch welche die Einheimischen ihre Arbeitsplätze und damit ihre Lebensgrundlage bedroht sehen. Rationalisierung einer Xenophobie?

Nichts gegen Fremde, solange sie sich anpassen und alles Eigene abstreifen. Sollten sie aber aus der Reihe tanzen, wird ihnen die Landessprache beigebracht. Ein Impuls, der noch für jede Gesellschaftsbildung konstitutiv war: das Eigene wahren, das Fremde abwehren, wo möglich vernichten. Familie, Verwandtschaft, Bruderschaften, Stämme und Staaten sind historische Sozialgebilde, in denen dieser Impuls sich manifestiert und durch die er zugleich zivilisiert wird. Bedenklich, wenn Stützpfeiler des Zivilisationsgebäudes wegbrechen und Teile der Gesellschaft als keulenschwingende Horden – Baseball-Schläger in der Hand und ein archaisches Weltbild im Kopf – mit allen Attributen der Steinzeit versehen gegen »Kanaken«[3] ins Feld ziehen oder Türken »klatschen« gehen.

Immer sind es Fremde, chinesische oder koreanische Händler in Los Angeles, Schwarz- oder Nordafrikaner in Italien, Spanien und Frankreich oder Türken in Deutschland, auf die sich der Haß konzentriert. Als Händler nehmen sie noch die Ärmsten der einheimischen Bevölkerung aus, auch wenn sie nur die Möglichkeiten ausschöpfen, die ihnen das Gesetz zugesteht, und als illegale Arbeitssklaven sind sie feindliche Konkurrenten, die schnellstens aus dem Weg geräumt werden müssen. Wenn Fremde nur einfach da sind, sind sie erst recht suspekt. Was wollen sie hier, wo sie doch fremd sind? Überfälle, Raub, Plünderungen aus sozialer Not und infolge der ständig sinkenden Hemmschwelle für Übergriffe, auch die xenophobisch motivierten Anschläge sind noch vergleichsweise rationale Gewaltakte gegenüber Wandalismus und Haß, der unvermittelt ausbrechen und jeden treffen kann. Er wendet sich sowohl nach außen als auch nach innen. Die Eskalation der Gewalt beunruhigt, weil sie einen inneren Zerfall des gesellschaftlichen Zusammenhaltes vor Augen führt, gegen den die Gesellschaft und ihre Institutionen machtlos erscheinen.

Überall begegnen wir Attributen der Gewalt, die sich wie selbstverständlich im Alltag ausgebreitet haben. Sie drückt sich in den Verkehrsformen der Individuen wie in den Formen individueller Selbstdarstellung aus. Wo jede Verbindlichkeit sich im Kampf ums Überleben auflöst, wird der Mangel an Solidarität durch Subordination und Uniformität kompensiert. Allein die globale Uniformisierung – Tennisschuhe, Rucksack, Springerstiefel, Tarnanzug – läßt erkennen, daß der Anpassungsdruck enorm und die Auswahl identitätsstiftender Elemente eher gering ist. Schritt für Schritt verbreitet sich eine von militärischen Elementen stimulierte Kultur in der Gesellschaft. Längst hat die Mode den Kampfanzug auf den Laufsteg gehievt; Springerstiefel werden als Damenschuhe in Boutiquen feilgeboten; militärisch gestylte Geländewagen oder Jeeps gehören zum Outfit eines richtigen Yuppies: Militärisches sickert in alle gesellschaftlichen Bereiche ein und verwandelt die Gesellschaft in eine mit Kriegsspielzeug hantierende Ansammlung von Gruppen und Groupies. Mit dem Gamestick geführte »Streetfighter« exekutieren den Bandenkrieg auf dem Bildschirm, und wie seinerzeit im Führerbunker bringt der letzte sich selber um. Ob Wetter oder Biowetter, das Radio verbreitet die Nachrichten von der Wetterfront wie einen Kriegsbericht: Radarechos aus dem Oderraum künden heranziehende Wolkenverbände an, von denen allerdings weniger ein Bombenhagel als ein unter Umständen saurer Dauerregen erwartet wird, während im Bio-Wetterbericht Allergiker und Asthmatiker vor dem Anflug von Pollen oder anderen Allergenen gewarnt und aufgefordert werden, ihre Häuser nicht zu verlassen. Eine Luftschutzmaßnahme.

Wiewohl bedenklich, sind diese Dinge nicht mehr als Symptome für etwas, das als weltweit neues Phänomen noch gar nicht richtig ins Bewußtsein gedrungen ist, obgleich die vielen ethnisch, religiös oder territorial motivierten Kleinkriege in den letzten Dezennien als deutliche Anzeichen für einen grundlegenden Wandel der Gesellschaften zu werten sind.[4] Noch sind sie nur eine Nachricht, wie der Genozid in Ex-Jugoslawien, Ruanda oder im Kongo, der Opiumkrieg in Afghanistan oder die militärischen Konflikte mit der Kokainguerilla in Kolumbien. Auch die immer wieder aufflammenden Riots und Plünderungen wie in Los Angeles oder die Kriege unter Jugendbanden in den Metropolen der Dritten und Ersten Welt zeigen zumindest statistisch, daß die Gewalt in der Gesellschaft ganz allgemein zunimmt und die Opfer immer mehr und immer jünger werden.

Mark Rosenberg[5] weist darauf hin, daß die meisten Menschen, die in den USA im Alter unter 45 Jahren zu Tode kommen, und 38 Prozent aller Toten überhaupt Opfer eines Gewaltaktes geworden sind. Die Statistik beweist, daß die Anzahl der Gewaltopfer unter den Toten wächst. Vor allem junge Afroamerikaner und Latinos aus den zerfallenden Vier-

teln der großen Städte gehören zu den Opfern. Dort ist Gewalt ende-
misch, Mord und Totschlag sind längst Teil der Alltagskultur geworden
und führen als posttraumatisches Syndrom zu gesteigerter Wachsamkeit,
Verteidigungsbereitschaft und Feindseligkeiten. Der Schauspieler und
Regisseur Edward James Olmos fürchtet, daß der Akt des Tötens zu
einer Art Sucht unter den Kids geworden ist und daß die durch einen
Totschlag ausgelöste Hochstimmung länger anhält als der Crack- oder
Heroinrausch. »Natural Born Killers« scheint ihm recht zu geben. Der
Blutrausch ist der Rausch des 20. Jahrhunderts, alles andere nur Ersatz.
Gewalt richtet sich nicht allein gegen Fremde, sie richtet sich auch gegen
Freunde, Gewalttäter und Opfer kennen einander, gehören derselben
Familie, Bande oder Clique an. Indem sie die Aggressionen gegen sich
selbst richten, fallen Subjekt und Objekt zusammen. Die Gewalt geht aus
Gesellschaft und Individuum hervor und richtet sich wieder gegen sie. Sie
folgt einer Tendenz gesellschaftlicher Selbstzerstörung. Diese Tatsache,
behauptet Rosenberg, mache Gewalt zu einem Problem der Volks-
gesundheit, das über Strafen hinaus vor allem präventive Maßnahmen
erfordere. Wissenschaftlich sei Gewalt in diesem Ausmaß als Epidemie
zu begreifen und zu behandeln: statistische Auswertung der Erscheinungsformen und Risikofaktoren, Entwicklung von Eindämmungsstra-
tegien und Gegenmaßnahmen.

Gewalt, die nicht mehr rational oder rationalisierend auf provozie-
rende Gewalt antwortet, wird zur Impulshandlung oder zum sprich-
wörtlichen blinden Haß, der auf alles dreinschlägt, was im Weg steht, und
seien es die eigenen Gruppenmitglieder oder das agierende Individuum
selbst. Sie ist endogene Gewalt, die ihre Wurzeln in sich selbst trägt und
von inneren Konflikten ausgeht. Wenn nicht aus dem Bauch, so kommt
sie doch aus dem Individuum, das lange aufgestauten Aggressionen freien
Lauf läßt. Der Analytiker Clemens de Boor[6] vermutet, daß unmotivierte
Impulshandlungen und pathologische Reaktionen zunehmen, weil die
Entwicklung unserer Gesellschaft aggressiven Triebimpulsen immer weniger sozial akzeptierten Aktionsraum läßt. Vom Spielplatz bis zum
elektronischen Arbeitsplatz fehlen Streitkultur und demokratische Formen der Konfliktlösung. Sie würden auch nicht in eine konsumorien-
tierte Massengesellschaft passen. Der Aufruf zur »Political Correctness«
übernimmt den Rest. Als Frieden stiftender Verhaltenskodex getarnt, garantiert er allein die ungehinderte Ausdehnung politischer wie ökonomi-
scher Macht, schürt also eher Gewalt, als daß er sie eindämmt. Der
wachsenden Toleranzschwäche der Eltern gegenüber den aggressiven Be-
dürfnissen ihrer Kinder korrespondiert die steigende Sensibilisierung der
Kinder gegenüber ihren eigenen aggressiven Regungen. Diese werden
unterdrückt, sie verbleiben auf primitivem Niveau und können nur durch

Impulshandlungen oder in abgewehrter Form in pathologischen Symptomen entladen werden.

3.

Die epidemische Ausbreitung von Allergien kann als Antwort auf die Entsolidarisierung der Gesellschaft interpretiert werden. Die Tatsache, daß Allergien in traditionellen Gesellschaften wie funktionierenden Stammesgesellschaften kaum auftreten, zeigt, wie wichtig die äußeren und inneren Sozialgefüge auch für die physische Konstitution des Individuums sind. Spezifische Krankheiten von Arbeitslosen stellen das Syndrom unter Beweis. Das bedeutet aber nicht, daß die Desintegration der Gesellschaft durch Rückkehr zu Gesellschaftsformen der Vergangenheit aufzuhalten wäre, ganz im Gegenteil, Wertekonservativismus ist selbst ein Zerfallsprodukt und steht der Bildung befriedigender Sozialverhältnisse immer im Wege.

Wie die Phobien sind Allergien Teil komplexer Reaktionen auf Liebesverlust und einen Zwang zum Triebverzicht. Das Triebziel ist tabu oder entzieht dem Subjekt seine Zuneigung. Phobien und Allergien gehen aus einem Gewaltverhältnis hervor. Das Objekt der Phobie ist Stellvertreter einer gefürchteten Autorität, die der Triebbefriedigung im Wege steht – der Vater, die Instanz, die den Zugang zur Mutter verwehrt. Dagegen entwickelt das Kind eine ambivalente Einstellung: Liebe und Haß, wenngleich der Haß, wegen der damit verbundenen Angstentwicklung, meist obsiegt. Bei der Xenophobie kommt noch etwas hinzu. Fremde, von denen sich die Kranken bedroht fühlen, die also die Angsthysterie auslösen, repräsentieren sowohl die verhaßte Autorität als auch das tabuierte, geliebte Objekt, die Mutter. In den Fremden kehrt sie in verzerrter und entstellter Form wieder. Fremde erfahren die Abwehr, die dem tabuierten Triebziel gilt. Die ambivalente Einstellung wandelt sich in Fremdenhaß, sobald Fremde vor der Tür stehen. Was sie für den Xenophoben, sind Pollen für den Allergiker: die Wiederkehr des unerreichbaren Liebesobjektes, das jetzt als Bedrohung erscheint.

Durch den Anblick des Fremden wird das Individuum seines eigenen Ausschlusses aus der Gesellschaft gewahr und versucht mit xenophobischen Gewaltakten seine Reintegration zu betreiben. Als Outcast Fremde mit Vernichtung zu bedrohen, ist die perverse Verkehrung der eigenen Situation. Die Erfahrung, von der Gesellschaft ausgeschlossen zu sein, verbindet den Xenophoben mit dem Allergiker. Seine Allergie wird von einem realen oder auch vermeintlichen Liebesentzug ausgelöst. Er reagiert mit Todesangst, weil der Entzug seine intimen Sozialbeziehungen und damit seine Lebensgrundlage zerstört. Um zu überleben, antwortet er mit einer Kompromißbildung. Den Haß, den er gegen die

Mutter entwickelt hat, richtet er auf sich selbst. Schreitet die Allergie fort und entwickelt sie sich zum Asthma bronchiale, ist der letale Ausgang nicht mehr weit. Nur solange man atmet, lebt man. Atmung ist mehr als nur ein Austausch von Gasen. Für Pneumatiker ist der Atem Träger des Lebens. Er versorgt das Blut mit Sauerstoff und transportiert die Seele des Sterbenden ins Jenseits, wenn er sein Leben aushaucht. Für Asthmatiker ist er das Medium, um lebensbedrohliche Konflikte darzustellen. Jede Erfahrung von Liebesentzug, fehlende Zuneigung oder soziale Desintegration können Allergien oder Asthma immer wieder auslösen. Allergiker reagieren auf die Zerstörung der Sozialbeziehungen mit Symptomen, die sie selbst zum Opfer der Aggression machen. Die Gewalt in der Gesellschaft spielt sich bei ihnen auf der Haut oder in den Bronchien ab. Asthmatiker können sich in die Vorstellung hineinsteigen, mit ihrem Niesen das Signal für die Zerstörung der Welt zu geben. Jemandem etwas husten, eine Person nicht riechen können oder beim Anblick bestimmter Menschen die Krätze kriegen: solche Redewendungen weisen auf Idiosynkrasien hin und lassen die Allergie als Abwehrreaktion begreifen, die wie eine Phobie funktioniert. Sie soll die Desintegration des Individuums verhindern. Die ständig steigende Zahl von Allergikern macht sie zum Gradmesser für die Desintegration der Gesellschaft.

Anmerkungen

1 Alexander Mitscherlich, »Die Psychosomatik der Allergien«, in: *Erster Internationaler Allergiekongreß* (Zürich 1951), Basel und New York 1952.
2 Sigmund Freud, »Die Angst«, *Vorlesungen zur Einführung in die Psychoanalyse*, GW Bd. XI, London 1940.
3 Kanaka, so nannten sich die Einwohner von Hawaii. Das bedeutet »Mensch« und offenbart die rassistische Grundlage jeder Stammesbildung: Fremde sind keine Menschen. Britische Kolonialisten haben die Bezeichnung auf alle Polynesier ausgedehnt, die als Sklaven auf die Baumwollfelder Queenslands in Australien verschleppt wurden. Das machte auch die Einwohner des Bismarck-Archipels automatisch zu Kanaken, zu Wilden in der Obhut des »Vereins für die Pflege des Deutschtums im Ausland«. Für die teutonischen Enkel des »Dritten Reichs« sind schließlich alle Fremden Kanaken, die nicht in ihre Köpfe passen.
4 Hans Magnus Enzensberger, *Aussichten auf den Bürgerkrieg*, Frankfurt am Main 1993.
5 Margaret Gerteis »Violence, Public Health, and the Media«, based on the conference »Mass Communication and Social Agenda Setting«, The Annenberg Washington Program, Washington D.C., 1993, *awp@nwu.edu.*
6 Clemens de Boor, *Zur Psychosomatik der Allergie, insbesondere des Asthma bronchiale*, Stuttgart 1965.

Anmerkungen der Redaktion

Eva Demski, geb. 1944, lebt als Schriftstellerin in Frankfurt am Main. Soeben ist ihr neuster Roman *Das Narrenhaus* erschienen (Frankfurt/M 1997).

Utz Jeggle, geb. 1941, Studium der Volkskunde und der Geschichte, lebt und lehrt in Tübingen. Zuletzt erschien *Kopf des Körpers – eine volkskundliche Anatomie* (Weinheim und Berlin 1986).

Asmus Petersen, Jahrg. 1928, lebt in Hannover als Schriftsteller und Maler.

Isolde Schaad lebt als Schriftstellerin und Publizistin in Zürich. Zuletzt erschien von ihr: *Mein Text so blau. Essays, Stories und Dramen vom Tatort Literatur* (Zürich 1997).

Barbara Kerneck, geb. 1947, ist Journalistin und lebt in Moskau.

Regina Schmeken, geb. 1955, photographiert seit 1986 für die *Süddeutsche Zeitung*, lebt in München. Zuletzt erschien von ihr: *Geschlossene Gesellschaft. Photographien 1989–1993* (München 1994).

Bernhard Streck, geb. 1945, ist Professor an der Universität Leipzig und Leiter des dortigen Instituts für Ethnologie.

Konrad Paul Liessmann, geb. 1953, lehrt Philosophie an der Universität Wien. In diesen Wochen erscheint sein neustes Buch: *Vom Nutzen und Nachteil des Denkens für das Leben. Eine Einführung in die Philosophie* (Wien 1997).

Katharina Kaever, geb. 1949, studierte in Berlin Literatur; lebt in München.

Marko Martin, geb. 1970, Mitarbeiter im Feuilleton des *Tagesspiegels*, lebt in Paris und Berlin. Zuletzt erschien *Mit dem Taxi nach Karthago. Reiseprosa, Essays, Gedichte* (Heidelberg 1994).

Reinhard Kaiser, Jahrg. 1950, lebt als Übersetzer und Schriftsteller in Frankfurt am Main. Zuletzt erschien von ihm: *Königskinder. Eine wahre Liebesgeschichte* (Frankfurt/M 1996).

Ina Hartwig, geb. 1963, ist Sachbuch-Redakteurin der *Frankfurter Rundschau*. Im Frühjahr 1998 wird von ihr eine Studie zu Proust, Musil, Genet und Jelinek erscheinen (Frankfurt/M).

Boris Groys, geb. 1947, ist Professor für Kunstwissenschaft an der Hochschule für Gestaltung Karlsruhe. Zuletzt erschien von ihm: *Logik der Sammlung* (München 1996).

Harald Eggebrecht, Jahrg. 1946, freier Autor, lebt in München.

Ingomar von Kieseritzky, Jahrg. 1944, Schriftsteller, lebt in Berlin. Zuletzt erschien *Unter Tanten und andere Stilleben. Erzählungen* (Stuttgart 1996).

Christiane Grefe, geb. 1957, freie Autorin, lebt in München.

Horst Kurnitzky, Jahrg. 1938, Essays und Aufsätze zu Kunst, Kultur und Gesellschaft, letzte Publikation: *Der heilige Markt* (Frankfurt/M); lebt in Berlin und Mexiko-Stadt.

Kursbuch 130 **Das liebe Geld** Dezember 1997

Kursbuch 131 **Neue Landschaften** März 1998

Vorschauen auf diese Kursbücher enthält der Beiheft in dieser Ausgabe zwischen den Seiten 16 und 17.

Aus der Neuen Welt

Georges Perec / Robert Bober
*Geschichten von Ellis Island
oder Wie man Amerikaner macht*

Geschichten von Glückssuchern, Europamüden und Vertriebenen: beispielhaft für 16 Millionen Menschen, die in 25 Jahren durch Ellis Island geschleust und zu Amerikanern gemacht wurden. Ein historisches Dokument, das zugleich die Frage nach alten und neuen Einwanderungsländern stellt.
Aus dem Französischen von Eugen Helmlé
Gebunden. Großformat. 160 Seiten mit 70 Photos in Duotone

Giampiero Carocci
*Kurze Geschichte des amerikanischen Bürgerkriegs
Der Einbruch der Industrie in das Kriegshandwerk*

Eine aktuelle, detailreiche und spannende Einführung in den ersten industrialisierten Krieg der Geschichte.
Aus dem Italienischen von Friederike Hausmann
WAT 281. Deutsche Erstausgabe. 160 Seiten mit vielen Abbildungen

Unsere Bücher finden Sie bei Ihrem Buchhändler – oder schicken Sie uns eine Postkarte, dann senden wir Ihnen unseren jährlichen Almanach *ZWIEBEL* (kostenlos, auf Lebenszeit!):
Verlag Klaus Wagenbach, Ahornstraße 4, 10787 Berlin

Wagenbach

«Recht, nicht Rache»

Deutsch von
Susanne
Klockmann
512 Seiten +
16 Seiten
Tafelteil.
Gebunden.
DM 54,–
öS 394,–
sFr 49,–

SEIN GANZES LEBEN hat Simon Wiesenthal der Aufklärung der Verbrechen an den Juden im Nationalsozialismus gewidmet. Er war an der Ergreifung von Adolf Eichmann und der Suche nach Josef Mengele beteiligt. Die Journalistin Hella Pick erzählt mit großem Einfühlungsvermögen die einzigartige Lebensgeschichte des Nazi-Jägers.

«Hella Pick hat ein genaues, kritisches und dennoch einfühlsames Porträt Wiesenthals geschrieben.» *profil*

Die Zukunft der Politik

288 Seiten.
Klappenbroschur.
DM 34,–
öS 248,–
sFr 31,50

WIE KANN EINE POLITIK der Freiheit sich in Zukunft behaupten? Sind die Bürger in wirtschaftlich angespannten Zeiten nicht nur noch um ihr soziales Wohlergehen besorgt? Die Zwänge durch Globalisierung und Internationalisierung nehmen zu, dabei braucht Politik Raum, um sich entwickeln zu können. Die Publizistin Antonia Grunenberg diskutiert Risiken und Chancen für Politik und Gemeinsinn im 21. Jahrhundert.

Die Politik der Freiheit in Zeiten des globalen Wandels von Staat und Gesellschaft

Rowohlt

Abwehrmechanismen

Micha Hilgers
Scham
Gesichter eines Affekts
2., durchges. Auflage 1997. 219 Seiten, kartoniert DM 39,– / öS 285,– / SFr 36,–
ISBN 3-525-45600-X

„Hilgers Buch gehört m.E. zu den seltenen Büchern, bei denen der Verleger problemlos den Vermerk ‚bei Nichtgefallen Geld zurück' anbringen könnte."
Christoph Pirker, Intra

Léon Wurmser
Die verborgene Dimension
Psychodynamik des Drogenzwangs
Aus dem Amerikanischen von Ute Boldt. 1997. 351 Seiten mit 3 Abbildungen, gebunden
ca. DM 68,– / öS 496,– / SFr 61,50
ISBN 3-525-45789-8

Wurmser stellt die Schlüsselbegriffe für das Verständnis suchtrelevanter Prozesse in einen gültigen theoretischen Rahmen.

Alexander Schuller / Jutta Anna Kleber (Hg.)
Gier
Zur Anthropologie der Sucht
Sammlung Vandenhoeck. 1993.
283 Seiten, Paperback
DM 36,– / öS 263,– / SFr 33,–
ISBN 3-525-01422-8

Gibt es ein Recht des Menschen auf Übermaß, auf Ekstase und Rausch?

Mathias Hirsch
Schuld und Schuldgefühl
Zur Psychoanalyse von Trauma und Introjekt
Sammlung Vandenhoeck. 1997. 341 Seiten mit 5 Abbildungen, Paperback
DM 58,– / öS 423,– / SFr 52,50
ISBN 3-525-01435-X

Mathias Hirsch stellt in diesem grundlegenden Werk erstmalig eine Systematik des Schuldgefühls vor, die ein differenziertes Feld erschließt.

Gerald Hüther
Biologie der Angst
Wie aus Streß Gefühle werden
Sammlung Vandenhoeck. 1997.
Ca. 128 Seiten, Paperback
ca. DM 29,– / öS 212,– / SFr 26,50
ISBN 3-525-01439-2

Ohne Streß könnten wir die kreatürliche Angst nicht überwinden. Wir könnten nicht einmal denken, fühlen, lieben, die Welt begreifen.

Weitere Informationen:
Vandenhoeck & Ruprecht, Psychologie, 37070 Göttingen

Vandenhoeck & Ruprecht